はじめに

新しいクラスの担任になった際、ワクワクと同時に、1年間どのように保育していけばよいのかと一抹の不安がよぎるでしょう。子どもたちの1年間の発達を見通して、どの時期に何を育てていくのかを考え、発達に必要な経験ができるように環境を整えなければなりません。

ご安心ください。本書は、そのような保育者のみなさんのご要望に応えるために登場しました。まず5歳児の1年間をざっと見通し、指導計画の立て方も、丁寧に解説しました。それから月ごとの子どもの姿や保育のアイデア、あそびを載せています。さらに、子どもへのことばかけや保護者対応についても、エッセンスを取り上げました。

特に大切にしていただきたいのが、子どもの育ちの読み取りです。ぜひ、クラスの子どもの姿を記録し、何が育っているのか、今後はどのように援助していきたいかを書いてみてください。必ず保育力がアップします。

なお、各月の子どもの姿については、富山大学教育学部附属幼稚園元副園長、杉谷利枝子先生の視点を参考にさせていただきました。

本書が、保育者のみなさんの助けとなり、クラスの子どもたちの笑顔につながることを願っております。

横山洋子

もくじ

「5歳児の保育12か月」でレッツ保育！	8
5歳児の姿と保育	14
5歳児クラスの1年	16
おさえておこう！「3つの資質・能力」「10の姿」	20
保育シーンで子どもの育ち「10の姿」を見てみよう	22
指導計画の立て方	24
保育環境ってなんだ？	28

壁面かざり	春	30
壁面かざり	夏	34
壁面かざり	秋	38
壁面かざり	冬	42
壁面かざり	お誕生表	46

Part 1 クラスづくり

1年間の見通しカレンダー 48

4月 49
4月の子どもたち 50
●子どもの心と姿 ●ねらい ●環境構成&援助
4月のアイデア 52
●製作 ●お絵かき ●絵本 ●なぞなぞ
●うた ●手あそび・うたあそび
●行事のことばかけ ●ちょこっとことばかけ
4月のあそび 55
読み取ろう！ 子どもの育ち 60

5月 61
5月の子どもたち 62
●子どもの心と姿 ●ねらい ●環境構成&援助
5月のアイデア 64
●製作 ●お絵かき ●絵本 ●なぞなぞ
●うた ●手あそび・うたあそび
●行事のことばかけ ●ちょこっとことばかけ
5月のあそび 67
読み取ろう！ 子どもの育ち 72

6月 73
6月の子どもたち 74
●子どもの心と姿 ●ねらい ●環境構成&援助
6月のアイデア 76
●製作 ●お絵かき ●絵本 ●なぞなぞ
●うた ●手あそび・うたあそび
●行事のことばかけ ●ちょこっとことばかけ
6月のあそび 79
読み取ろう！ 子どもの育ち 84

7月 85
7月の子どもたち 86
●子どもの心と姿 ●ねらい ●環境構成&援助
7月のアイデア 88
●製作 ●お絵かき ●絵本 ●なぞなぞ
●うた ●手あそび・うたあそび
●行事のことばかけ ●ちょこっとことばかけ
7月のあそび 91
読み取ろう！ 子どもの育ち 96

8月 97
8月の子どもたち 98
●子どもの心と姿 ●ねらい ●環境構成&援助
8月のアイデア 100
●製作 ●お絵かき ●絵本 ●なぞなぞ
●うた ●手あそび・うたあそび
●行事のことばかけ ●ちょこっとことばかけ
8月のあそび 103
読み取ろう！ 子どもの育ち 108

9月 109
9月の子どもたち 110
●子どもの心と姿 ●ねらい ●環境構成&援助
9月のアイデア 112
●製作 ●お絵かき ●絵本 ●なぞなぞ
●うた ●手あそび・うたあそび
●行事のことばかけ ●ちょこっとことばかけ
9月のあそび 115
読み取ろう！ 子どもの育ち 120

10月 … 121

10月の子どもたち … 122
- 子どもの心と姿 ●ねらい ●環境構成＆援助

10月のアイデア … 124
- 製作 ●お絵かき ●絵本 ●なぞなぞ
- うた ●手あそび・うたあそび
- 行事のことばかけ ●ちょこっとことばかけ

10月のあそび … 127

読み取ろう！ 子どもの育ち … 132

11月 … 133

11月の子どもたち … 134
- 子どもの心と姿 ●ねらい ●環境構成＆援助

11月のアイデア … 136
- 製作 ●お絵かき ●絵本 ●なぞなぞ
- うた ●手あそび・うたあそび
- 行事のことばかけ ●ちょこっとことばかけ

11月のあそび … 139

読み取ろう！ 子どもの育ち … 144

12月 … 145

12月の子どもたち … 146
- 子どもの心と姿 ●ねらい ●環境構成＆援助

12月のアイデア … 148
- 製作 ●お絵かき ●絵本 ●なぞなぞ
- うた ●手あそび・うたあそび
- 行事のことばかけ ●ちょこっとことばかけ

12月のあそび … 151

読み取ろう！ 子どもの育ち … 156

1月 … 157

1月の子どもたち … 158
- 子どもの心と姿 ●ねらい ●環境構成＆援助

1月のアイデア … 160
- 製作 ●お絵かき ●絵本 ●なぞなぞ
- うた ●手あそび・うたあそび
- 行事のことばかけ ●ちょこっとことばかけ

1月のあそび … 163

読み取ろう！ 子どもの育ち … 168

2月 … 169

2月の子どもたち … 170
- 子どもの心と姿 ●ねらい ●環境構成＆援助

2月のアイデア … 172
- 製作 ●お絵かき ●絵本 ●なぞなぞ
- うた ●手あそび・うたあそび
- 行事のことばかけ ●ちょこっとことばかけ

2月のあそび … 175

読み取ろう！ 子どもの育ち … 180

3月 … 181

3月の子どもたち … 182
- 子どもの心と姿 ●ねらい ●環境構成＆援助

3月のアイデア … 184
- 製作 ●お絵かき ●絵本 ●なぞなぞ
- うた ●手あそび・うたあそび
- 行事のことばかけ ●ちょこっとことばかけ

3月のあそび … 187

読み取ろう！ 子どもの育ち … 192

Part 2 指導計画

5歳児の年間指導計画　おさえたい3つのポイント	194
5歳児の月案　おさえたい3つのポイント	196
保育園 年間指導計画	198
保育園 月案	200

4月…200	10月…212
5月…202	11月…214
6月…204	12月…216
7月…206	1月…218
8月…208	2月…220
9月…210	3月…222

幼稚園・認定こども園 年間指導計画	224
幼稚園・認定こども園 月案	226

4月…226	10月…238
5月…228	11月…240
6月…230	12月…242
7月…232	1月…244
8月…234	2月…246
9月…236	3月…248

事故防止チェックリスト	250

Part 3 クラス運営のヒント

すぐに役立つ！ なるほどことばかけ	252
気になる！ 保護者対応Q＆A	258
おたより　テンプレート	262

イラスト・文例

4月…266	10月…272
5月…267	11月…273
6月…268	12月…274
7月…269	1月…275
8月…270	2月…276
9月…271	3月…277

コピー用型紙	278
CD-ROMをご使用の前に	288
CD-ROMの使い方	289

付属CD-ROMには、年間指導計画・月案のほか、おたよりに使えるテンプレート・イラスト・文例、壁面かざりの型紙を収録。使用される前に288ページからの「CD-ROMをご使用の前に」を必ずお読みください。

「5歳児の保育12か月」でレッツ保育！

この1冊で5歳児はおまかせ！

この1冊さえあれば、5歳児クラスの担任は大丈夫！ この本の使い方と、5歳児の保育の基本を紹介します。

発達をふまえる

5歳児の担任になったなら、まずは5歳児の発達段階を確認する必要があります。おおむね5〜6歳の子どもの発達を把握し、子ども一人一人の育ちを見つめましょう。 ➡14ページ

1年間を見通す

クラス担任は日々の保育に追われがちですが、目の前の子どもの成長をとらえながら、1年間の行事や活動を見通して、援助の方針を立てましょう。 ➡16ページ

巻頭カラー特集では5歳児の保育で必ず知っておきたい基本を押さえられるんだ

特に注目したいのが、「3つの資質・能力」、そして「幼児期の終わりまでに育ってほしい姿（10の姿）」！現場に即したシーンでわかりやすく解説しているピー！

それに指導計画の立て方は6ステップでOK！

壁面かざりもすぐに使えるね！子どもが喜びそう〜！

3つの資質・能力

「知識及び技能の基礎」「思考力、判断力、表現力等の基礎」「学びに向かう力、人間性等」の3つをいい、子どもはあそびを通して育んでいきます。➡20ページ

10の姿

「3つの資質・能力」を柱とし、さらに具体的な姿として示したものが「幼児期の終わりまでに育ってほしい姿（10の姿）」です。➡21ページ

指導計画

子ども一人一人の発達を保障し、主体的な活動を支援するための方針が指導計画です。年間計画から月案、週案、日案を立て、実践します。➡24ページ

Part1 では、毎月の保育に役立つ情報を月ごとに掲載！

各月の子どもの姿

各月の子どもたちのリアルな姿を取り上げました。育ちの把握に役立ちます。

各月のアイデア

製作・絵本・行事のことばかけなど、各月の保育に生かせるアイデアが満載です。

12か月分しっかりフォローはこの本だけ！

環境構成＆援助

その月ならではの環境構成や援助をピックアップ。すぐに保育に取り入れられます。

あそびアイデア

各月のあそびアイデアを6本ずつ掲載。ねらいやことばかけもわかりやすい！

あそびを象徴する3つのポイントを抽出。クラスの状況に合うあそびが探しやすくなっています。

読み取ろう！子どもの育ち

子どもがあそぶ姿から、「10の姿」の切り口で育ちを読み取りました。

「これなら迷わずに5歳児の保育ができそう！」

「発達や興味・関心に合ったあそびプランを厳選したピー」

環境構成・援助

保育者は、ねらいに即した環境を構成し、必要な援助をします。子どもの主体的な活動をいかに引き出せるかがポイント。

あそびアイデア

幼児期の子どもはあそびの中で成長し、必要な力を獲得します。造形あそび・運動あそび・集団あそびなどさまざまなジャンルを紹介しています。

子どもの育ちの読み取り

子どものあそぶ姿を広い目でとらえ、つぶやきを聞き、その子の成長の節目をキャッチしましょう。育ちの芽は必ずあります。

Part2 では保育園、幼稚園・認定こども園指導計画案を年間計画、月案で詳しく掲載！

指導計画

指導計画を立てる際に、必ず活用できます。「ねらい」には関連のある「10の姿」を入れています。

データ付きだから、自分流でうまく使ってピー！

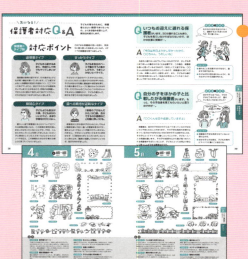

保護者対応Q&A

担任として知っておきたい保護者対応を具体的なシーンで紹介。身につけたい言い回しもチェックできます。

Part3 では保護者対応やことばかけ、おたよりイラスト・文例もカバー！

おたより

かわいいおたよりイラストは月ごとに多数掲載。保護者に伝わりやすい文例もあるので、おたより作りがスムーズに進められます。

年間計画・月案

指導計画はクラス運営の基本。年間計画を立てた上で月案→週案→日案と、より具体的に考えます。各園の方針や環境、子どものようすに合わせて立案します。➡193ページ

保護者対応

保護者と保育者は協力し合い、子どもの育ちを喜び合える関係でありたいもの。さまざまなタイプの保護者への対応をチェックし、よりよい保育につなげましょう。➡258ページ

おたより

おたよりは家庭へ情報を伝える大切なツールです。保護者にとってわかりやすく、思わず読みたくなるおたよりを作りましょう。➡262ページ

5歳児の姿と保育

園で一番上のお兄さん、お姉さんになった子どもたち。できることがたくさん増えて、自信に満ち溢れた表情はまぶしいほど。子どもの発達をとらえ、クラスの運営を考えていきましょう。

心身ともに充実した年齢。他者の気持ちに気づく援助を

　日常での基本的な生活習慣は、ほとんど自立します。内面的にも一段と成長し、納得のいく理由で物事の判断ができるようになります。また、自分が行動する際も、やってよいかダメか、やった結果どうなるのかを予測することができるように。好きでないことも多少は我慢して行い、人の役に立つことを誇らしく感じられるようにもなります。

　みんなで生活する上では、きまりを守らなければならないことに気づき、進んで守ろうとします。うまくいかないことがあると、新しいルールを提案して秩序を保とうとする姿もあります。そんなときは、自分で考えられたことを認めながら、物事のルールや仕組み、それに関わる人たちの気持ちを伝える援助も必要です。

生活
「みんなでやろう！」

みんなが集まると大きな力になり、あそびがより楽しくなることがわかってきます。仲間の存在が重要となり、共通の目的に向かってあそびを進めるようになります。互いに補い合い、協調性を身につける経験を重ねていきます。

保育のポイント

思いを伝えたり、相手の話を聞いたりする姿勢を大切にし、相談して決める場面を意図的につくりましょう。そして、力を合わせたよさが実感できるようにします。

体
「何回もできるよ」

運動神経はますます伸び、運動を喜んで行い、なわ跳びや鉄棒、跳び箱、竹馬などにも挑戦します。はじめはうまくいきませんが、何度もチャレンジするうちにコツをつかみ、段々と上達していきます。自分はやればできるんだという有能感が育つのです。

保育のポイント

挑戦したくなるあそびを用意し、保育者も挑戦する姿を見せましょう。友達を応援する雰囲気をつくったり、成果を披露する場を設けたりして、有能感を育みます。

言葉
「やめた方がいいよ」

自分なりに考えて話すようになります。物事のよしあしを判断し、よくないことをしていたら、「友達が困るよ」とはっきり言うなど、相手を批判する力も芽生えます。また、自分の思いを言葉で伝えるうちに、相手の話を聞く力も育ってきます。

保育のポイント

友達が傷つかない言い方を考える機会をつくり、意図がうまく伝わらない場合は、保育者が「こんなことを言いたかったんだね」と言葉をかけて、橋渡しをしましょう。

人との関わり
「ぼくも手伝う」

同じ目的をもった仲間と集団で行動することが多くなります。あそびをより楽しむためにルールを守る必要性にも気づき、自分たちでルールをつくります。社会的ルールが身についてくるのです。また友達同士で役割分担もできるようになります。

保育のポイント

協同的なあそびが生まれるような環境をつくり、自分の考えを相手に言葉で伝えられるようにします。助け合っている姿を認め、仲間がいるよさを実感できるようにしましょう。

5歳児クラスの1年

5歳児の園生活は、どんな1年間になるのでしょうか。子どもの成長とあわせて考えてみましょう。

4月〜6月

進級がうれしい春。クラスの一員としてふるまいながら、充実した日々を過ごしましょう。

当番活動に意欲をもつ

5歳児になった喜びから、小さい子の世話をしたり、当番活動に積極的に取り組んだりし、責任をもってやりとげようとします。「ありがとう」と言われることがうれしく、張りきって活動します。

援助のポイント
- 「さすが5歳児さん」と、張りきる姿を声に出して認める。
- 当番活動をしたおかげで、みんなが過ごしやすくなったことを伝える。

仲間とともに挑戦するあそびへ

なわとびや鉄棒、竹馬など、うまくいかなくてもあきらめず、挑戦しているうちにコツをつかんでできるようになります。友達がやる姿を見ながら体得し、友達と応援し合い、成功を喜びます。

援助のポイント
- 挑戦したくなるあそびを準備する。
- できたことよりも、取り組む姿を認める。
- 友達を助ける姿を大切にする。

保育トピックス

- **園内案内**　入園した3歳児を連れて園内を案内する機会をつくりましょう。5歳児としてのふるまいを意識できます。
- **保護者会**　保護者と園・担任保育者が、お互いを理解できる場になるよう、リラックスした雰囲気をつくれると◎。
- **プール**　ワニ歩きやおはじき拾いなどにも挑戦。上手にできることよりも、挑戦する姿を言葉にして認めましょう。

7月〜9月

ダイナミックなあそびを楽しんだり、行事に取り組んだり。5歳児の夏は、成長を実感できる季節です。

お泊まり保育に、ドキドキ

仲間と泊まるのは一大イベント。グループで役割を決めて活動し、夕食もお風呂もいっしょです。家庭から離れるという経験は大きく、ひとまわり成長するでしょう。準備段階から見通しをもち、終えたあとの振り返りから、さらに充実感を得ます。

援助のポイント
- 期待がもてるよう魅力的に話す。
- 自分たちで決めて実行することを大切にする。
- 心細い子には、十分に寄り添う。

ダイナミックな水あそびを楽しむ

プールサイドにつかまってバタ足をしたり、水しぶきをかけ合ったり、フープをくぐって泳いだりと、開放感を味わいながら水に関わります。また、塩ビ管やトイなどで水路を作り、水を流すなど、水の性質にも気づきながらあそびます。

援助のポイント
- プールでのあそびについて子どもと話し合い、安全に留意する。
- 舟や水車、水鉄砲作り、色水あそびができる環境を準備する。

● **感染症予防**　夏は感染症が流行りやすい季節でもあります。手洗い、うがいを子どもといっしょに行い、習慣にします。

● **休み明けの対応**　旅行などで疲れ気味の子どもが増えます。夏の疲れを残さないよう、ゆったりとした活動を取り入れましょう。

● **ルールのあるあそび**　クラス全体で関われるようなルールのあるあそびを設定し、主体的に活動できるようにしましょう。

10月〜12月

「こうしたい!」「こうするのはどう?」などとクラスのみんなで話し合いながら、行事をやりとげる経験をします。

運動会を、みんなで担う

どんな運動会にしたいか話し合い、運動あそびを楽しみます。アナウンス係、用具係、応援係などの役割で力を発揮し、係のバッジや種目、応援の小道具作りなどもしながら運動会をつくり上げます。

援助のポイント
- 運動会へ主体的に取り組めるよう、子どもがやりたいことを選べるようにする。
- 力を合わせている姿を認め、そのよさを伝える。

協同的なあそびの展開

なりたいものになって演じたり、衣装を自分たちで作ったりなど、相談しながらあそびを進めます。時にはトラブルもありますが、どうすればよいのかを自分たちで考え、解決できるようにもなります。

援助のポイント
- ストーリーに入り込めるような話に多くふれられる機会をもつ。
- 不織布やビニール袋など、あそびに必要な素材を用意しておく。

保育トピックス

- **造形あそび**　クラスでテーマを決め、役割分担をしながらグループで1つの物を作り上げる経験ができるよう援助します。

- **個人面談**　子ども一人一人の育ちを見守り、保護者に伝えます。その子ならではのエピソードを語りましょう。

- **生活習慣のチェック**　小学校入学に向け、生活習慣の自立を再度確認しましょう。また、生活の中で時間を意識できるように援助します。

1月〜3月

クラスがまとまり、充実したあそびが展開します。小学校を楽しみにしつつ、最後の園生活を充実させましょう。

作品に思いを込めて取り組む

手先が器用になり、作品にも自分なりの工夫が見られるようになります。じっくりと製作に取り組み、納得がいくまで向き合います。友達の表現のよさにも気づき、ほめたり自分の作品に取り込んだりします。

援助のポイント
- 一人一人がどのような思いを込めているのかを知り、適切な材料や技法をアドバイスする。
- 作品のよさが見える展示をする。

充実感を胸に、卒園式へ

一人一人に、「幼児期の終わりまでに育ってほしい姿」が特に伸びていくようになります。それぞれが園生活を振り返り、成長した自分を感じています。年下の子に優しく接し、飼育動物の世話の仕方を教えるなど、在園児と活動の引き継ぎをします。

援助のポイント
- これまでの経験を思い出して、話せる雰囲気をつくる。
- 大きく成長したことを具体的に話し、温かい気持ちで送り出す。

- **体調管理**: 風邪をはじめ、病気にかかりやすい時期です。保育室内の温度・湿度にも気を配り、健康チェックも入念に。

- **保護者会**: 園生活を振り返り、子どもの育ち、クラスとしての成長を知らせます。協力への感謝も伝えましょう。

- **卒園の喜び**: 小学校を楽しみにできるよう、前向きなことばかけを。また、自分の成長を実感できるような活動も取り入れます。

おさえておこう！ 3つの資質・能力 10の姿

幼稚園
保育園
認定こども園

未来の担い手である子どもの力を育むことが、保育者の役割です。ここでは、改訂された3法令で示されている、幼児期での育ちについて紹介します。

「幼児教育で育みたい3つの資質・能力」とは？

小学校以降の
- 知識及び技能
- 思考力、判断力、表現力等
- 学びに向かう力、人間性等

知識及び技能の基礎
何かに気づいたり、わかったり、できるようになったりする力

気づく、わかる、できるようになる

思考力、判断力、表現力等の基礎
考えたり、試したり、工夫したり、表現したりする力

考え、試し、工夫する

あそびを通しての総合的な指導

学びに向かう力、人間性等
やりたい気持ちや興味をもってやり通す力、つまり心情・意欲・態度

意欲、意思、やり通す力

保育・幼児教育
環境を通して行う保育・教育、主体的な生活、あそびの重視

基礎となる3つの資質・能力

2018年に実施された3法令の改訂では、日本の幼児教育施設のどの園に通っていても、同じ質やレベルの保育・幼児教育が受けられるよう整備されました。園はあそびを通して総合的な指導を行い、「知識及び技能の基礎」「思考力、判断力、表現力等の基礎」「学びに向かう力、人間性等」の3つの資質・能力を伸ばし、小学校以降の知識や技能につなげます。

あそびを通した学び

「幼児期の終わりまでに育ってほしい10の姿」とは？

子どもの育ちの指針となる「10の姿」は、5歳児後半になっていきなり表れるものではありません。
普段のあそびの中にある育ちに、注目してみましょう。

あそびの中の「10の姿」

5領域を意識すると共に「10の姿」を念頭に置き、子どもの姿を見つめましょう。子どもがあそぶ姿の中に、育ちの芽は必ず隠れています。

健康な体と心
〈健康〉
充実感をもって自分のやりたいことに向かって心と体を十分に働かせ、見通しをもって行動し、自ら健康で安全な生活をつくり出せるようになる。

自立心
〈人間関係〉
身近な環境に主体的に関わる活動の中で、しなければならないことを自覚し、自分の力で行うために考え、工夫し、やり遂げることで達成感を味わい、自信をもって行動する。

協同性
〈人間関係〉
友達と関わる中で互いの思いや考えなどを共有し、共通の目的の実現に向けて、考えたり、工夫したり、協力したりし、充実感をもってやり遂げるようになる。

道徳性・規範意識の芽生え
〈人間関係〉
してよいことや悪いことがわかり、自分の行動を振り返る。きまりを守る必要性がわかり、自分の気持ちを調整し、友達と折り合いを付けながら、きまりをつくり、守る。

自然との関わり・生命尊重
〈環境〉
身近な事象への関心を高め、自然への愛情や畏敬の念をもつ。生命の不思議や尊さに気づき、身近な動植物を命あるものとして大切にする気持ちをもって関わる。

社会生活との関わり
〈人間関係〉〈環境〉
家族を大切にしようとする気持ちをもつと共に、地域の人ともふれあい、自分が役に立つ喜びを感じる。あそびや生活に必要な情報を取り入れ、判断し伝え合い役立てる。公共の施設の利用を通し、社会とつながる。

思考力の芽生え
〈環境〉
物の性質や仕組みを感じ取り、多様な関わりを楽しむ。自分と異なる考えがあることに気づき、判断したり、考え直したりしてよりよい考えを生み出す。

言葉による伝え合い
〈言葉〉
絵本や物語に親しみ、豊かな言葉や表現を身につけ、経験したことや考えたことを言葉で伝え、相手の話を注意して聞き、言葉による伝え合いを楽しむ。

数量や図形、標識や文字などへの関心・感覚
〈環境〉
数量や図形、標識や文字などに親しむ体験を重ねたり、標識や文字の役割に気づいたりし、自らの必要感に基づきこれらを活用し、興味や関心、感覚をもつようになる。

豊かな感性と表現
〈表現〉
さまざまな素材の特徴や表現の仕方に気づき、感じたことや考えたことを自分で表現したり、友達と表現する過程を楽しんだりする。表現する喜びを味わい、意欲をもつ。

保育シーンで子どもの育ち 10の姿 を見てみよう

シーン① 高齢者施設での交流

5歳児になると、社会とのつながりを感じながら行動することができます。育ちのようすを見てみましょう。

協同性
高齢者との楽しい交流のために、みんなで話し合っています。共通の目的の実現に向けて、協力している姿です。アイデアを出したり賛同の気持ちを伝えたりしています。

豊かな感性と表現
デカルコマニーのカード作りでは、絵の具のたらし方による美しい模様を楽しんでいます。偶然の色や形、グラデーションのおもしろさを味わっています。

自立心
自分たちで考えて準備したことを披露し、やりとげた達成感を味わっています。自分のしたことに自信をもち、また来たいという気持ちにもつながっています。

言葉による伝え合い
話し合いの場で、それぞれの考えを伝えています。得意なことを見てもらいたいという思いや、渡して喜ばれるものを提案する姿があります。言葉で上手に表現しています。

健康な心と体
自分のやりたい跳び方に挑戦し、体を動かしています。高齢者に見てもらいたいという希望と見通しをもち、自分から取り組んでいる姿です。

社会生活との関わり
高齢者施設まで出かけ、高齢者とふれあっています。地域の人たちと関わり、自分たちのしたことが喜んでもらえたうれしさを感じています。

ここに注目　目的と学びの連続性をふまえる
5歳児は、園外へ出かける活動が多くなります。その際も、ただ行くだけではなく、目的のために調べたり準備をしたりということが、一連の学びとなります。見通しをもち、友達と力を合わせながら、自己をコントロールして活動しているのです。その1つ1つをていねいに見極めましょう。

シーン② 当番活動

5歳児ならではの当番活動。主体的な行動が見られた際は大いにほめ、育ちの芽をさらに大きくしたいものです。

自然との関わり・生命尊重

生き物と関わり、その生活を支えています。親しみをもって、かわいがっています。その特徴もよく知っており、命あるものとして大切にしています。

数量や図形、標識や文字などへの関心・感覚

動物の世話においては、いつも決まった量のえさが必要です。それには、数を使って知らせることが有効です。定量を認識し、友達に伝えています。

健康な心と体

5歳児の仕事として、園庭パトロールを誇りをもって行います。みんなが健康で安全な生活ができるように、点検したり場を整えたりしています。

思考力の芽生え

雨が上がったあと、虹を発見しています。虹をよく観察し、いろいろな色があることを認識しています。自然現象を理解していくことにつながります。

協同性

帰りの会では1日の生活を振り返り、みんなに聞いてほしいことを発信し、どうしたらよいかを話し合います。みんなが気持ちよく暮らすために調整し合う姿です。

道徳性・規範意識の芽生え

集団で生活するためには、ルールが必要です。してよいことと悪いことの区別ができなくてはなりません。間違った行動をしたことは反省する必要があります。

ここに注目 — 総合的な育ちをとらえて

主体的に生活する5歳児は、みんなのための仕事を引き受けたり、自分たちで考え出したりして積極的に活動します。その際、友達と話し合ったり、調整したりということも起こります。「10の姿」がいくつも結びついて養われるので、総合的に育ちの姿をとらえることが重要です。

指導計画の立て方

指導計画をもとに保育を実践し、評価をして改善する、というサイクルを意識するだけで、保育はどんどん磨かれます。適した指導計画を立てるために、立て方の流れも確認しましょう。

指導計画はPDCA(プラン ドゥ チェック アクション)で充実！

指導計画は立てて終わりではありません。実践して初めて、「ここはうまくいったけど、この環境は失敗だった」とわかるのです。そして、「ここがダメだったから次の計画では改善する」というサイクルを常に意識することで、よりよい保育が展開できます。

❶ 計画する
＜短期計画＞では目の前の子どもの現在の姿をとらえ、＜長期計画＞では昨年の子どもの姿を思い浮かべ、発達に必要な経験をどのように積み上げるかを考えます。ねらいと内容を決め、無理のない計画を楽しく立てましょう。

❷ 実践する
計画をもとにしますが、その通りに行うことが大事なのではありません。計画にとらわれず、子どもにとって最善の保育を行います。不意に訪れた発達に必要な経験ができるチャンスを生かし、子どもの生活を優先します。

❸ 評価する
実践した保育の中で、どこにどのような子どもの育ちがあったかを導き出します。そして「計画した環境が適切だった」「援助はもっとこうすべきだった」など、振り返って検証します。

❹ 改善する
次の計画を立てる際、どこをどのように変えれば、より子どもの育ちにつながるかを考えます。満点の計画などあり得ません。ねらいはどうか、環境はどうかなどを考え続けることで保育者として成長します。

全体的な計画
↓
指導計画
〈長期〉年間→期案→月案
↓
〈短期〉週案→日案

流れでわかる！指導計画

1 「子どもの姿」をとらえよう

「育ち」の事実を、整理して考える

まず、現在の子どものようすを思い浮かべます。子どもの行動を羅列するのではなく、子どもがどこまで育っているのかがわかる姿を事実として書きます。また、子どもが何に興味をもち、何を楽しんでいるかをとらえます。どんなときにどんな行動をとるかも記しましょう。「ねらい」の根拠となります。

2 "こう育ってほしい"＝「ねらい」は、何？

子どもの中の育てたいもの

「ねらい」には、子どもの中に育つもの、保育者が育てたい姿を、子どもを主語にして記します。「子どもの姿」や年、期の「ねらい」を踏まえて導き出します。このような姿が見られるといいな、という保育者の願いをいくつか書いてみると、「ねらい」にしたくなる文が出てくるでしょう。

3 さらに具体化して「内容」を考える

育ちのための具体的な方法とは？

「ねらい」を立てたら、次にどのような経験をすればその「ねらい」に子どもが近づけるかを考えます。「ねらい」に近づくために子どもに経験させたいことが「内容」です。具体的に、日々の生活の中でこのような経験をさせたい、ということを挙げます。これも、子どもを主語にして書きます。

④ やりたくなる「環境」の準備を考える

試したくなるような環境を

　「内容」に挙げたことを、子どもが経験できるように環境を整えます。主体的に行動できるような物的環境をつくりましょう。遊具は何をどれくらい出しておくか、製作の材料は何が適当か、どのタイミングで出すかなどを考えます。時間、空間、雰囲気も大切な環境です（28ページ参照）。わくわくする環境をめざしましょう。

⑤ 「予想される子どもの姿」はあらゆる姿を想定

子どもはきっとこう動く

　環境設定をしたところへ子どもが来た際、どのような動きをするか予想します。喜んで活動を始める子もいれば、ためらう子もいるでしょう。また、朝からの生活の流れも意識し、どこで話し合いをもつか、片づけるか、絵本を読むかなども考えて書いておきます。

⑥ 「保育者の援助」でその配慮を考えよう

子どもたちの何に配慮する？

　子どもが「ねらい」に近づくように、「内容」で挙げた事柄が経験できるための援助を考えます。「予想される子どもの姿」でマイナスな姿が予想される場合は、対策を考えて書いておきます。「〜の子には、〜する」とさまざまな想定をしておくと、援助の幅が広がります。

指導計画の文章で おさえておきたいこと

指導計画を書くときに気をつけたい、6つのポイントを紹介します。

❶ 現在形で書く

指導計画は、明日のこと、1週間先のことなど、未来に起こることを想定して書くものです。けれども、文章は「〜するだろう」という未来形ではなく、「〜する」という現在形で書きます。「〜している」という現在進行形にもなりがちですが、文が長くなるので、避けた方がすっきり読めます。

- ✕ 色水あそびやシャボン玉あそびを楽しむだろう。
- 〇 色水あそびやシャボン玉あそびを楽しむ。

❷ 子どものリアルな姿を書く

指導計画を書いている本人は、いつも子どもと接し近くで見ているので、具体的なようすがわかりますが、主任や園長など、毎日接していない人には、どういう姿のことを指して記述しているのかイメージできないことがあります。子どものようすがリアルに思い浮かべられるような、くわしい記述を心がけましょう。

- ✕ 他のクラスで、のびのびと好きなあそびを楽しんでいる。
- 〇 4歳児クラスのジュースやさんに立ち寄り、やり取りを楽しんでいる。

❸ 「〜させる」を控える

成長を促すために、さまざまな経験をさせたいと保育者は願いますが、「〜させる」という文章が多いと、保育者が指示をして、子どもは従わされているような印象になります。「〜するよう促す」や「〜できるように配慮する」など主体的に行動する子どもを、保育者がサポートするニュアンスを大切にしましょう。

- ✕ 水や泥の感触を味わわせる。
- 〇 水や泥の感触を味わえるようにする。

❹ 「〜してあげる」を控える

保育者は子どもにさまざまな援助をしますが、それを、「〜してあげている」と思っているようでは困ります。子どものために保育をするのが保育者の仕事ですから、恩着せがましい表現をするのではなく、どちらかというと、「保育させていただいている」という謙虚な気持ちで書きましょう。

- ✕ 弁当箱の置き方を教えてあげる。
- 〇 弁当箱の置き方を知らせる。

❺ 「まだ〜できない」視点で見ない

子どもは常に成長の過程にいます。「まだ〜できない」とできていないことに着目しないで、ここまで発達したところだとできていることに着目し、育ちを肯定的にとらえましょう。そして、次の課題に向かおうとする子どもを温かい目で見つめ、立ち向かえるように陰ながら応援するのです。

- ✕ 気に入った遊具であそぶが、長続きしない。
- 〇 いろいろなあそびに興味があり、少しずつ試している。

❻ 同じ言葉を繰り返さない

子どものようすや状況を細かく説明しようとするあまり、同じような表現が続くと、ワンパターンな記述になってしまうことがあります。一文の中だけではなくそのあとに続く文章にも、同じ言葉を2回以上は使わないように心がけ、子どものようすを多様な表現でていねいに伝えるようにしましょう。

- ✕ 積極的に運動あそびに取り組み、友達と積極的に関わる。
- 〇 積極的に運動あそびに取り組み、自ら友達に働きかける。

保育環境ってなんだ？

集団の中で子どもが育つためには「保育環境」が重要です。前年度の保育室を引き継ぐことも多いですが、自分のクラスの「保育環境」を、今一度考えてみましょう。

よりよい 保育環境 3つの条件
- 自分の居場所と感じられる
- 思わずあそびたくなる
- 試すことができる

子どもの活動を、いかに引き出すか

保育環境とは、「保育するための環境」を意味しますが、子どもの育ちを引き出すものである必要があります。単純にかわいらしいものという側面よりも、子どもの成長にどうつながるものであるかを考えましょう。「ねらい」に近づく経験ができることが、第一です。

物的環境

用具や遊具は発達に合わせて

保育は子どもの主体的な活動があって、初めて実践されるものです。子どもの発達に合わせたおもちゃや遊具、用具や素材など、子どもが興味をもってやってみたくなるあそびを準備することが基本です。製作あそびの際に、子どもが自分で好きな素材や用具を選べるように置いてあったり、見本になるものがかざってあったりということが大切です。目の前の子どもが、思わずあそびたくなる環境を考えましょう。

人的環境

保育者、友達、家族、地域の人々が子どもを育てる

子どもをいつも見守る保育者もまた、環境の1つです。困ったときには力になる、不安なときには抱きしめて笑顔を見せる保育者は、子どもにとって心の支えです。信頼できる保育者がいるからこそ、安心して保育室や園庭、ホールであそぶことができるのです。保育者は笑顔や温かい話し方、何でも受け入れる態度を常に心がけましょう。また、友達の存在や地域の人々も、子どもにとっては大切な人的環境です。

空間

「わたしの空間」と「わたしたちの空間」

砂場であそんでいる子どもにとって、砂場は「わたしの空間」で、友達があとから砂あそびを始めると「となりの子の空間」ができます。しかし、砂場に作った穴に水が流れ出して2人で池作りが始まると、砂場は2人にとって「わたしたちの空間」となります。子どもは「わたしの空間」「わたしたちの空間」として感じられないと、あそぶことはできません。そう感じられる環境づくりが、子どものあそびを支えます。

時 間

身体リズム＋充実できる時間を配慮

園生活は子どもの身体リズムを考慮して計画を立てましょう。1日のメインとなる活動は、脳の働きが活性化する午前10時から11時ごろが最適です。昼食後は眠くなるので静かに過ごし、エネルギーがみなぎる午後、再び体を動かしてあそびます。降園前は絵本などで気持ちを落ち着かせ、今日のあそびや明日の活動について、みんなで話し合う時間をもってもよいでしょう。

雰 囲 気

温かく、その場に応じた空気を

園生活で大切なのは、「温かい雰囲気」です。保育者がいつでも子どもたちを温かく迎え入れる雰囲気は、何より子どもたちの心をなごませます。

ほかの子どもたちの明るい声やにぎやかな歓声も、子どもを引きつける雰囲気です。一方、絵本を見るときや保育者の話に耳を傾けるときには「静かな雰囲気」が必要ですし、避難訓練では「緊迫した雰囲気」が不可欠です。このように、その場に応じた雰囲気をつくることも、保育者の仕事です。

春

壁面かざり

シロツメクサの花かんむり

春らしい野原の風景に、散歩に出かけたくなるような壁面かざりです。シロツメクサの花は、お花紙でふんわりと作ります。

材料 色画用紙、画用紙、お花紙、布、レース、綿ロープ、モール

型紙 278ページ

  hekimen → hekimen30

ポイント

綿ロープに花と葉を交互に貼り、チョウチョウが持っているようにかざります。

おいしそうな お菓子のおうち

「ヘンゼルとグレーテル」のお話の世界を壁面かざりにしました。「こんなおうちがあったらいいな…」と想像が広がります。

材料 色画用紙、画用紙、片段ボール、包装紙、カラーセロハン、ティッシュ、フェルト、毛糸、モール

壁面かざり　春

ポイント

お菓子は、カラーセロハンや包装紙でティッシュを包んだり、フェルトを組み合わせたりします。

子どもと作る　シャボン玉を飛ばそう！

色とりどりのシャボン玉が飛び、メルヘンな世界が広がります。マーブリングの繊細な模様がシャボン玉の表現にぴったり。

材料 色画用紙、画用紙、割りばしなど、マーブリング用絵の具

型紙 279ページ

子どもの作品

1. 水にマーブリング用絵の具をたらし、割りばしなどで軽く混ぜます。
2. 画用紙を水の上に浮かべ、そっと持ち上げます。
3. 画用紙を丸く切ります。

子どもと作る　ツクシを見つけたよ

たくさん並ぶツクシに動物たちも大喜びです。黄緑と緑の色画用紙を組み合わせ、野原の広がりを表現します。

材料 色画用紙、包装紙、コピー用紙、折り紙、モール、果物ネット、ペットボトル

型紙 279ページ

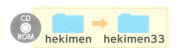
CD-ROM　hekimen → hekimen33

子どもの作品

1. 保育者がペットボトルに果物ネットをとめてスタンプを作ります。
2. 色画用紙に絵の具をつけたスタンプを押し、だ円形に切ります。
3. コピー用紙を筒にした茎に、折り紙に切り込みを入れたはかまを巻いて貼り、2に貼ります。

壁面かざり　春

カエルたちのコーラス

楽しそうにうたうカエルたちの姿に、今にも歌声が聞こえてきそうです。アジサイの小花は、輪にした紙テープを十字に重ねて表現します。

材料 色画用紙、画用紙、片段ボール、厚紙、紙テープ、スズランテープ

型紙 280ページ

ポイント
池の形に切った厚紙に、スズランテープを重ねながら巻くように貼ります。透明感が池の表現にぴったりです。

イルカといっしょに海であそぼう！

青い海、入道雲、水着姿の動物たち…、夏らしさ満点です。ビーチボールは、好きな色のハニカムシートを組み合わせてカラフルに。

材料 色画用紙、画用紙、厚紙、キラキラ折り紙、ハニカムシート、スズランテープ

型紙 280ページ

ポイント

スズランテープをねじりながら貼り、波を表現します。

半円形に切った3色のハニカムシートを厚紙に貼り、立体的なビーチボールに。

風にはためく洗濯物

子どもと作る

夏空のもと、こすり出しで模様をつけたシャツが並びます。洗濯ばさみで作品を綿ロープにとめると、洗濯物の雰囲気が出ます。

材料 色画用紙、画用紙、コピー用紙、綿ロープ、リボン、山道リボン、洗濯ばさみ、葉っぱ、クリップ、たこ糸、輪ゴム

型紙 281ページ

子どもの作品

① こすり出すもの（葉っぱやクリップなど）にコピー用紙を重ね、クレヨンで塗ります。

② ①を切り取り、色画用紙に貼ります。

③ クレヨンで模様を描きます。

子どもと作る アサガオ咲いたかな

夏を代表する花、アサガオをにじみ絵で作ります。綿ロープに紙テープをくるくると巻きつけ、アサガオらしく。

材料 色画用紙、片段ボール、障子紙、キラキラ折り紙、紙テープ、綿ロープ

型紙 281ページ

子どもの作品

1. 障子紙を折り、折ったまま全体を水でぬらして手で押さえるようにしてしぼります。
2. 障子紙の★印の部分を持ち、先を赤と青の絵の具につけます。
3. 障子紙を丸く切ります。

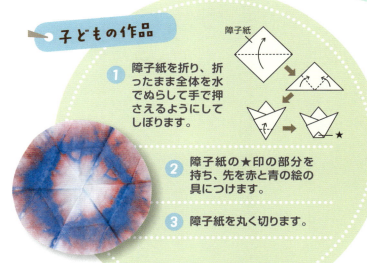

壁面かざり　夏

壁面かざり

スズムシたちの演奏会

秋の野原から「リンリン」とスズムシたちの音色が聞こえてきます。スズムシたちを左右に動かすと、鈴が鳴るのを楽しめます。

材料 色画用紙、画用紙、和紙、牛乳パック、リボン、モール、鈴

型紙 282ページ

ポイント
リボンを通した鈴を牛乳パック（内側を外にして箱形に貼ったもの）に貼り、左右に揺らすと鈴が鳴るようにします。

壁面かざり

秋

ハッピーハロウィン！

立体的なジャックオランタンがハロウィン気分を演出します。本物そっくりのキャンディーは、カラーセロハンでティッシュを包みます。

材料 色画用紙、画用紙、片段ボール、カラーセロハン、ティッシュ、リボン、ビニール袋、空き箱

型紙 282ページ

CD-ROM　hekimen → hekimen39

ポイント

ジャックオランタンや動物たちの裏には、お菓子などの空き箱を貼り、浮かせて貼ります。

お弁当 おいしいね！

おいしそうにお弁当を食べる光景に、遠足が待ち遠しくなります。両面折り紙の色を自由に組み合わせて作りましょう。

材料 色画用紙、画用紙、両面折り紙、布

型紙 283ページ
CD-ROM　hekimen → hekimen40

子どもの作品

① 色画用紙を丸く切ります。

② いろいろな色の両面折り紙を細長く切ります。

③ ②を丸めたり輪にしたりして、色画用紙に貼ります。

子どもと作る

落ち葉であそぼう！

色づいた葉っぱで子どもたちが元気にあそんでいます。みんなでフィンガーペイントを楽しんだ大きな紙から葉っぱを作ります。

材料　色画用紙、画用紙、模造紙、包装紙

型紙 283ページ   →

子どもの作品

1. 模造紙に絵の具でフィンガーペイントをします。
2. 絵の具が乾いたら、保育者が切り分けます。
3. 二つ折りにし、葉っぱの形に切ります。

壁面かざり　秋

壁面かざり

冬

ケーキを囲んで メリークリスマス！

大きなケーキに笑顔の動物たちと、見守るサンタさんがほほえましい壁面かざりです。キラキラ折り紙の輪かざりでにぎやかに。

材料 色画用紙、画用紙、キラキラ折り紙、折り紙、フェルト、布、リボン、毛糸、レースペーパー、キラキラモール

型紙 284ページ

ポイント
イチゴはフェルトや布で作ります。毛糸をくるくる丸めて貼ると、クリームの表現にぴったり。

おにはそとー！
元気に豆まき

動物たちの豆まきに大慌てでおにたちが逃げていきます。豆は、折り紙を丸めて立体的に作ります。

材料 色画用紙、画用紙、折り紙、厚紙、カラーポリ袋、綿、毛糸、ビニールテープ

ポイント
おにのパンツは、綿を貼った厚紙をカラーポリ袋で包み、ビニールテープで模様をつけます。

壁面かざり　冬

子どもと作る ツリーをかざろう！

みんなの作品が集まって大きなクリスマスツリーに変身！ キラキラ素材や赤と緑のリボンでクリスマスらしく華やかに。

材料 色画用紙、画用紙、片段ボール、キラキラ折り紙、キラキラテープ、リボン、糸

型紙 285ページ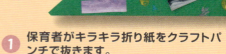

子どもの作品

① 保育者がキラキラ折り紙をクラフトパンチで抜きます。

② 正方形の色画用紙を半分に折って三角形にし、三角形の先を貼り合わせます。

③ ①やキラキラテープを②に貼り、ペンで描きます。

子どもと作る シチューをめしあがれ

はじき絵で作ったシチューは、どれもとってもおいしそう！ コックさんの帽子は、紙コップを半分に切って立体的に。

材料 色画用紙、画用紙、布、紙コップ

型紙 286ページ 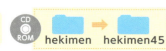 hekimen → hekimen45

子どもの作品

1. 保育者が画用紙にクレヨンで丸を描き、目安をつけます。
2. 画用紙の目安の丸の中にクレヨンで具を描き、上から薄い色の絵の具を塗ります。
3. 画用紙の目安の丸のまわりにペンで描き、色画用紙のスプーンを貼ります。

壁面かざり 冬

お誕生表

壁面かざり

季節のお花でおめでとう

アジサイにヒマワリ、コスモス…、色とりどりの12か月のお花がお祝いしています。キラキラモールの縁どりがアクセントになります。

材料 色画用紙、画用紙、キラキラモール

型紙 287ページ

ポイント
該当のお誕生月にはチョウチョウを移動させて目立たせ、お祝いしましょう。

Part 1

今日から役に立つ！

クラスづくり

- 子どもの心と姿
- 環境構成＆援助
- 製作
- 絵本
- お絵かき なぞなぞ うた・手あそび
- 行事のことばかけ
- あそび
- 読み取ろう！子どもの育ち

1年間の見通しカレンダー

クラス運営をスムーズに進めるには、1年間の見通しを立てることが大切です。毎月どんな園行事があるのか、まず把握しておきましょう。

4月 新学期は保護者と信頼関係を
- 進級式
- 保護者会
- 個人面談

5月 連休明けは体調管理に注意

- 遠足
- 健康診断

6月 プール開きは安全に配慮して

- 歯科検診
- プール開き
- 保育参観

7月 七夕には星への興味を

- 七夕集会
- 終業式

8月 ダイナミックな水あそびを

- 夏祭り
- お泊まり保育
- 夏季保育

9月 戸外で十分に体を動かそう

- 始業式
- お月見

10月 運動会は達成感を大切に

- 運動会
- いもほり
- 遠足

11月 秋の自然物で楽しもう
- 保育参観
- 個人面談

12月 年末の行事で忙しい時期

- 発表会
- もちつき
- クリスマス会
- 終業式

1月 寒さに負けず体を動かそう
- 始業式

2月 表現豊かに共同製作を

- 作品展
- 保護者会

3月 成長の喜びを受け止めよう

- ひな祭り
- お別れ会
- 卒園式

4月のクラス運営

5歳児になった嬉しい気持ちを大切に	5歳児になり、張りきって生活に取り組んでいる子どもたち。入園式の手伝いや当番活動など、5歳児だからできるような役割があることを伝えます。
クラス全体であそべるものを	歌をうたったり、椅子取りゲームをしたり、クラス全体が盛り上がれるようなあそびで、「このクラス楽しい」と感じられるようにしましょう。

4月の子どもたち

子どもの心と姿

進級したんだよ！

「外でサッカーしよう！」「うん！ ちょっと待って、あとで行くね」。5歳児クラスになった喜びと期待で胸がいっぱい。気持ちが先走り、はしゃぐ子どももいます。その思いが全身に表われ、走るスピードもいつもより速いようです。

当番活動、楽しい！

5歳児クラスでは、当番活動の役割が増えます。友達ともあそびたいけれど、今日はお当番。給食当番や後片づけ、ウサギのお世話と大忙しです。去年のお兄さん、お姉さんがしていたことを思い出し、意欲をもって取り組みます。

緊張しながらも、少しずつその役割を理解します。

弟が気になるの

弟が入園し、仲よしの友達といっしょに弟の保育室へ行き、あれこれとお世話をしています。「タオルはここにかけるんだよ」「シールはここに貼ってね」「なにしてあそびたい？」。自分のことはさておき、弟のお世話に夢中です。

どうすればうまくいく？

自分の思いが強くなり、よかれと思って行った当番活動がうまくいかず、トラブルになることも。「こうしようと思ったのに」「それじゃ、だめだよ」。どのようにすればよいか、模索していきます。

新しいクラス、ドキドキ

新年度になって環境が変わり、緊張する子どもや、なんとなく落ちつかない子どももいます。保育者や仲のよい友達といっしょにあそんでいるうちに、徐々に安定します。

ねらい

* 生活の場を保育者や友達とつくり、新しい生活に慣れる。
* 進級を喜び、自分で生活を進める。
* 春の自然に親しみ、友達や保育者と楽しくあそぶ。

環境構成 & 援助

当番活動で責任感を

欠席を園長に伝えるなど、5歳児として責任のある当番活動を取り入れましょう。役に立ったと実感できる当番を担当することで、自ら進んで行動し、役割を果たす喜びを知ります。

お休みは1人です！

種をまいて世話をしよう

天気のよい日に、植物の種をまくのもよいでしょう。自分の植木鉢に1粒ずつ種をまくことで、植物への興味が高まり、責任感にもつながります。

前年度のあそびを継続して

4歳児のときに覚えたダンスやゲームを、クラスみんなですると安心し、友達とのつながりを再確認することができます。広い場を設定し、のびのびとあそべるよう援助をしましょう。

クラスみんなで話し合い

生活やあそびの場は、子どものアイデアをどんどん取り込みましょう。クラス全体でミーティングの場をもつことで、5歳児の自覚が芽生えます。発言の少ない子にも話す機会をつくりましょう。

チェックリスト ✓

- ☐ 進級の喜びの裏側にある不安にも目を向ける。
- ☐ 保育室を壁面かざりなどで明るい雰囲気にし、居心地のよい場にする。
- ☐ 友達関係を確認し、仲間に入れない子へ配慮する。
- ☐ 天気のよい日を選んで、春を感じられる公園へ出かける。
- ☐ 当番活動を設定し、5歳児の自覚を育てる。

製作 4月のアイデア

[デカルコマニーの花]

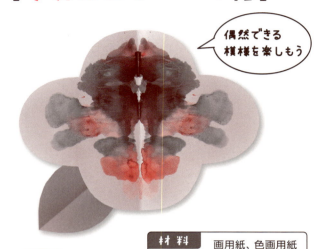

偶然できる模様を楽しもう

材料 画用紙、色画用紙

作り方

1 紙を切る
保育者が二つ折りにした画用紙に花の形を描いておきます。線に沿って切ります。

2 絵の具を置いて開く
画用紙の片側に筆で絵の具を置き、二つ折りにして上から手で押さえてから開きます。

3 紙を貼る
2の裏に、色画用紙の葉を貼ります。

[容器で作るマラカス]

音を鳴らしてあそぼう

材料 空き容器（2個）、厚紙、ビニールテープ、丸シール、ビーズ

作り方

1 容器をかざる
容器にビニールテープを巻いて貼り、油性ペンで描きます。

2 容器をとめる
容器にビーズを入れ、その上に逆さまにした容器を重ねます。口同士をテープでとめます。

3 厚紙をつける
厚紙2枚で2をはさみ、ホッチキスでとめます。ビニールテープを巻き、丸シールを貼ります。

お絵かき

チューリップ 花びらの線を入れるだけで、本格的な仕上がりに。

茎の線は少しカーブさせて

ニワトリ ポイントはとさか。大きく目立たせて描きます。

おなかは丸く大きく

絵本

「ふしぎなたけのこ」
作／松野 正子　絵／瀬川 康男
福音館書店

たろがタケノコに上着をかけると、ぐんぐん伸び始め…。不思議なタケノコとの出合いが村を幸せにする物語。

「おなべおなべ にえたかな？」
作／小出 保子　福音館書店

スープの番を頼まれたきつねのきっこは、味見をしすぎて…。不思議なお鍋を囲んでみんなで料理する楽しい一冊。

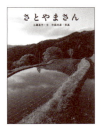

「さとやまさん」
文／工藤 直子　写真／今森 光彦
アリス館

四季折々の里山の風景や生き物、色、形を美しい写真と楽しい言葉で紹介。楽譜も載っているのでうたってみて。

「まんなかのはらの おべんとうや」
作／やすい すえこ　絵／重森 千佳
フレーベル館

あなパパさんがお弁当の配達を終えると、どこからか「おなかすいたー」の声が。温かい気持ちになれる作品です。

「11ぴきのねこ」
作／馬場 のぼる
こぐま社

腹ぺこのネコたちが協力して巨大魚を捕まえようと奮闘。あきらめないネコたちの姿がユーモラスに描かれます。

「版画 のはらうたⅠ」
詩／くどう なおこ　画／ほてはま たかし
童話屋

石、風、子リス、タンポポ…、のはらむらの住人たちが読む詩をたっぷりと。子どもが詩にふれるのにぴったりです。

Part 1　クラスづくり　4月

なぞなぞ

Q　入園式、みんなの前であいさつをするチョウは、だーれ？
A　園長先生

Q　ペタペタしたくなる季節って、なーんだ？
A　春（貼る）

Q　雪が降っていないのに、春に見える吹雪って、なにかな？
[ヒント] 花びらがたくさん散るよ　A　桜吹雪

うた

♪ せんせいとお友だち
作詞／吉岡 治　作曲／越部信義

♪ 幸せなら手をたたこう
作詞／木村利人　アメリカ民謡

♪ 手のひらを太陽に
作詞／やなせたかし　作曲／いずみたく

♪ 公園にいきましょう
作詞・作曲／坂田 修

手あそび・うたあそび

♪ あなたのおなまえは
作詞／不詳　インドネシア民謡

♪ はじまるよったら はじまるよ
作詞・作曲／不詳

♪ Head,Shoulders,Knees and Toes
イギリス・アメリカ民謡

♪ パンやさんにおかいもの
作詞／佐倉智子　作曲／おざわたつゆき

行事のことばかけ

始業式

年下の友達に優しくしよう

 5歳児クラスに進級した喜びから年下の子への優しさを引き出しましょう。

　○○組のみなさん、進級おめでとう。担任をすることになった○○です。今日からみんなは、園で一番大きなお兄さん、お姉さんです。みんなは小さなお友達に優しくしてあげられるかな？　困っていたり泣いていたりするお友達に、「どうしたの？」と声をかけてあげられるかな？　一番大きなお兄さん、お姉さんだから、力を合わせて、いろいろなことにチャレンジしていきましょうね。

春の全国交通安全運動

4月6日～15日

正しい交通ルールを知ろう

 横断歩道の渡り方などを理解しやすいよう、イラストを準備するのもよいですね。

　今週は「春の全国交通安全運動」です。そこで、交通ルールを知ってもらうために、○○警察の方に来ていただきました。みんなは来年から小学校へ通いますね。小学校への行き帰りは、どんなことに気をつけたらいいのでしょう？　今日は園庭に、信号機を置いたり、横断歩道を描いたりして、実際にみんなに歩いてもらいます。警察の人たちから正しい交通ルールをしっかり学びましょう。

ちょこっと ことばかけ

散歩　パンジー

　パンジーは、白や黄、青、紫など、いろいろな色があるよ。花の色が3色のものが多いから「サンシキスミレ」と呼ぶこともあるんだって。

食育　グリーンピース

　さやから出したエンドウマメをグリーンピースというよ。1つのさやに9個くらい並んで入っているんだ。豆ごはんなどに入れて食べるね。

季節　お花見

　お花見は、サクラの花を見るために出かけたり、サクラの木の下でお弁当を食べたりするよ。昔から行われている春を感じる行事だよ。

4月のあそび

仲よし握手

チームで　ルール　ふれあい

準備する物
タンバリン

ねらい
* 音に合わせて体を動かす
* 友達とのふれあいを楽しむ

あそび方

1　2つの輪を作る

2チームに分かれ、内側と外側の2つの輪に並びます。

2　内側と外側とで反対向きに歩く

保育者がタンバリンをシャラシャラ〜と鳴らしている間、外側の円は時計回りに、内側の円は反時計回りに歩きます。

3　合図で握手する

保育者がタンバリンをたたいたら、子どもたちは動きを止め、向き合って握手します。全員と握手するまで、繰り返しあそびます。

ことばかけ

「仲よしになるおまじない！　握手をしたらみんなお友達になれるよ」

保育者の援助

あそびに入る前に、両手握手や手合わせ握手など、さまざまな種類の握手をやってみましょう。握手の楽しさを感じ、スムーズにあそびに入れるようになります。

さまざまな握手で

両手を交差して握手、両手で手合わせしてから握手など、握手の種類を増やしたり、動きを組み合わせたりすると、より複雑になっておもしろくなります。

バリエーション

● 両手を交差して握手

● 手合わせしてから握手

| フープ | リズム感覚 | 友達と |

引っ越しゲーム

* いろいろな友達と手あそびしながら楽しむ

フープをランダムに置きます。2人組で向かい合わせになり『いとまき』のリズムであそびます。

準備する物
フープ

\あそび方/

1 ♪トントン
手拍子を2回します。

2 ♪パチパチ
相手と手を2回合わせます。
1と2を繰り返します。

3 ♪あくしゅでピョンピョンピョン
両手をつないで3回ジャンプします。

4 ♪できたできた
手拍子を8回します。

5 ♪ぐるぐるぐるぐる
かいぐりを4回します。

6 じゃんけんポン！
負けたらフープから出て空いているフープへ。勝ちはそのまま。あいこは2人とも出て別のフープへ移動し、それを繰り返します。

ことばかけ

「『いとまき』のリズムに合わせてあそぶよ。最後はじゃんけんポン！」

保育者の援助

最初はテンポをゆっくりではじめます。新学期がスタートしてまだ友達と慣れていない時期、このあそびで交流をはかります。

バリエーション

スピードアップ
慣れてきたらテンポを速くしてあそびます。ゆっくりにしたり、速くしたり、テンポに変化をつけても楽しめます。

外あそび　自然　見立て

薬やさんになろう

ねらい
* 春の草花を五感で感じてあそぶ

準備する物
空き容器、折り紙サイズの白い紙、ブルーシート

あそび方

1 草花を集める

園庭や公園に行き、草花を集めます。

2 薬を作る

集めた草花で薬を作ります。
* 風邪薬…細かくちぎった草を紙に入れ、薬包みします。
* 咳止めシロップ…容器に水と花びらを入れます。
* 青汁…石でたたいてすりつぶした草を容器に入れ、水を注ぎます。
* 湿布薬…大きな葉っぱで。

ことばかけ

「みんな、お薬を飲んだことあるよね？今日は自分で作ってみます」

保育者の援助

「粉の薬」「つぶつぶの薬」「シロップの薬」など、どんな形状があるのかを子どもに知らせて、薬の作り方をイメージしやすくしていきます。

作り方

薬包みの折り方

正方形に切った白い紙を用意します。薬を真ん中に置き、紙を順番に折ります。

① 　②
③ 　④
⑤ 　⑥
⑦

Part 1　クラスづくり　4月

| ハニカムシート | 表現 | じっくり |

飛び出せ、ビヨヨーン!

ねらい
* 新しい素材を知り工夫しながらあそぶ

準備する物
上下に色画用紙を貼ったハニカムシート、色画用紙、割りばし、ひも、空き箱

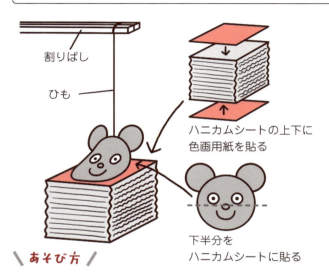

あそび方

1 顔をつける

上下に色画用紙を貼ったハニカムシートを用意します。色画用紙でネズミの顔を作ります。ハニカムシートに顔の下半分をのりで貼ります。ネズミの頭にひもを貼り、割りばしにつけます。

2 箱に入れる

適当な大きさの箱に入れます。「ビヨヨーン」の完成。割りばしを動かし、伸ばしたり縮めたりしてあそびます。

ことばかけ
「ビヨヨーン、何が出てきたら楽しいかな?」

保育者の援助
顔はハニカムシートに貼るため、あまり小さい顔になるとわかりにくいので、適度な大きさの色画用紙をあらかじめ用意してもよいでしょう。

バリエーション

伸びた伸びた

ハニカムシートをつなげると、バネの部分が長くなり、さらに楽しくなります。おまじないを言うなどして楽しいビックリ箱に。

跳躍力　脚力　瞬発力

子どものカンガルー

ねらい
* ジャンプすることを楽しむ

あそび方
1. 手を胸の前で軽く曲げ、足をそろえて立ちます。
2. ひざは軽く曲げて腰を落とします。
3. つま先で立って前へ小さくジャンプします。

保育者の援助
かかとを上げてジャンプするのが難しい子は、つま先立ちから慣れるようにしましょう。まずは、ひざを軽く曲げ、かかとをつけない姿勢を保育者が見本で見せると、次第にできるようになります。

前かがみになります。
かかとは上げます。

Part 1 クラスづくり 4月

跳躍力　空間認知力　瞬発力

なわ通し

ねらい
* 友達と息を合わせて跳ぶことを楽しむ

準備する物
長なわ

あそび方
1. 子どもは数人横に並びます。
2. 保育者2人で長なわを持ち、ゆっくり床にすべらせます。
3. 足元に来たなわを子どもたちが跳び越えます。

あそびのポイント
目でしっかりなわをとらえて、みんなで息を合わせてジャンプします。

読み取ろう！子どもの育ち　4月

新年度を迎え、新たな気持ちで友達とあそぶ子どもたち。ふれあいあそびの中での育ちを読み取りました。

仲よし握手（p55）より

タンバリンの音に合わせて楽しく体を動かし、友達といろいろな握手で楽しんだ。

Aくん

転園してきたばかりのAくん。最初は恥ずかしそうにしていたが、周囲はAくんに興味津々で、握手できると大喜び。みんなが喜んで握手してくれるのでAくんも心がほぐれたようす。積極的に友達と関わり、「名前は？」とたずねた。

関連する10の姿　豊かな感性と表現

読み取り

【この場面での育ち】

なじみのない園に不安を感じていたが、周りの子が握手で喜んでくれる姿を見て、うれしかっただろう。受け入れられていることが実感できたと思われる。うれしい思いは意欲につながり、積極的に名前をたずねられるようになった。大きな一歩になったことと思う。

今後の手立て

少しずつクラスになじんでいることが感じられて、うれしく思う。次には、好きなあそびの中で気の合う友達と出会い、じっくりとやりとりをしながらあそべるよう、見守っていきたい。

Bちゃん

動きに慣れてくると、運動が得意なBちゃんはタンバリンの音に合わせ、スキップを始めた。その楽しそうな姿に誘われ、周囲の子どもにもスキップが広がった。スキップが苦手な子にも「こうだよ」と手本を示し、スキップを教えた。

関連する10の姿　協同性

読み取り

【この場面での育ち】

楽しくなると、体が躍動してくるのだろう。Bちゃんは満面の笑みで、自然にスキップを始めた。それはさらに楽しい雰囲気を生み出し、周りの子も同調することになった。うまくスキップできない子に教える姿から、みんなでスキップを楽しみたいという思いを感じた。

今後の手立て

体を動かすことが好きなBちゃんが、リーダーシップを発揮した素敵な場面だった。友達も、うれしそうだった。これからも、いろいろな身体表現が楽しめるような状況をつくりたい。

5月のクラス運営

身近な自然を あそびに取り入れて
草花や虫などに興味をもって見たり触れたりできるよう、保育者といっしょに花壇の手入れや、飼育している昆虫の世話をするなど、自然に関われる環境をつくります。

友達と体を動かす あそびを楽しむ
サッカーやリレーごっこなど、友達とルールを守りながらあそぶことが増えます。友達といっしょに体を動かす楽しさを、十分に味わえるような場づくりをします。

5月の子どもたち

子どもの心と姿

春風が、いい気持ち！

5歳児だけで、春の野山でオリエンテーリング。メモ用紙を片手に、草花や虫を見つけます。「あった!」「どこ?」。思い思いに歩き回り、見つけては保育者へ見せに来て、満足そうです。興味のある虫を見つけると、ずっと観察する子どももいます。

はい、袖を通してね

園でいちばん大きいクラスになり、年下の友達のお世話をしたがります。2歳児の着替えを手伝い、「こうするんだよ」と優しく教えます。じっくりと待ち、ようやく着れると笑顔で応える頼れる先輩です。

お世話をすることが楽しい5歳児。

かわいい花を見つけたよ

園庭の一角には、オオイヌノフグリ、シロツメクサなど、かれんな花がいっぱい。寝転んで「ああ、いい気持ち」「いい香りがするね」「シロツメクサで冠を作ったよ!」「お姫様みたい。わたしも作ろう」。暖かい日差しのもとで心が解放されます。

いっしょが楽しいけれど…

「何してるの?」「泥団子でお団子やさんにするの」「おせんべいやさんがいいのに」「だってもう決めたんだもん」。友達といっしょにあそびたい、という気持ちは強いけれど、トラブルも起こります。友達への関心が強くなった証拠でしょう。

図鑑で調べてみよう

知的好奇心が旺盛になり、図鑑を広げます。動物や植物のことを知り、知識が増えていくことが楽しいようです。

> **ねらい**
> * 自分の考えに自信をもち、いろいろなあそびに取り組む。
> * 花や野菜の栽培、虫の生態に興味・関心をもち、進んで世話をする。
> * 身の回りのことを自分で行い、やりとげる。

環境構成 & 援助

自分のやりたいことを実現する

あそびに必要なものを自分で考え、作り、後始末まで子どもができるような環境を準備します。素材別に仕分けした箱には、豊富な材料を用意します。子どもの発想力を刺激しましょう。

自然を感じる機会を設ける

園庭やプランターで植物の世話を子どもといっしょにしましょう。土とふれあったり、虫と出合ったり、五感を通して自然と関わる経験がいっぱいです。

子どもの要求に応えて

子どもの願いや要求に耳を傾け、保育者はそのイメージを刺激する言葉や素材を提示します。子どもとともに考えて、あそびを組み立てていきましょう。すると、あそびがよりおもしろくなります。

トラブルも成長の証

子ども同士の思いがしっかりとしてくる分、衝突も増えます。トラブルも起こりますが、次の日はまた笑顔であそべる、そんな風景も5歳児らしさです。

チェックリスト ✓

- [ ] 種まきや野菜の植え付けなど、この時期ならではの栽培を始める。
- [ ] 春の草花に関連する絵本や図鑑を用意する。
- [ ] あそびがもっとおもしろくなるようなアイデアを提示する。
- [ ] 子どもの要求に合わせ、必要になりそうな素材を集めておく。
- [ ] 異年齢の子どもと交流し、5歳児としてのふるまいを体得できるようにする。

製作 5月のアイデア

[点つなぎこいのぼり]

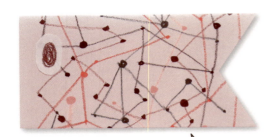

材料 色画用紙

ゲームのようにあそびながら作れる

作り方

1 ペンで描く
色画用紙に4色のペンで点々を描きます。

2 クレヨンで描く
ペンの点を同じ色のクレヨンでつなぎます。

3 紙を貼り合わせて切る
2を三つ折りにして貼り、尾の形に切ります。

4 紙を貼る
色画用紙の目を貼り、クレヨンで描きます。

[折り紙うろこのこいのぼり]

カラフルなうろこがポイント！

材料 色画用紙、画用紙、両面折り紙、折り紙

作り方

1 紙を折って切る
両面折り紙や折り紙を半分に切り、二つ折りにしてから切り込みを入れたり切り取ったりします。

2 紙を貼る
こいのぼりの形の色画用紙に、1を貼ります。

3 紙を破って貼る
画用紙の目を貼り、ペンで描きます。折り紙を破って尾に貼ります。

お絵かき

こいのぼり 最後に雲を描き足すことで、空に泳ぐシーンに。

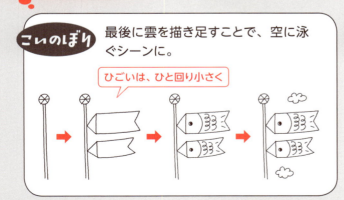

ひごいは、ひと回り小さく

テントウムシ 体の模様は、中央の丸から描きましょう。

顔からスタート

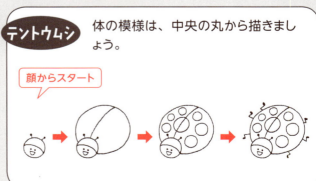

絵本

こどもの日
「げんきにおよげ こいのぼり」
作／今関 信子　絵／福田 岩緒　教育画劇

こいのぼりの由来を聞いた子どもたちはみんなでこいのぼりを作ることに。端午の節句を知る好機になります。

遠足
「ぐりとぐらのえんそく」
作／中川 李枝子　絵／山脇 百合子
福音館書店

野原へ遠足に来たぐりとぐら。そこでほどけた毛糸を見つけて…。遠足がいっそう楽しみになりそうな絵本です。

自然
「ダンゴムシ みつけたよ」
写真・文／皆越 ようせい
ポプラ社

身近な虫"ダンゴムシ"の詳しい生態を迫力ある写真で紹介。知らないことや驚きがたくさん詰まっています。

自然
「木はいいなあ」
作／ユードリイ　絵／シーモント
訳／西園寺 祥子　偕成社

木がある生活のすばらしさを描いた作品。木や森、自然に親しみ、愛する心を育むきっかけになります。

家族
「おかあさんが おかあさんになった日」
作／長野 ヒデ子　童心社

赤ちゃんが生まれるまでの不安や喜びを温かい言葉でつづった一冊。親子の絆を考えるきっかけにしましょう。

ユーモア
「またまた ねえ、どれがいい？」
作／ジョン・バーニンガム
訳／まつかわ まゆみ　評論社

「どれがいい？」と聞かれるのは「ゾウのおなら」「ウシのうんち」と選べないものばかり。会話が弾む一冊です。

Part 1　クラスづくり　5月

なぞなぞ

Q 身体測定で測る、タイが10匹ってなんのこと？　**A** 体重

Q 5月にかざるのは、こいのぼり。では遠足でするのは、なにのぼり？　**A** 山のぼり

Q 数字の3と1が隠れているいろんなものをはさんだパンは？　**A** サンドイッチ

うた

♪ **こいのぼり**
作詞／近藤宮子　無名著作物

♪ **おかあさん**
作詞／田中ナナ　作曲／中田喜直

♪ **すうじの歌**
作詞／夢 虹二　作曲／小谷 肇

♪ **森のくまさん**
訳詞／馬場祥弘　アメリカ民謡

手あそび・うたあそび

♪ **5つのメロンパン**
訳詞／中川ひろたか
イギリスのあそびうた

♪ **手をたたきましょう**
訳詞／小林純一　チェコスロバキア民謡

♪ **ちいさなはたけ**
作詞・作曲／不詳

♪ **いっちょうめのどらねこ**
作詞・作曲／阿部直美

行事のことばかけ

こどもの日　5月5日

菖蒲湯に入って強い子どもに

ポイント 実際に菖蒲の葉を準備し、見たり香りをかいだりしながら話すのもおすすめです。

　5月5日は「こどもの日」といって、子どもたちが無事に大きくなったことをお祝いする日です。先生のうちでは、こどもの日にはお風呂に菖蒲の葉を入れます。みんなは、菖蒲湯に入ったことがありますか? 菖蒲は、強い香りがして、病気を追い払う力があるので、こどもの日にお風呂に入れて入ると、強くてたくましい子どもになるといわれています。みんな生まれたときは、小さな赤ちゃんだったけれど、今はこんなに大きくなりました。元気で大きくなったことを、おうちの人もとても喜んでいますよ。

遠足

公園でたくさんあそぼう

ポイント 子どもが興味をもった植物などを調べられるように、ミニ図鑑を持参してもよいでしょう。

　さあ、明日はみんなのお待ちかね、○○公園への遠足ですね。○○組になって、初めての遠足です。みんなは○○公園には行ったことがあるかしら? いろいろな遊具があって、川も流れています。公園までの道には、たくさんの花が咲いていましたよ。明日もその道を歩いていくので、みんなで見ましょうね。今夜は早めに寝て、明日は元気に登園してくださいね。

ちょこっと ことばかけ

散歩　ツバメ

　ツバメは5月ごろ日本で卵を産み、ひなを育てるよ。だからツバメのふるさとは日本。秋になると南の国へ旅立つんだって。

食育　ちまき

　もち米などを笹の葉で包んで巻き、イグサという草で縛って蒸したものを、ちまきというよ。5月5日に食べる風習は中国から来たんだって。

季節　潮干狩り

　潮が引いた海で、アサリなどの貝をとって楽しむことを潮干狩りというよ。春のあそびとして、多くの人が海に行くんだよ。

5月のあそび

友達と **リズム感覚** **じっくり**

あがりめさがりめ

ねらい
* 友達との力比べを楽しむ

あそび方

1 あーがりめ

3人で手をつなぎ輪になり、バンザイをします。

＼あーがりめ／

2 さーがりめ

輪を小さくしてしゃがみます。

＼さーがりめ／

3 ぐるりとまわって

立って反時計回りにゆっくり歩きます。

＼ぐるりとまわって／

4 ねこのめ

足を広げて「め」で引っ張り合いをします。足が動くと負けです。

＼ねこのめ／

ことばかけ

「今日は、3人組で力比べをしましょう」

保育者の援助

「ねこのめ」ここが引っ張り合いながらの力比べです。保育者はここの場面で、「さぁ踏ん張ったら、腕を右や左に動かそう」などと言いながら応援しましょう。

バリエーション

人数を増やす

4人、5人と人数を増やしてあそんでみましょう。クラスで誰が一番力持ちか競ってもいいでしょう。

＼あーがりめ／

Part 1 クラスづくり 5月

| ルール | 友達と | 体を動かす |

ジャンボバレーボール

ねらい
* 大きなボールを動かすことで、協力し合うことを楽しむ

準備する物
カラービニールボール

\あそび方/

1 みんなで

カラービニールボールをみんなで突き、下に落とさずに何回突けるか数えます。

2 チームに分かれて

1に慣れたら、2チームに分かれてあそびます。バレーボールの要領でボールを5回以内で突いて相手のチームへ送ります。これを繰り返します。

ことばかけ

（ボールを見せて）「こんなに大きなボールがあるよ。みんなでバレーボールしよう」

保育者の援助

ボールを突く回数を数えたり、「それ！」とかけ声をかけたりしてタイミングを合わせます。空気が抜けたらその都度空気を入れ直してあそびましょう。

作り方

カラービニールボール

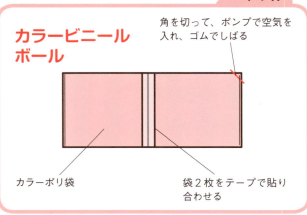

- 角を切って、ポンプで空気を入れ、ゴムでしばる
- カラーポリ袋
- 袋2枚をテープで貼り合わせる

| 自 然 | 感 覚 | じっくり |

さわったりかいだり

ねらい
* 春の植物や食材にふれて、その特徴を知る

Part 1 クラスづくり 5月

準備する物
ショウブの葉、カシワの葉、タケノコの皮、ソラマメのさやなど

あそび方

グループに食材や植物を

グループに分かれて、ショウブの葉、カシワの葉、タケノコの皮、ソラマメのさやなどをさわったり、匂いをかいだりしてその特徴をみんなで話します。

ことばかけ

「机にあるもの見たことあるかな？ さわってごらん、どんな感じかな？」

保育者の援助

まず目の前の植物や食材に十分ふれたり、匂いをかいだりします。どんな感じだったかグループで意見をまとめて発表するのも、5歳児ならではです。

バリエーション

旬のものを

できるだけその時期ならではの、植物や食材を用意します。5月ならアサリやヨモギなどもいいでしょう。

アサリ　ヨモギ

空き箱　指先　見立て

はい、チーズ！

ねらい
* 異なる素材を組み合わせてあそぶ
* 自分で工夫をして物を作る

準備する物
空き箱、包装紙、トイレットペーパー芯、リボン、紙コップ、スポンジ、カラーセロハン、セロハンテープ

あそび方

1 素材を選ぶ

いろいろな材料の中から、自分の作るカメラの素材を選び、どうやったらカメラが作れるかを考え、包装紙でくるんだり、セロハンテープでとめたりします。

2 みんなであそぶ

カメラマンごっこをしてあそびます。

ことばかけ
「どうやったら、カメラになるかな?」「どれとどれをつけよう?」

保育者の援助
たくさん材料を使いたいという子もいるので、多く取りすぎないように「材料は5個くらいね」などと子どもに伝えます。

あそびが広がることばかけ

素材のよさをつかんで

素材の特徴をいっしょに話すことで、シャッターをへこませるアイデアや望遠レンズを作るアイデアなどが浮かぶようにします。

支持力　跳躍力　瞬発力

大きなカエル

ねらい
* 腕で体を支えて跳ぶことを経験する

あそび方
1. 両手は肩幅より少しせまく床につけて、ひじを伸ばします。足は開いてひざを曲げます。
2. 両足で床をけり上げて、足を開いてジャンプし、手よりも外側に着地します。これを繰り返します。

あそびのポイント
両ひじは伸ばしたまま行います。両手は肩幅より少しせまくつきましょう。

腰はなるべく高く上げます。
足は手より前に出します。

Part 1　クラスづくり　5月

バランス感覚　協調性　高所感覚

仲よし2本橋渡り

ねらい
* 友達といっしょに平均台を渡ることを楽しむ

準備する物
平均台

あそび方
1. 2本の平均台を、間隔をあけて平行に置きます。
2. 2人で手をつないで平均台の上を歩きます。

あそびのポイント
2人が手をつなぎ、同じペースで歩きます。足元を見ないで前を向いて歩くようにします。

\ 読み取ろう！/
子どもの育ち

5月

友達と相談しながらあそぶことに、慣れてきた子どもたち。製作あそびの風景から、育ちの読み取りを紹介します。

はい、チーズ！ （p70）より

空き箱や紙コップなどを自由に組み合わせ、カメラを作ってあそんだ。

Cちゃん

空き箱にトイレットペーパー芯を縦にくっつける際、最初はそのままテープで貼った。しかし、すぐに外れてしまう。周囲の子が切り込みを入れて貼るのをじっと見て、自分でも試した。うまく貼ることができて、にっこりとした。

関連する10の姿 自立心

⬇ 読み取り

【この場面での育ち】

トイレットペーパー芯を固定するには、切り込みを入れて貼ったほうが安定するということを、Cちゃんは友達の行動を見て学び、自分でやって納得することができた。身近な環境に主体的に関わり、自分の力でやりとげた姿である。

今後の手立て

今回の活動で、Cちゃんは友達の姿からよいやり方を知ることができた。自分ではわからないことも、友達がどうやっているかを見ることでヒントを得られることを学んだといえる。見ただけではわからないことは「たずねる」ことも伝えていきたい。

Dくん

材料置き場から色や大きさ、素材感の違う紙コップを取ってきた。「重ねるとズームになるんだよ」と違う種類の紙コップを重ねて箱に貼りつけた。カメラマンごっこの際にも、紙コップを回すしぐさを楽しんだ。友達を撮影する身ぶりやポーズを要求するところもカメラマンのようだった。

関連する10の姿 思考力の芽生え

⬇ 読み取り

【この場面での育ち】

Dくんはプロのカメラマンを見たことがあるのだろう。プロの持つカメラをイメージし、工夫しながらレンズを作っている。その洞察力はなかなかのものである。また、カメラマンの動作もまねして、カメラマン気分を存分に味わえたことも、豊かな表現につながっている。

今後の手立て

次は、ファインダーをつけて写真を撮る気分をさらに味わえるようにしたい。また、写真を撮る自分の姿を鏡に映してみることにより、カメラマンとしての自分を意識し、よりなりきれるのではないかと考える。

6月のクラス運営

自然事象にも興味・関心がもてる工夫を

雨の降る音や雲の動きなどにも、気がつけるような言葉をかけます。雨の中、園庭に出て葉っぱにある雨粒を見たり、水たまりに景色が映るようすを見たりしましょう。

集団あそびの中で思いをぶつける

友達と積極的に関わる中で、自分の考えや思いを伝える際、時にはぶつかり合うこともあります。相手の思いにも気がつけるように、保育者が仲介していきましょう。

6月の子どもたち

子どもの心と姿

雨の中を散歩しよう

梅雨に入り、室内での活動が多くなりますが、傘をさし、長靴を履き、レインコートを着て、雨の中を散歩するのも楽しいもの。「カタツムリ、いた!」「ミミズが出てきてる!」「水たまりに入ろう!」。雨の日ならではの発見や楽しみが、心を躍らせます。

みんなで作った潜水艦!

他クラスの子どもが交じってあそぶ機会もあります。いま挑戦しているのは、大型の潜水艦。友達といっしょに積み上げれば、こんな大作もできます。「やったー!」「かっこいいでしょ!」と満足の笑顔です。

「見て! 大きいのができたよ!」とうれしそう。

汗をかくって、気持ちいい!

湿度も高い梅雨の時期は、少し動いただけで汗びっしょり。4月から張りきってきた疲れも出てきますが、子どもは体を動かしてエネルギーを発散します。

みんなで決めたんだよ

あそびやきまりを自分たちで決め、安全に気をつけて行動することができます。約束事を決められたことを保育者が認めると、自信になります。生活全体も生き生きと前向きになってきます。

狭いところや、すみっこが大好き

ピアノの下、絵本コーナー、階段の下など、子どもたちは狭い空間が好きです。ゴザやじゅうたんを敷いたり、いすや大型積み木で周囲を囲ったり、2階建てにしたりして、空間を上手に使います。意外な場所を、自分たちなりにコーディネートして使いこなします。

ねらい

* 友達といっしょにあそびや生活を進め、楽しさを味わう。
* 自分の発想をあそびに生かし、イメージを表現する。
* 梅雨の自然に興味をもち、調べたり考えたりする。

環境構成 & 援助

仲間意識が深まるあそび

原寸大の魚釣りのあそびでは、テクニックを教え合ったり、魚のサイズを競い合ったり。2～3人のあそびがクラス全体に広がり、仲間意識が深まる経験になります。

友達から刺激を受ける

ピンと張ったビニールの表裏に、みんなで並んでポスターカラーで絵を描きます。友達の絵に触発され、新しい発想が湧くこともあります。

雨の日も工夫で楽しく

エネルギーたっぷりの子どもたち。雨の日だってじっとはしていられません。使わない遊具は片づけ、室内のスペースを有効に活用して、体を動かせる環境をつくりましょう。

子どものひそやかな居場所

遊具の隙間や部屋の片隅など、子どもは意外な場所にもぐりこみ、友達とのヒソヒソ話や、ふれあいを楽しみます。安全面に配慮した上で、その小さな喜びを膨らませましょう。

チェックリスト ✓

- ☐ 空想の世界を楽しめるような、児童図書をそろえる。
- ☐ 梅雨時の衛生に留意し、ぬれた衣服の始末などに気をつける。
- ☐ 室内のあそびのスペースを広くとれるよう、整頓する。
- ☐ プール開きに向け、保護者に準備するものを伝える。
- ☐ 水あそびの後始末を、子どもが自ら取り組めるようにする。

製作 6月のアイデア

[空き箱の置き時計]

割りピンで針を動かせる

材料 空き箱、色画用紙、画用紙、カラー工作用紙、キラキラテープ、割りピン

作り方

1 文字盤を作る
保育者がピンキングばさみで切った色画用紙と画用紙を重ねて貼り、中央に穴を開けます。

2 割りピンでとめる
1にカラー工作用紙の針を割りピンでとめます。

3 箱に貼る
空き箱にキラキラテープや色画用紙を貼ってかざりつけ、1の文字盤を貼ります。

[はじき絵カタツムリ]

絵の具を薄めに溶くのがポイント

材料 紙コップ、色画用紙、丸シール

作り方

1 土台を作る
保育者が紙コップを切ります。

2 クレヨンで描く
1にクレヨンで描きます。

3 絵の具で塗る
2のクレヨンの上から絵の具を塗ります。

4 紙を貼る
色画用紙に丸シールを貼ってペンで描き、体を作ります。3を貼ります。

お絵かき

歯磨きセット コップの奥の線を最後に描くと、立体感が簡単に出せます。

チューブのふたを先に描く

Tシャツ 身幅は下のほうを幅広くすると、シャツらしく。

絵本

「歯がぬけた」
作／中川 ひろたか　絵／大島 妙子
PHP研究所

歯が抜けて生え変わることをユーモラスに描いた作品。インパクトある絵とエピソードに心つかまれます。

「ごきげんななめの てんとうむし」
作／エリック・カール　訳／もり ひさし　偕成社

機嫌の悪いテントウムシが自分より大きな生き物にけんかを挑んでいきます。時間とともにお話が進む作品です。

「とけいのあおくん」
作／エリザベス・ロバーツ　訳／灰島 かり
絵／殿内 真帆　福音館書店

時計やさんの棚の上で退屈していた目覚まし時計のあおくん。買われていったおうちで初めての朝を迎えて…。

「カエルのおでかけ」
作・絵／高畠 那生
フレーベル館

どしゃぶりの中、大喜びで出かけたカエル。雨の公園で食事して昼寝して楽しそう。あべこべの世界が笑えます。

「きはなんにもいわないの」
著者／片山 健
復刊ドットコム

息子に「木になって」と頼まれたお父さんは木になりきって…。父と子の交流が描かれた、心和むお話。

「よかったねネッドくん」
作／レミー・シャーリップ　訳／やぎた よしこ
偕成社

びっくりパーティーの招待を受けたネッドくん。会場に向かう途中、ピンチとラッキーが交互に繰り返されます。

Part 1　クラスづくり　6月

なぞなぞ

Q　雨が降ると、みんなと仲よしになるようかいって誰のこと？
A　カッパ

Q　梅雨（雨がたくさん降る時期）に咲く、カタツムリも大好きな花は？
A　アジサイ

Q　ロクはロクでも首の長ーいおばけのロクって、だーれだ？
[ヒント]ロクと首を足した言葉　A　ろくろ首

うた

♪ あめふりくまのこ
作詞／鶴見正夫　作曲／湯山 昭

♪ すてきなパパ
作詞・作曲／前田恵子

♪ 大きな古時計
作詞・作曲／H・C・ワーク
訳詞／保富庚午

♪ 虫歯建設株式会社
作詞／田中みほ　作曲／小杉 保夫

手あそび・うたあそび

♪ ホーキ・ポーキ
作詞／不詳　英米圏のあそびうた

♪ グーチョキパーでなにつくろう
作詞／不詳　フランス民謡

♪ どっちひいてポン
作詞・作曲／中谷真弓

♪ 茶つみ
文部省唱歌

行事のことばかけ

歯と口の健康週間
6月4日〜10日

歯の磨き方を知ろう

ポイント 毎食後の歯磨きを習慣づけるために、園と家庭で連携して取り組みましょう。

今日は歯科検診があります。先生は今、歯医者さんに通っています。なぜかって、毎日しっかり歯磨きをしていたのに、虫歯になってしまったからです。みんなの中にも、歯磨きをしていても虫歯になってしまう人がいるよね。正しく磨かないと、歯と歯の間の食べ物のカスが取れなくてたまり、虫歯になってしまうのです。今日はしっかり、歯の磨き方も教わりましょうね。

時の記念日　6月10日

時間の使い方を考えよう

ポイント 実際の時計の針が少しずつ動いていることに気づけるようにしましょう。

今日は6月10日、「時の記念日」です。みんなのおうちには、どんな時計がありますか？　腕時計、目覚まし時計、柱時計、置き時計、腹時計なんていう人もいますね。おなかがすいたとき、おなかが鳴るのも立派な時計ですね。いろいろな種類の時計があるけれど、全部、時間を教えてくれます。時間をどんなふうに使うかは自分次第です。自分がやりたいことにたっぷり時間を使えるようにするには、どうしたらよいのかな？　って考えてみましょう。

ちょこっと ことばかけ

散歩　アジサイ

この時期にあちらこちらで見かける、丸い形の花、あれはアジサイだよ。植えた土の成分によって、花の色が違うんだ。

食育　ウメ

2〜3月ごろにウメの花が咲き、今はウメの実がなっているね。ウメの実を塩につけると、ウメボシになるよ。

季節　夏至(げし)

今日は夏至(6月21日ごろ)といって、昼間の時間が1年で一番長い日。最近は夕方でも明るいでしょう。夏至が近いからだよ。

6月のあそび

友達と　ルール　ふれあい

うんとこしょ、ダイコン抜き

ねらい
* フープを引く力強い動きを楽しむ
* 友達とのふれあいを深める

準備する物
フープ

あそび方

1 フープを持つ

ダイコン役の子はあお向けに寝てフープを持ちます。抜く子も絵のように外からフープを持ち、ラインの上に立ちます。

2 引っ張る

「スタート」の合図で抜く子が引っ張ります。ダイコン役の子は、抜かれないようにしっかりフープをつかみふんばります。全身がラインを越えたら引き抜き成功です。

ことばかけ

「ダイコンは、抜かれないようにしっかり握ってね」「抜く子は力いっぱい引っ張って」

保育者の援助

ダイコン役の子には、フープをしっかり握って離さないように声かけをします。「みんな力持ちだね」「早い早い!」などと言って、応援していきます。

バリエーション

うつぶせになって

互いに向かい合ってフープを持ちます。「スタート」の合図で抜く子が引っ張り、ダイコンの子はうつぶせでフープにぶら下がり、抜かれないようにふんばります。

| ロープ | 体を動かす | ルール |

巻き巻き ヨーイドン

ねらい
* ロープを巻く手・指の動きを促し、競争を楽しむ

準備する物
ラップの芯ロープ

あそび方

1 ラップの芯を持つ

2人組になってそれぞれラップの芯を持ち、リボンがちょうど2人の真ん中になるように向かい合います。ロープはピンと張った状態にします。

2 ロープを巻き取る

保育者の「スタート」の合図で、互いにロープをラップの芯に巻き取ります。

3 早く巻き終えたら勝ち

早く中央のリボンまで巻き終えた人が勝ちです。

ことばかけ
「みんなで巻き巻きしてあそぼう。あわてないでしっかり巻いてね」

保育者の援助
ロープをピンと張った状態でスタートできるように、適度な間隔をとります。巻き取る途中でラップの芯から手を離さないことを伝えましょう。

作り方

ラップの芯ロープ

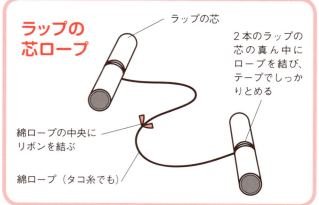

- ラップの芯
- 2本のラップの芯の真ん中にロープを結び、テープでしっかりとめる
- 綿ロープの中央にリボンを結ぶ
- 綿ロープ（タコ糸でも）

| 自然 | 外あそび | 表現 |

雨粒みっけ

ねらい
* 雨上がりの観察で、気象や自然に興味をもつ

Part 1 クラスづくり 6月

あそび方

1 雨上がりに外へ

雨上がりに、外に出て雨粒を探します。

2 雨粒を見つける

保育者が声をかけて、花の茎や葉っぱ、クモの巣、鉄棒や植木鉢のフチなどにある雨粒を発見できるようにしましょう。

さあ 雨粒を見つけよう

ことばかけ

「雨粒くん、どこにいるのかな？ よーく見てみようね」

保育者の援助

雨粒の探し方がわからない子もいるので、最初に保育者が「雨粒みっけ！」と見せてもいいでしょう。あらかじめ雨粒のある場所を確認しておきます。

あそびのヒント

隠れているよ

じっと目を凝らしていると、小さな草花にも雨粒が見つかります。ありそうな場所に子どもとしゃがんで、よく見てみましょう。キラキラした雨粒が発見できるといいですね。

こんな所にも！

| スズランテープ | みんなで | 体を動かす |

あちこちクモの巣

ねらい
* みんなで大きな物を作る楽しさを知る

準備する物
机、スズランテープ（数色）、セロハンテープ

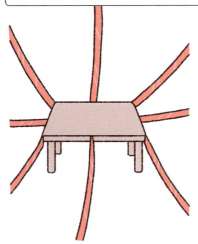

あそび方

1 基本の糸を貼る

中央に机を置き、保育者はあらかじめ部屋の高いところから机にスズランテープを渡して貼っておきます。これがクモの巣の縦糸です。

2 クモの巣作り

子どもたちといっしょに縦糸から縦糸へ、別の色のスズランテープを横に渡して、セロハンテープで貼ります。これがクモの巣の横糸です。

3 またいだりくぐったり

クモの巣ができたら、縦糸・横糸にさわらないように、またいで1周したり、くぐって1周したりしてあそびます。

ことばかけ
「どんどんクモの糸を貼ってね。横の糸をいっぱい貼るとクモの巣らしくなるよ」

保育者の援助
みんなで横糸を貼るので、縦糸が揺れます。保育者が手を添えるなど補助しましょう。子どもがぶつからないよう、同じ方向に回るようにします。

バリエーション

保育者がクモに

机の上に保育者が乗り「クモ」になります。子どもたちを捕まえてあそびます。

| バランス感覚 | 支持力 | 協応性 |

カエルさんの足カッチン!

ねらい
* 腕で体を支える楽しさを知る

あそび方
1. 両手は体より前につけ、腰を高く上げます。
2. 両手は床につけたまま、両足を高く上げてジャンプし、空中で両方の足の裏を打ち合わせます。これを繰り返します。

あそびのポイント
慣れてくると、両足を打ち合わせるときの滞空時間が少しずつ長くなります。体重を支える腕の負担を軽くするためにも、両ひじはしっかり伸ばして手はパーの形にします。

顔を上げて、前を向きます。

両手は開いて床につけます。

Part 1 クラスづくり 6月

| 空間認知力 | 協応性 | 柔軟性 |

ぐるぐる回し

ねらい
* ボールに慣れる

準備する物
ボール

あそび方
1. ボールを持って立ちます。
2. 腰の周りでボールをぐるぐる回します。
3. 足を開いて、それぞれのひざ下の周囲で8の字を描くようにボールを回します。一定方向だけでなく、反対にも回します。

保育者の援助
慣れるまでは、腰にボールをつけて回すように促します。

ひざを軽く曲げ腰をかがめて回します。

読み取ろう！子どもの育ち

6月

梅雨の季節も、子どもたちは元気いっぱい！ 雨上がりの園庭で行ったあそびでの育ちの姿を見てみましょう。

雨粒みっけ (p81) より

雨上がりに外に出て、花や遊具などについた雨粒を探した。

Eくん

雨続きだったため、外に出たうれしさからしばらくは走り回っていた。しかし、友達が花壇の花を興味深く見つめているようすに気づき、自分も雨粒を探し始めた。すべり台の階段にしずくをたくさん発見すると、「こっちにも雨粒いっぱいだよ」と友達に伝えた。

読み取り

関連する10の姿
自然との関わり・生命尊重

【この場面での育ち】

雨上がりの空気を存分に体で実感し、それから友達の姿を見て、雨粒への興味をもち始めたEくん。好きなすべり台へ近寄ったのもEくんらしい。階段にびっしり並ぶ雨粒を見て、友達へ声をかけずにはいられなかったのだろう。喜びに満ちたはずむ声が印象的だった。

今後の手立て

Eくんは、雨粒がたくさんあることの発見を喜んでいる段階である。次には、落ちそうで落ちない雨粒や、雨粒の中にはどんな物が映っているかなど、1つの雨粒をもっとじっくりと観察し、そのおもしろさも発見できるように導きたい。

Fちゃん

雨粒がいろいろなところにあることに気づくと、1人で園庭を探索していたFちゃん。そっと指を伸ばして、雨粒を指先につけたり、指先で雨粒をはじいたりして、「キラキラ、きれい！」「形が変わるよ」と大発見したようすで喜んだ。また、花壇にアマガエルやカタツムリがいるのを見つけ、「かわいい」と眺めていた。

読み取り

関連する10の姿
言葉による伝え合い

【この場面での育ち】

雨粒を見つけようと、目的をもって園庭へ出たFちゃん。環境に主体的に関わり、雨粒の発見と関わりを楽しんでいる。指先でつつくと水の形が変わったことが驚きだったのだろう。感動を言葉で伝えている。また、カエルなどの小動物をかわいがる優しい気持ちをもっている。

今後の手立て

気象や植物、小動物に興味をもつことができた。今後は、見るだけでなく、ほっぺでさわったり、においを感じたり、しずくの落ちる音を聞いたりと、全身で感じることを意識できるように働きかけたい。

7月のクラス運営

| 植物や昆虫などの命の大切さを知る | 昆虫の世話などから、生き物の扱い方や命の尊さを感じられるようにします。植物の水やりをして、花や実などの生長を知り、自ら調べられるよう図鑑など用意しておくのもよいでしょう。 |

| プールあそびでは自分なりの目標を | プールあそびにも慣れてきた年齢です。水に顔をつけられるようになるなど、その子なりの目標をもって意欲的にあそべるようにします。そこまでの過程をていねいに認めることが大切です。 |

7月の子どもたち

子どもの心と姿

今日も、水あそび

暑い日は水あそびが心地よく、水にふれていることで気持ちが安定します。開放感も味わえ、快適に過ごせます。「今日、プールに入る?」「ワニ歩きができるようになったよ!」と、朝から張りきっています。

笹に短冊をかざろう

七夕祭りをきっかけに、星にまつわる伝説を聞いたり、願いごとを書いた短冊を笹竹にかざったりして、情緒的な雰囲気を楽しみます。「泳げるようになりたい」「サッカー選手になれますように」など、夢が笹竹にかざられます。

みんなの願いごとは何かな?

流れるプールにしよう!

プールの中で電車ごっこをしたり、グルグル回って流れるプールにしたり。泳ぐことにとらわれず、水と親しむあそびをいろいろ取り入れます。泳ぎが得意でない子ども、水に入ることが好きではない子どもも、これなら安心して楽しめます。

どうやったら動くかな?

「動く舟にしたいなぁ。どうすればいいかな?」「輪ゴムを巻いたら動くかもしれないよ」。いろいろな方法を試してみます。友達同士で教え合い、助け合いながら作っています。

トマトやナスが大きくなったよ

当番で水をやり、大切に育ててきたトマトやナス、トウモロコシが収穫できる時期になりました。収穫したら、調理しておいしくいただきます。

ねらい

* 友達と関わりながら、課題を自分なりに工夫して乗り越える。
* 夏の生活を主体的に進め、快適に過ごす。
* 友達や保育者と考えを出し合い、あそびをおもしろくする。

環境構成 & 援助

気づいて実行する力をつける

1日の見通しを子どもが理解すれば、自ら行動できるように。保育者用のいすの上に当番が絵本を置くと、コーナーあそびは終わりの合図。徐々に片づけが始まり、読み聞かせの時間になります。

涼を感じるコーナーの設定

芝生マットとパラソルで、夏ならではのコーナーのできあがり。涼しい風を感じながら、子どもだけの特別な空間で折り紙やごっこあそびなどに夢中になります。

夏を楽しむアイテムは存分に

虫とりや草花あそび、色水あそびに七夕かざり…。夏ならではのあそびを自分たちで進められるよう、道具や素材は取り出したり片づけたりしやすいように整えます。

あそびは静と動を組み合わせて

思いきり体を動かしたプールあそびのあとは、静かに絵本を見たり、パズルをしたり。体力を消耗する季節、生活のリズムに配慮したあそびを組み立てましょう。

チェックリスト ✓

- ☐ プールあそびの準備や後始末は、主体的にするよう伝える。
- ☐ 七夕に興味・関心をもてるような絵本や笹かざりを用意する。
- ☐ 開放的にプールあそびができるよう環境を整える。
- ☐ 夏野菜を収穫したあと、クッキングを計画する。
- ☐ 夏をテーマにしたしりとりなど、言葉あそびを楽しむ。

製作 7月のアイデア

[キラキラの織姫・彦星]

透明素材を活用して

材料 色画用紙、透明セロハン、糸

作り方

1 紙を切る
色画用紙を二つ折りにし、体の形を切り取ります。

2 ペンで描く
透明セロハンに油性ペンで描き、1の裏からテープで貼ります。

3 紙を貼る
2に色画用紙の顔を貼り、角を貼り合わせます。上に糸をつけます。

[スクラッチの短冊]

スクラッチが星空のよう！

材料 厚紙、折り紙、糸、へら

作り方

1 クレヨンで塗る
厚紙を明るい色のクレヨン何色かで塗ります。その上から黒いクレヨンで重ねて塗ります。

2 へらで引っかく
へらで引っかいて黒いクレヨンを削り、模様を描きます。

3 紙を貼る
2の裏に折り紙を貼ります。上に糸をつけます。

お絵かき

七夕 笹の葉っぱの細くとがった形をていねいに。

しならせて描く

魚 頭のほうをとがらせて。うろこはぐるぐる線で描きます。

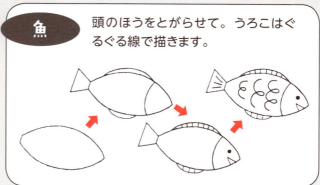

絵本

「たなばたものがたり」
文／舟崎 克彦　絵／二俣 英五郎
教育画劇

7月7日だけ出会える織姫と彦星の物語をわかりやすく描いた絵本。七夕の行事や由来の説明にぴったりです。

「はなび」
作・絵／秋山 とも子
教育画劇

花火を作るところから打ち上げるまでを詳しく描いた絵本。物がどのようにできるのかを考えるきっかけにも。

「およぐ」
作／なかの ひろたか
福音館書店

動物や人が水に浮く仕組みから水に顔をつける練習や泳ぎ方まで詳細に伝えてくれます。水嫌いも克服できそう。

「おどろきいっぱい！　トマト」
監修／野口 貴　写真／榎本 功ほか
ひさかたチャイルド

身近な野菜トマトのすごさをさまざまな側面から写真で紹介。野菜の生長に興味をもつきっかけにもなります。

「あたりかも」
作・絵／きたじま ごうき
PHP研究所

アイスを食べていると、棒に「あたりかも」の文字。あたりかどうか確かめにパパと"アイスおうこく"へ出発！

「ぼくのかえりみち」
作／ひがし ちから
BL出版

道の白線だけを通って家に帰ることにしたそらくん。次々と難関が訪れて…。子どもの想像力を生き生きと描きます。

なぞなぞ

Q ツノが生えていてとても強いけど、おにじゃないよ、だーれだ？
A カブトムシ

Q 冬に願いごとをするのはクリスマス。では、夏に願いごとをする日は？
[ヒント] 短冊をササにかざるよ　**A** 七夕

Q スミはスミでも、とってもうれしいスミって、なーんだ？
A 夏休み

うた

♪ **たなばたさま**
作詞／権藤はなよ（補詞／林 柳波）
作曲／下総皖一

♪ **バナナのおやこ**
作詞／関 和男　作曲／福田和禾子

♪ **南の島のハメハメハ大王**
作詞／伊藤アキラ　作曲／森田公一

♪ **くじらのとけい**
作詞／関 和男　作曲／渋谷 毅

手あそび・うたあそび

♪ **きんぎょちゃんとメダカちゃん**
作詞・作曲／不詳

♪ **バスごっこ**
作詞／香山美子　作曲／湯山 昭

♪ **水中メガネ**
作詞・作曲／谷口國博

♪ **はちべえさんとじゅうべえさん**
わらべうた

行事のことばかけ

七夕　7月7日

空にはどんな星があるかな？

ポイント 図鑑で星座について調べたり、星座に関する絵本を読んだりするのもよいですね。

　もうすぐ7月7日の「七夕」です。夜、天の川で織姫と彦星が会えるといいですね。織姫、彦星のように名前がついている星はたくさんあって、星と星を結んでできる形を「星座」といいます。昔の人は、星空を見ながら、どんな形に見えるかなと考えたんですよ。星と星をつないで動物や人、ものの形を思い描き、星座のお話をたくさん作りました。みんなもおうちの人と夜に星空を見上げて、織姫と彦星を探してみましょう。

夏休み

おうちの仕事をしよう

ポイント 家族の一員として家の仕事を担う経験を積むことは、子どもの自信につながります。

　もうすぐ、みんなが楽しみにしている夏休みです。おうちの人と夏休みの計画を立てていますか？　みんながいつもしているウサギのお世話は、夏休み中は先生がやりますね。みんなも何か自分でできることを見つけて、おうちの仕事をしてみましょう。どんなことができるかな？　花に水をあげる、飼っている動物のお世話をする、玄関の靴を並べる…。おうちの人と相談して、この夏やりとげてみましょうね。2学期も元気なみんなに会えるのを楽しみにしています。

ちょこっと ことばかけ

散歩　セミ

　セミの声は大きいね。セミは、おなかの筋肉を素早く動かして鳴いているんだ。おなかに空間があるから、声がよく響くんだって。

食育　ナス

　ナスビともいわれるナスは、種類が多いよ。よく見かけるのは長い卵形をしたナスだけど、細長い長ナスや大きな米ナス、丸いカモナスなどもあるよ。

季節　土用の丑の日

　土用の丑の日というのは、7月20日ごろの、1年の中でも特に暑い時期に、栄養のあるウナギを食べて、夏も元気に過ごそうという日だよ。

7月のあそび

牛乳パック / 水あそび / チームで

急げ牛乳やさーん

ねらい
* 水にぬれながら気持ちよさを経験する

準備する物
穴を開けた牛乳パック、たらい、バケツ

牛乳パックの底から2cm位のところに、5〜6mmの穴を開ける（1面に2個ずつ）。

あそび方
チームに分かれて水運びリレー

3〜4チーム対抗。各チーム穴の開いた牛乳パックを持ちます。たらいから水をくんでバケツまで運び、水を入れます。帰りは空の牛乳パックを持って走り、次の人へ。バケツの水が一番多いチームの勝ち。

ことばかけ
「水はたくさん入れてね。急がないと、どんどん水が出ちゃうよ」

保育者の援助
子どものようすを見て水がなかなか運べないようなら、バケツの位置を調整するなどして、達成感が味わえるようにします。

バリエーション
2個にして

慣れてきたら牛乳パックを2個にします。両手に持つので、なかなか思うようには走れません。保育者は実況中継して盛り上げましょう。

| プール | 体を動かす | 友達と |

ぐるぐる魚つかみ

ねらい
* 水に慣れ友達といっしょに水あそびを楽しむ

準備する物
魚のしょう油さし

あそび方

1 プールを歩く

プールの水は子どものひざ上位まで入れます。プールに20〜30個程度魚のしょう油さしを入れます。保育者は手で一定方向に流れをつくり、子どもはその周りを歩きます。

2 魚をつかむ

保育者の合図で、水に顔をつけたり、手でさぐったりして魚のしょう油さしを拾います。子どものようすを見て終了。拾った数を言い合うなどします。

ことばかけ
「お魚つかめるかな？ 水に顔をつけてのぞいて見ようか？」

保育者の援助
魚をつかもうと夢中になり友達とぶつかることのないよう、子どもたちをよく見て、目を離さないことが重要です。プールの大きさで魚の数は調整します。

バリエーション

ふたを取る

しょう油さしのふたを外すと全部透明になり、一層探しにくくなります。子どものようすを見ながら、何個か混ぜても楽しいです。

水あそび　みんなで　バランス

水トンネル

ねらい
* 水の感触を楽しむ
* 空間認知力を身につける

準備する物
ホース

あそび方

1 水のトンネルを作る

保育者はホースの口を調節しながら、水が弧を描くようトンネルを作ります。

2 トンネルをくぐる

子どもたちはぬれないようにトンネルをくぐり抜けます。トンネルの高さや幅に変化をつけて楽しみます。

ことばかけ

「今日は先生が、ホースで水のトンネルを作るよ」

保育者の援助

怖くて通り抜けられない子どもは、慣れるまで保育者と手をつないでくぐります。友達といっしょでも構いません。ぶつからないよう広い場所で行います。

あそびのヒント

徐々に水に慣れる

最初はホースの水を細くして、子どもの手や足にかけて、水の感触を楽しみます。慣れてきたら霧状に調節して、逃げる子どもにかけてあそんでも。

Part 1　クラスづくり　7月

絵の具　見立て　表現

絵の具のお散歩

ねらい
* 筆の感触を楽しむ
* 友達と協力して作品を作る

準備する物
絵の具、筆、ローラー、バケツ、ロール紙

あそび方

1 ロール紙を見せる
保育者が、ロール紙を広げて見せ、"線路を描く"意識づけをします。保育室全体にロール紙を敷きます。

2 線路を描く
「線をつなげようね」などと言いながら、筆やローラーを使って絵の具で縦に長い線（レール）を2本描き、その間にしましま（まくら木）を描きます。

3 走ったりまたいだり
絵の具が乾いたら、線路の上を走ったり、ジャンプをして越えたり、またいだりしてあそびます。

ことばかけ
「線路はどこまでも続いてるんだよね。みんなで長い長い線路を描いてあそぼうか」

保育者の援助
絵の具は水に溶いてバケツに入れておき、筆やローラーを色水につけることを伝えます。子どもたちの線がつながるような声をかけます。

あそびが広がることばかけ

みんなで「オノマトペ」
線を描くときに、みんなで「ぐいーっ、ぐいーっ」と言ったり、「しま、しま、しま」などと言いながら描くと、描くことがより楽しくなります。

| バランス感覚 | 懸垂力 | 支持力 |

ワニさんの腕歩き

ねらい
* 腕だけで進むことを経験する

あそび方
1. うつぶせになり、胸とおなかは床につけたまま、ひじを曲げて両手を胸の横に置きます。
2. 両足は伸ばしたまま、腕を左右交互に前に出しながら進みます。

あそびのポイント
腕の力が必要な運動です。鉄棒などにぶら下がる力が身につきます。

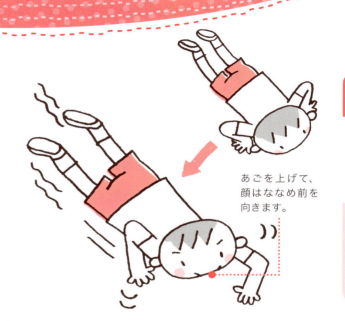

あごを上げて、顔はななめ前を向きます。

Part 1 クラスづくり 7月

| 空間認知力 | 協応性 | 瞬発力 |

投げ上げキャッチ

ねらい
* ボールを取ることを楽しむ

準備する物
ボール

あそび方
ボールを真上に投げて、落ちてきたボールをキャッチします。

保育者の援助
うまく真上に投げられない子には、ボールが落ちる位置まで動いてボールを取ってもよいことにします。

投げたボールをしっかり見ます。

胸元でキャッチします。

読み取ろう！子どもの育ち

7月

気持ちのよい夏、ダイナミックな造形あそびにチャレンジ。あそびの中での育ちに、注目してみましょう。

絵の具のお散歩 (p94) より

筆やローラーで細長い紙に色をつけて線路を描き、ごっこあそびをした。

Gちゃん

はじめてさわるローラーで手が汚れ、「嫌だ、やっぱり筆がいい」と筆と取り換えて細い線を描いた。友達がダイナミックにローラーで線を描くようすを見ると「ローラー、やってみる」と、もう一度挑戦。短い線を何度か描くことで、ローラーの使い方がわかって微笑んだ。

関連する10の姿：自立心

読み取り

【この場面での育ち】

汚れることを嫌がったが、友達が汚れても気にせず楽しそうにローラーを使う姿から、Gちゃんももう一度やってみようと思えたのは、成長である。そして、少しずつローラーの転がし方のコツを見いだし、楽しんで色をつける使い方を体得していった。

今後の手立て

手をコントロールする力が、徐々についていると感じる。友達が楽しそうにやっていることは自分もやってみたいという意欲が育ってきた。これからもダイナミックなあそびをどんどん提案し、チャレンジできるように環境を整え、声をかけたい。

Hくん

ローラーの使い方はすぐに理解し、1人でもくもくと線路をのばした。そして「次の町まで行くから紙をのばして」と保育者に言う。新たな紙を足すと、またもくもくと線路を描いた。友達に「ここで合流しようよ」と提案し、2人の線路をつなげた。

関連する10の姿：協同性

読み取り

【この場面での育ち】

紙がなくなったから終わり、ではなく、保育者に自分から働きかけて紙をつないでもらったことに意欲を感じた。それほど、もっと表現したいという思いが強かったのだろう。近くにいた友達にも自分からつなげようと提案できたことも成長である。

今後の手立て

ローラーでどんどん描くことが楽しかったのだろう。たまたま出会った友達だが線路をつなげるとうれしそうに笑い合った。これからも、友達とともにあそぶよさを、経験できるようにしていきたい。

8月のクラス運営

暑さに負けず健康的に夏を過ごす
暑さのため体調を崩しやすい時期です。休息や水分補給、室温には十分配慮します。汗をかいたら着替えるなど、自分からできるように日ごろから言葉をかけましょう。

お泊まり保育は安心できる雰囲気を
夏休みのお泊まり保育。保護者と離れて宿泊する不安を受け止めつつ、友達といっしょに寝る楽しさや、いつもと違う活動に、期待できるような雰囲気をつくります。

8月の子どもたち

子どもの心と姿

10まで数えたら交代だよ

自分たちなりの考えがあり、こうしたいという思いが芽生えてきます。同じあそびを順番にする際、「10まで数えたら交代だよ」と自分たちでルールを決める姿に成長を感じます。正義感が強くなりトラブルもありますが、話し合いで解決します。

色を混ぜるのが楽しい！

ペットボトルに色とりどりの色水を作りました。赤と青を混ぜて…、赤に白を入れて薄めて…と友達と話し合いながら試すうちに、たくさんの色のできあがり。「ブドウ味だよ」「こっちはナシ味ね!」。最後はジュースやさんになりました。

色の種類や濃度の順番に並び替えます。

夏の思い出、聞いて

夏休みに体験したことを、保育者や友達にうれしそうに話します。「海へ行ったよ」「花火をしたよ」。同じような体験をした子ども同士が楽しげです。相手にもわかりやすく説明できます。

前回り、できたよ！

夏休みに挑戦して、ついに鉄棒の前回りができた子どもがいます。帰りの会で「前回りができるようになりました。公園でチャレンジしました」とうれしそうに報告。クラスみんなで拍手して喜び合いました。

先生、絵本読んで！

暑い日が続くと子どもも疲れます。絵本コーナーで絵本を見ているうちに、「先生、これ読んで」と甘えてくることも。長い物語でも、集中して聞いています。

> ### ねらい
> * 夏のあそびを楽しみ、友達と工夫したり試したりしながら進める。
> * 夏の生活の仕方を知り、活動と休息のバランスを取る。
> * 友達と思いを伝え合い、やりたいことや考えたことを共有する。

環境構成 & 援助

水あそびで開放感を!

水あそびが楽しい季節。友達と開放的にあそべるよう、時間を十分にとりましょう。熱中症にならないよう、帽子や水分補給にも留意します。

ケンカをしても自分たちで解決

もめごとが起こっても、子ども同士で解決する姿も。話し合いの場「ピーステーブル」で向き合うことは、お互いの気持ちに気づくきっかけになります。

保育者の思いを伝える

夏祭りやお泊まり会など、夏の行事で感じたことや起こったことを保育者が言葉で伝えます。そして、子どもの伝えたい気持ちを引き出し、支えましょう。

夏の成長をしっかり認めて

夏のいろいろな体験を経て、成長した子どもを認めます。できるようになったことをほめ、子どもが「やればできるんだ」と実感できるよう、有能感を育てる言葉をかけましょう。

✓ チェックリスト

- ☐ 夏の疲れが出ていないか、一人一人の体調に気を配る。
- ☐ 夏休み中の出来事をクラス全体に伝えられる発表の場を設ける。
- ☐ 虫とりかごや網を、園庭にすぐ持ち出せるようにしておく。
- ☐ 休みの子が多い日は、異年齢児とのあそびを取り入れる。

製作 8月のアイデア

[にじみ絵のうちわ]

ペンがにじむのが楽しい！

材料 コーヒーフィルター、色画用紙、紙ひも、うちわ

作り方

1 ペンで描く
コーヒーフィルターに水性ペンで円を描きます。

2 水をたらす
1のペンの円の真ん中に、筆で水をたらすと、ペンがにじんで外側に広がります。

3 紙を貼る
うちわに2を丸く切ったものと色画用紙の葉とカールさせた紙ひもを貼ります。

[芯材のお魚]

芯の形を生かして

材料 トイレットペーパー芯、折り紙、紙テープ、色画用紙、丸シール

作り方

1 芯に紙を貼る
トイレットペーパー芯に、折り紙や紙テープを巻いて貼ります。

2 芯を切る
芯を口の形に切り取ります。

3 紙を貼る
丸シールの目を貼り、ペンで描きます。色画用紙のひれを貼り、芯の内側に色画用紙の尾を貼ります。

お絵かき

夏祭り はっぴはカクカクと直線で描いてOK！

お泊まり保育 枕は体より幅を広く描き、ヒラヒラのレースもプラス。

3本線に手先をプラス

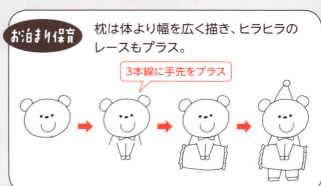

絵本

「おとまりのひ」
文／中川 ひろたか　絵／村上 康成
童心社

初めて家族と離れて過ごすお泊まり会。銭湯にスイカに花火…、楽しいことがいっぱいです。

「おーなみこなみざぶん！」
作／長野 ヒデ子　絵／西村 繁男
佼成出版社

わらべうた「おおなみこなみ」の旋律にのせて読める絵本。海、お祭り、花火など楽しい夏をいっしょにうたって。

「おたんじょうびのひ」
文／中川 ひろたか　絵／長谷川 義史
朔北社

誰にでもある赤ちゃんのときのエピソード。自分はどんな赤ちゃんだったのか家族に聞くきっかけになる絵本です。

「さんまいのおふだ」
再話／水沢 謙一　画／梶山 俊夫
福音館書店

山へ花を摘みに行った小僧がおにばさに捕まりかけて…。スリリングな展開の中にもユーモアを感じられる昔話。

「よるのおと」
作／たむら しげる
偕成社

おじいちゃんの家に着くまでの数十秒間で聞こえる、さまざまな音が描かれます。耳を澄ませて音を感じてみて。

「いいからいいから」
作／長谷川 義史
絵本館

家に来た雷の親子を「いいから、いいから」と歓待するおじいちゃん。その大らかさに思わず笑みがこぼれます。

Part 1　クラスづくり　8月

なぞなぞ

Q. つりはつりでも、いろんな色の風船をつる、つりは？
[ヒント]水が入った風船だよ　A ヨーヨーつり

Q. 黄色くて、おひさまに向かって咲く夏の花って、なーんだ？　A ヒマワリ

Q. イカが嫌だという国は、どーこだ？
[ヒント]ジャマともいうよ　A ジャマイカ

うた

♪ **オバケなんてないさ**
作詞／まきみのり　作曲／峯 陽

♪ **アイスクリームの唄**
作詞／佐藤義美　作曲／服部公一

♪ **うたえバンバン**
作詞／阪田寛夫　作曲／山本直純

♪ **サモア島のうた**
訳詞／小林幹治　ポリネシア民謡

手あそび・うたあそび

♪ **カレーライスのうた**
1・2番作詞／ともろぎゆきお
3番／不詳　作曲／峯 陽

♪ **かみなりどんがやってきた**
作詞／熊木たかひと　作曲／鈴木 翼

♪ **西瓜（すいか）の名産地**
訳詞／高田三九三　アメリカ民謡

♪ **奈良の大仏さん**
作詞／不詳　アメリカ民謡

行事のことばかけ

お泊まり保育

友達といっしょに寝るよ

ポイント お泊まり保育への期待をふくらませ、心の準備ができるように、具体的に話しましょう。

　もうすぐ、初めて園に泊まりますね。おうちの人と離れて、先生や友達と、一晩いっしょに過ごします。その日は楽しいゲームや、おもしろいお話会をします。おいしいごはんとおやつも準備しています。夜、寝るときに、悲しくなってしまう人もいるかもしれませんが、友達といっしょの布団で眠るから、安心してください。できないことがあっても、先生や友達が助けますから、大丈夫です。楽しみにしてくださいね。

お盆　8月13日〜15日ごろ

ご先祖様をお迎えする日

ポイント ご先祖様を迎えるにあたり、いろいろな風習があることを知る機会にしましょう。

　「お盆」は、亡くなったご先祖様たちの仏様を家にお迎えして、「いつも家族を守ってくれてありがとうございます」「これからも見守っていてください」と大切に思う行事のことです。お花や季節の野菜や果物をお供えし、おうちの前で迎え火をたいて、仏様をお迎えします。そしてお盆の間は仏様とおうちでいっしょに過ごし、送り火をして、お空に帰ってもらうのです。みんなも、仏様に感謝の気持ちをもって、お盆を過ごそうね。

ちょこっと ことばかけ

散歩　オシロイバナ

オシロイバナの花は、夕方から咲くよ。花が終わると黒い種ができて、種の中には白い粉が入っているよ。

食育　ゴーヤー

イボイボのゴーヤーは、ニガウリともいって、苦い味がするよ。沖縄の料理で、炒めて食べるゴーヤーチャンプルーが有名だね。

季節　暑中見舞い

暑中見舞いは、友達や離れて暮らすおじいちゃん、おばあちゃんに「暑いけれど、元気ですか」とようすを聞くあいさつの手紙のことだよ。

8月のあそび

みんなで　水あそび　ルール

みんなで水花火

ねらい
* 水の清涼感、しぶきの楽しさを体感する

準備する物
ブルーシート、バケツ

あそび方

1 ブルーシートを囲む

ブルーシートの周りに、等間隔で立ってブルーシートを持ちます。

2 水を入れる

ブルーシートの真ん中をへこませて、保育者はバケツで水を注ぎます。

3 水を飛ばす

「水花火　それっ!」の合図で、ブルーシートを上下に動かして水しぶきを楽しみます。

ことばかけ

「力を合わせて、大きな水しぶきをあげてみよう」

保育者の援助

保育者のかけ声に合わせてブルーシートを動かせるように、水を入れないで、動かす練習をします。ぬれてもいいような洋服であそびます。

バリエーション

ひもに結んでも

小さいシートの四隅をひもで結び、その上に水を入れて保育者がユラユラします。

言葉 / 保育者と / 手あそび

しりとりジェスチャー

ねらい
* 想像力を養う
* 動作から言葉を連想する

あそび方
動作を見ながら答える

保育者がジェスチャーと言葉でヒントを出し、子どもが言葉で答えます。しりとりになるよう、続けていきます。

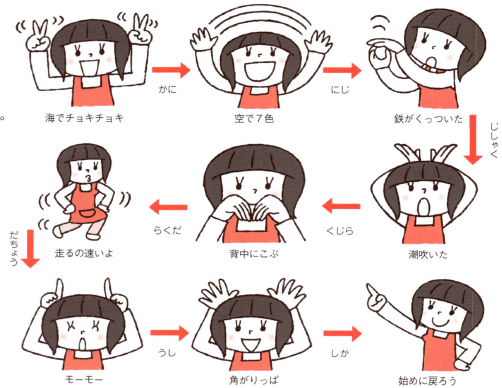

海でチョキチョキ → かに → 空で7色 → にじ → 鉄がくっついた → じしゃく → 潮吹いた → くじら → 背中にこぶ → らくだ → 走るの速いよ → だちょう → モーモー → うし → 角がりっぱ → しか → 始めに戻ろう

ことばかけ

「先生の動きを見ながらしりとりしよう。なんのまねか、わかるかな」

保育者の援助

聞き取りやすいよう、ゆっくりはっきりした口調でヒントを出しましょう。ジェスチャーは大げさに行い、リズムよくヒントを唱えていきましょう。

バリエーション

テーマでしりとり

「食べ物しりとり」「動物しりとり」など、子どもがよく知っているテーマでしりとりをしましょう。

| じっくり | 科学あそび | 水あそび |

氷から水への旅

ねらい
* 氷から水への変化に気づく
* みんなと相談して方法を決める

準備する物
350mlのペットボトル

あそび方

1 氷を作る

あそぶ前日に350mlのペットボトルに水を半分ぐらい入れて、冷凍庫で凍らせます。

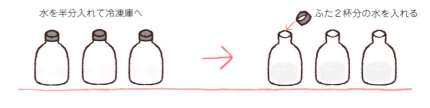

2 凍ったペットボトルをチームに1本渡す

3〜4人のチームに1本ずつ凍ったペットボトルを配ります。このとき各ペットボトルにふた2杯分の水を入れてから配ります。

3 氷を溶かす

チームのみんなと相談してペットボトルの氷を溶かします。振る、こする、日の当たる所に置くなどの方法があります。

ことばかけ

「氷って何からできるか知ってる？ 今日は氷を観察してみよう」

保育者の援助

子どもたちから溶かすアイデアが出るようにしますが、なかなかその方法が出ないようであれば「温めると溶けるよ」などヒントになる言葉をかけます。

あそびのヒント

氷の変化を楽しむ

氷が溶けるとどんどん小さくなって、最後には水になることに気がつくようにしましょう。小さな氷のかけらを、みんなといっしょに観察してもよいでしょう。

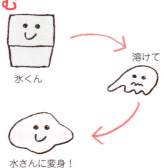

Part 1 クラスづくり 8月

絵の具　表現　じっくり

花火がパッ！

ねらい
* 筆で描く以外のいろいろな絵の具あそびをする

準備する物
画用紙、クレヨン、絵の具、ストロー、古い歯ブラシ、綿棒、筆

あそび方

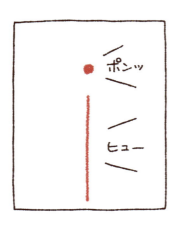

1 クレヨンで描く

画用紙に、クレヨンで「ヒューッ」と言いながら上がっていく花火の線を描き、「ポン」と言って玉を描きます。

2 ストローで吹く

水を多めに溶いた絵の具を筆で画用紙に垂らし、ストローで「ふーっ」と吹いて模様を広げます。

3 歯ブラシと綿棒で

さらに、歯ブラシに絵の具をつけ、「バシ！　バシ！」と言いながらこすって花火を散らします。仕上げに、綿棒に絵の具をつけ、「パチ、パチ、パチ」と優しく押します。

ことばかけ
「花火は大きくてきれいだね。大きな音も出るよね。みんなどんな花火が好きかな」

保育者の援助
作品として残したい場合は、子どもが際限なく描きこんでいく前に、適当なところで「花火大会、そろそろおしまい」と言葉をかけましょう。

あそびが広がることばかけ

オノマトペを活用して

保育者がイメージを広げる声かけをしたり、いっしょに「パチパチ」と言ったりすることで、「何を」「どういうふうに」描くかイメージしやすくなります。

| バランス感覚 | 空間認知力 | 高所感覚 |

ゆっくり1本橋渡り

ねらい
* 平均台を1人で渡る達成感を味わう

準備する物
平均台

あそび方
平均台に上がり、足元を見ながらゆっくり歩きます。

あそびのポイント
左右の足を交互に出し、一直線上にゆっくり歩きます。目線が高くなるので、保育者が常に横にいると安心してできます。

平均台の真ん中に足を置くようにします。

Part 1 クラスづくり 8月

| バランス感覚 | 回転感覚 | 協調性 |

2人でさつまいもゴロゴロ

ねらい
* 友達とマットを転がることを楽しむ

準備する物
マット

あそび方
1 マット2枚を平行に並べます。子ども2人が向かい合ってうつぶせに寝転がり、手をしっかり伸ばしてつなぎます。
2 そのままマットの端から端まで転がります。

あそびのポイント
顔を上げ、互いの目を見ながら回転すると、目が回りにくくなります。おなかに力を入れてまっすぐに進むようにします。

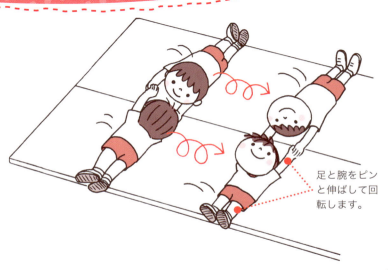

足と腕をピンと伸ばして回転します。

読み取ろう！子どもの育ち

8月

語彙が増え、言葉あそびにも積極的に取り組める5歳児クラス。言葉を使ったあそびでの育ちの読み取りを紹介します。

しりとりジェスチャー（p104）より

保育者がジェスチャーをし、子どもたちが答え、しりとりで言葉をつなげてあそんだ。

Iくん

友達がすぐに答えてしまうため、なかなか答えを声に出せない。保育者が答える子どもを順に決めることにした。Iくんの答える番になると緊張していたが、ヒントを出すとピンときて、「ヒヨコ！」と答えた。正解してホッとしていた。

関連する10の姿　言葉による伝え合い

読み取り ↓

【この場面での育ち】

一部の子ばかりがすぐに答えるので、おとなしい子やゆっくり考えたい子にとっては、傍観するあそびになってしまった。そこでどの子も答えられるよう順番にしたところ、Iくんは答えることができ、満足したようだった。みんなも答えるIくんを温かく見守っていた。

今後の手立て

Iくん自身は1回しか答えていないが、順番に答えることにしたことで、他の子も余裕をもってゆっくりと考えることもできるようになり、楽しめたようである。全員が楽しめているか、十分に気を配り、ゲームのおもしろさを伝えたい。

Jちゃん

ジェスチャーすることのおもしろさに気づき、答えることよりも、保育者のまねをして手を動かし、友達とはしゃいだ。その後も自分たちで問題を出し合ってあそんだ。うまく伝わらないときも友達と「この形がいいかな？」「指を曲げてみようよ」などと話し合って楽しんだ。

関連する10の姿　豊かな感性と表現

読み取り ↓

【この場面での育ち】

Jちゃんは、すぐに保育者のジェスチャーのまねを始めた。体で1つの言葉を表現することが新鮮だったのかもしれない。保育者をじっと見て、手や体を同じように器用に動かす。ジェスチャーのおもしろさを感じ、その後も自分たちのあそびにしており、頼もしく感じた。

今後の手立て

言葉のもつイメージを体で表現しようと工夫する姿は創造的である。手の角度や揺れ方も友達と相談する姿がほほえましかった。自分のジェスチャーが見られるよう、全身の映る鏡を用意したい。

9月のクラス運営

夏休みの出来事を伝え合う場を
夏休みにどんな経験をしたのか、クラスの友達に伝えられる場をつくります。発表を聞きながら楽しかったことに共感したり、励ましたりその子なりの成長を認めていきます。

自分のイメージをもってあそべるもの
砂や泥あそびは、幼児期ならではのあそびです。水やバケツ、雨どいなどを用意して、自分が「こう作りたい」という思いやイメージをもってあそべるようにします。

9月の子どもたち

子どもの心と姿

いっしょにあそぼう！

夏のいろいろな経験から、新しいあそびを生み出します。同じ興味や思い、考えをもつ子ども同士の新たな友達関係ができ、これまでの仲間関係とは異なるようすが見られます。それぞれの思いを出し、気持ちを通い合わせてあそんでいます。

当番活動、上手だよ

「早く友達とあそびたい」「花壇の花や畑の野菜はどうなっているかな」という意気込みで始まる9月。夏が終わり、心身ともに大きく成長した子どもは自信をつけ、当番活動のぞうきんがけにも積極的に取り組みます。

ぞうきんしぼりも、お手のものです。

力いっぱい走ろう！

青空の下、運動をするのに気持ちのいい日があります。バトン1つあれば友達が集まり、園庭を走り回ります。勝敗にこだわらず、力いっぱい走ることが楽しいようす。いつの間にか年下の子も加わっています。

もうすぐ運動会

運動会は、保護者や地域の人にとっても楽しみな行事の1つです。家族の方にも競技に参加してもらい、いっしょに楽しみましょう。「早くパパとやりたいな!」と、子どもも親子競技を心待ちにしています。

自分の名前が書けるよ

ひらがなを書くことに興味をもち、文字を書きたい子どもが増えてきました。鉛筆を持って、自分の名前を書いたり友達に手紙を書いたりして、文字に親しんでいます。

ねらい

* 体を思う存分動かし、運動する楽しさを味わう。
* 友達と思いや考えを出し合い、イメージを共有する。
* 相手の気持ちや思いを受け止めつつ、自己を発揮して活動する。

環境構成 & 援助

タイミングよく新しい素材を

あそびを友達と展開する子どものようすを見ながら、新たな素材を投入します。砂あそびに水道管を出すとつなげて水を流したり、道路に見立てたり。あそびがどんどん広がります。

友達とアイデアを出し合って

青いネットを張った空間では、海をイメージしたあそびが展開。アイデアを出し合い、全身を使ったあそびが始まりました。友達と思いが共鳴します。

あそびで文字や数字に親しむ

お店やさんごっこやなぞなぞなど、友達とのあそびの中で自然に文字や数に親しむ姿を見守り、書きたい気持ちを大切にします。ひらがな五十音表は、いつでも見られるところに掲示しておきましょう。

おもしろい発想をみんなへ

楽しい発想や、おもしろい工夫を見つけたら、保育者がパイプ役となって周囲の子どもに伝えましょう。アイデアがアイデアを呼び、クラス全体のダイナミックなあそびにつながります。

チェックリスト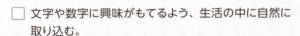

- ☐ 文字や数字に興味がもてるよう、生活の中に自然に取り込む。
- ☐ あそびが広がるような素材をそろえ、タイミングを見て出す。
- ☐ ダイナミックなあそびができるよう、スペースを整える。
- ☐ リズムあそびのコーナーを作り、楽器に親しめるようにする。

製作 9月のアイデア

[ひも通しのブドウ]

折り紙の輪をブドウの実に

材料 カラー工作用紙、折り紙、毛糸、片段ボール

作り方

1 紙を輪にする
折り紙を細長く切って貼り、輪を作ります。

2 毛糸を通す
保育者がカラー工作用紙にパンチで穴を開けます。毛糸を穴に通し、折り紙の輪を通しながら次の穴に通します。毛糸の端を裏にとめます。

3 紙を貼る
2の裏に、片段ボールの軸を貼ります。

[エアパッキンのきのこ]

エアパッキンでふっくらと

材料 エアパッキン、お花紙、トイレットペーパー芯、折り紙

作り方

1 ペンで塗る
エアパッキンの粒を油性ペンで塗ります。

2 紙を包む
お花紙を丸めます。それを1で包み、根元をテープでとめます。

3 芯に差し込む
トイレットペーパー芯に折り紙を巻いて貼り、2を差し込みます。

お絵かき

防災ずきん 防災ずきんを描いてから顔を描くと、描きやすくなります。

真ん中に丸

お月見 お団子は下の段から描きましょう。ススキを加えてお月見らしく。

絵本

「じっちょりんとおつきさま」
作・絵／かとう あじゅ
文溪堂

お月見の日、じっちょりん一家は"おたのしみのみ"を作り始め…。秋の草花や虫の名を確認しながら読んでみて。

「たぬきのおつきみ」
作／内田 麟太郎　絵／山本 孝
岩崎書店

豊作の田畑から作物をもらい、お月見の準備をするタヌキたち。お月様を喜ばせようと考えたアイデアが笑えます。

「じゃむ じゃむ どんくまさん」
絵／柿本 幸造　文／蔵冨 千鶴子　至光社

リンゴの季節、どんくまさんはジャムやさんのお手伝いをすることに。どんくま印のリンゴジャム誕生のお話。

「あらまっ！」
訳／石津 ちひろ　絵／エイドリアン・ジョンソン　文／ケイト・ラム　小学館

寝たくないパトリックは「ベッドがない」「枕がない」とおばあちゃんを困らせ…。2人のやりとりに盛り上がります。

「おじいちゃんのおじいちゃんのおじいちゃんのおじいちゃん」
作／長谷川 義史　BL出版

おじいちゃんのおじいちゃんをたどっていくと…。どんどん増える「ひい」に、子どもたちも大爆笑間違いなし。

「山のとしょかん」
文／肥田 美代子　絵／小泉 るみ子
文研出版

おばあさんの家に毎晩、絵本を読んでもらいに来る男の子。その正体は…。本を読む楽しさを実感できる一冊です。

Part 1　クラスづくり　9月

なぞなぞ

Q 道路に立っている三つ目のおばけって、なーんだ？　**A** 信号機

Q ウサギはもちつき、みんなはお団子を食べる日って、どんな日？　**A** 十五夜

Q 夏にできるのは日焼け。秋の空に見えるのはなに焼け？　**A** 夕焼け

うた

♪ **とんぼのめがね**
作詞／額賀誠志　作曲／平井康三郎

♪ **ちいさい秋みつけた**
作詞／サトウハチロー　作曲／中田喜直

♪ **山の音楽家**
訳詞／水田詩仙　ドイツ民謡

♪ **はたけのポルカ**
訳詞／峯 陽　ポーランド民謡

手あそび・うたあそび

♪ **おちた おちた**
わらべうた

♪ **線路は続くよ どこまでも**
訳詞／佐木 敏　アメリカ民謡

♪ **じゅうごやさんのもちつき**
わらべうた

♪ **なべなべ そっこぬけ**
わらべうた

行事のことばかけ

防災の日　9月1日

自分の身を守る訓練を

ポイント 防災のための心構えを理解するために、身の守り方を子どもと確認しましょう。

　今日、9月1日は「防災の日」です。昔、関東大震災という大きな地震が日本で起こりました。ちょうどお昼ごろだったので、どこのおうちでもお昼ごはんの時間でした。だから、台所で火を使っている家が多かったのです。そのため、地震で火が広がって大火事になってしまい、大勢の方が亡くなりました。それで9月1日に、地震が起きたときに自分の身を守るための訓練をしますよ。先生のお話をよく聞いて動きましょうね。

十五夜　9月中旬～10月上旬ごろ

お月様もお団子を食べる?

ポイント 月の満ち欠けについての興味・関心をもてるよう、図鑑を用意するのもよいですね。

　「十五夜」は、1年で一番月が美しいとされている日です。毎年日にちが違いますが、9月の終わりから10月はじめごろにあり、その日は真ん丸のお月様を見ることを楽しみます。昔から、お月様がよく見える縁側に、ススキやお団子、果物をお供えしたんですよ。お月様がよく見える部屋にお団子をお供えしておくと、次の日にお団子が減っていることがあるそうです。それは、お月様から手が伸びてきて、お団子を食べてしまうからだとか。きっと、おいしそうなお団子だったのね。

ちょこっと ことばかけ

散歩　ススキ

ススキは秋の七草の1つだよ。白いフワフワとした穂がついていて、背は2mくらいあるよ。昔は屋根の材料としても使われたんだって。

食育　新米

今年収穫したお米のことを、新しいお米という意味で「新米」というよ。5月ごろに植えた稲が育って、9月から10月にかけて収穫するんだ。

季節　うろこ雲

小さな雲が魚のうろこのように並んでいる雲を、うろこ雲というよ。イワシの群れのようにも見えるから、いわし雲と呼ぶこともあるよ。

9月のあそび

友達と　ルール　見立て

まりつきじゃんけん

ねらい
* 体をまりに見立てて、弾む動きを楽しむ

あそび方

1 音楽でスタート

音楽を合図に「スタート」します。子どもたちは自由に走り回ります。

音楽スタート！

2 ペアになる

音楽を止めて「ストップ」の合図をします。子どもたちはペアになります。

ストップ！

3 じゃんけんをする

じゃんけんをして、勝った子はまりを突くしぐさをし、負けた子はまりになり、手を頭の上にのせてしゃがみ、10回ジャンプします。

 勝った〜
 じゃんけんポン!!
 負けちゃった
 1・2・3………10！

4 再びスタート

音楽がかかったら、再び「スタート」します。

ことばかけ
「まりを突く子は数えながら突いてね。まり役は、小さくなって元気に弾んでね」

保育者の援助
ジャンプの回数は子どもたちのようすを見ながら加減します。チームに分かれて勝ち抜き戦にするなど、あそびに変化をつけてもよいでしょう。

バリエーション

1、2、3でジャンプ

まり役の子は「1、2、3」でジャンプをします。「1、2」は小さくジャンプし、「3」で大きくジャンプします。

いち、に、さーん！

| 言葉 | じっくり | ルール |

言葉みっけ！

ねらい
* 言葉のおもしろさに気づく
* 想像力を養う

準備する物
木、鳥、貝などの絵カード

あそび方
保育者がお題の絵カードを見せながら、ジェスチャーや言葉を交えて出題します。その文字を語尾に当てはめて答えます。

1 どんな「き」があるかな？

保育者は「木」のカードを見せます。「いろいろなきを集めたので当ててね」と言い、右のようにクイズを出していきます。言葉やジェスチャーをヒントに答えます。

2 ほかの語尾のクイズを出す

「とり」「かい」など、ほかの語尾でもクイズを出してみます。

き	クリームやいちごののった食べられるき	汚れた物を洗ってくれるき	ポンポコ動物のき	赤い葉っぱがきれいな季節のき
	（ケーキ）	（洗濯機）	（タヌキ）	（秋）

とり	ドスコイドスコイ。横綱がいるとり	言葉のお尻をつないでいくとり	ひもを指にかけて橋などを作るとり	ほうきで集めたごみを入れるとり
	（すもうとり）	（しりとり）	（あやとり）	（ちりとり）

かい	サンタクロースのそりを引っ張るかい	かけっこや玉入れをして競争するかい	1階から階段を上って上のかい	低いの反対のかい
	（トナカイ）	（運動会）	（2階）	（高い）

ことばかけ
「木は木でもいろんな"き"があるよ。見つけてみよう」

保育者の援助
ゆっくりはっきりとした口調で、出題するようにしましょう。ジェスチャーは大げさに行い、子どもに伝わりやすくします。

バリエーション
子どもが出題者に

子どもがジェスチャーや言葉のヒントを交えながら、クイズを出す役になります。なかなかヒントが出にくい場合は、保育者が言葉を補うようにしましょう。

くり

あー驚いた（びっくり）

失敗した（がっくり）　似てる（そっくり）

| 外あそび | 自然 | みんなで |

泥団子であそぼう

ねらい
* 土や砂の感触を十分に味わいながら、友達と楽しむ

準備する物
ビニール

あそび方

泥団子を作る

泥団子をたくさん作ります。長くつなげて「つながれダンゴムシ」。泥団子を並べて三角や四角、ハートなどの形作り。ビニールを鉄棒に貼って、的当てなどいろいろ楽しみます。

Part 1 クラスづくり 9月

ことばかけ

「こねて、混ぜて、握って、泥団子いくつできるかな！」

保育者の援助

泥団子が作りやすいような砂(土)を準備しておきます。ごっこあそびもできるように、お皿やスプーンなどを用意しておくのもいいでしょう。

バリエーション

転がせ、転がせ

雨どいを用意して、泥団子転がしをしてみましょう。スタートの高さを変えて転がすなど、子どもがあそび込める環境を整えます。

[新聞紙] [体を動かす] [指先]

くっつけクモの巣！

ねらい
* 新聞紙を使って巧緻性を養う

準備する物
新聞紙、セロハンテープ、ビニールテープ、養生テープ

あそび方

1 新聞紙をもむ

保育者が「新聞紙を優しく広げてー。ぐしゃぐしゃぐしゃー」と言いながら、新聞紙1日分を子どもたちがよくもんで柔らかくします。

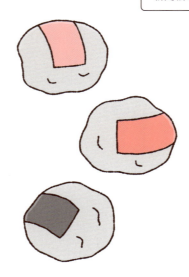

2 ボールの完成

1を端から丸めて球状にし、セロハンテープで留めます。自分のボールがわかるように、ビニールテープを貼って新聞紙ボールを完成させます。

3 投げてあそぶ

保育者が入り口などに養生テープをクモの巣のように張りめぐらせておきます。足元には線を引き、子どもたちが新聞紙ボールを投げ、くっつけてあそびます。

ことばかけ
「新聞紙は、束だと硬いね。でも、ぐしゃぐしゃもむと、柔らかくなるよ」

保育者の援助
もんだり、丸めたりする作業が苦手な子には、適度に言葉をかけたり、手を添えていっしょに行いましょう。1人2〜3個作るようにします。

バリエーション

玉入れあそび

保育者が箱を抱え、子どもたちがその箱に向かって新聞紙ボールを投げ入れます。

バランス感覚　支持力　跳躍力

跳び乗りカニさん歩き

ねらい
* 鉄棒に跳び上がることに慣れる

準備する物
鉄棒

あそび方
1. 鉄棒をにぎり、ひざを曲げてつま先で跳び上がります。
2. おなかを鉄棒の上に乗せ、腕を左右に動かして横に移動します。

あそびのポイント
横に移動するときは、腕を伸ばしたまま、腕の動きに合わせて足も左右にゆらします。反動がついて腕を動かしやすくなります。

腕は伸ばします。

Part 1　クラスづくり　9月

支持力　空間認知力　協調性

手押し車

ねらい
* 友達といっしょに力を合わせて運動することを楽しむ

準備する物
マット

あそび方
子どもは2人1組になります。1人がマットに手をつき、もう1人が両方の太ももを持って、前に進みます。

あそびのポイント
太ももを持つ子は、手をついている子を押しながら歩きます。足首よりも太ももを持つほうが、腕にかかる力が小さくなります。

太ももあたりを持ちます。
顔を上げ、前を見て進みます。

\読み取ろう！/ 子どもの育ち

9月

運動会に向け、積極的に体を動かしたい時期。運動あそびを通した育ちを読み取ります。

手押し車（p119）より

2人1組になり、手押し車をして歩いた。その後、役割を交代した。

Kくん

友達に足を持ってもらったが、「こわい」「痛い」と言って、手で押し進むことがなかなかできなかった。それでも友達が「ほら、持つよ」「進んで」と、無理に足を持ち上げたため、「嫌だ」「やめて！」と泣き出した。その後は友達の手押し車を、よく見ていた。

関連する10の姿　健康な心と体

読み取り

【この場面での育ち】

鉄棒やのぼり棒など、腕を使う運動的なあそびをあまり経験していないKくんにとって、腕で体を支えることは負荷が大きかったかもしれない。「嫌だ」という意思表示はできている。友達が取り組むようすを眺め、コツを得ることにつながった。

今後の手立て

まずは、足を持つ役割を何度か経験させたい。これも、腕の力を使う経験になるだろう。苦手意識をもたせないように関わり、鉄棒やのぼり棒などのあそびにも誘いたい。だんだん腕の力がついてくる喜びを、ともに感じることが重要だと考える。

Lちゃん

自分が手をついて歩くときはスムーズに進むことができた。そのため、足を持つ役割のときに、こわがる友達の気持ちがわからなかった。無理に持ち上げたり、速く進めようとしたりした。泣いた友達に「なんでできないの」と言った。

関連する10の姿　道徳性・規範意識の芽生え

読み取り

【この場面での育ち】

Lちゃんは運動的なあそびが好きで、自分は楽しく手で歩けたので、こわいという友達の気持ちが理解できなかったのだろう。こわくてもやってみればきっとできる、という思いもあったのかもしれない。人は自分と同じではないと気づくきっかけになったと思われる。

今後の手立て

「泣くほど嫌だったんだよ」と、今の状況を十分に感じさせたい。そして、急にできるようにはならないこと、優しく応援する気持ちをもって接することを伝えていきたい。

10月のクラス運営

運動会は自信を高められるように	運動会を通して、みんなで力を出しあって1つのことを行う充実感を味わいます。準備や片づけなどの役割を果たし、5歳児として自信を高められるようにしましょう。
自然物を使って工夫してあそぶ	木の実や落ち葉などをあそびに使う中で、観察したり調べたりできるようにします。また木の実を数えるなど、あそびの中から数量などへの興味がもてるような言葉をかけます。

10月の子どもたち

子どもの心と姿

もっと体を動かしたい！

運動的なあそびへの情熱は、さらに強くなります。「ドッジボールしよう」「サッカーやろう」など、チームで競い合うあそびを自分たちで進めます。仲間意識が強くなるとともに、友達に受け入れられるうれしさ、楽しさも感じているようです。

仲よしだよね！

仲よしの友達と内緒話をしては、「ふふっ」とうれしそうに笑っています。気が合うのか、いつもいっしょの2人は友達と喜びを共有し、おしゃべりを楽しみます。仲よしだからこその話があるようです。

楽しげな2人。なんの話かな？

イベント、盛りだくさん！

遠足のほか、地域の収穫祭といった恒例行事が多い時期。子どもも体験から感じとったことを言葉や絵や歌にして人形劇、ペープサート、絵本などで表現し、みんなで楽しさを共有します。

秋って、きれいだな

季節ごとに美しく移り変わる自然に、たっぷりふれてあそびます。赤、黄の葉を眺めたり、花のにおいを感じたり。何気ないことのようでも、その積み重ねで自然に親しむ心、感じる心が育っていきます。

デコボコ山道、歩けたよ

5歳児クラスだけで、秋の山へハイキング。長い距離を歩くので、「足が痛いよ」「疲れた」と言う子どももいますが、励まし合いながら歩きます。

> **ねらい**
> * 友達と共通の目的に向かって活動を進め、関わりを楽しむ。
> * 秋の自然にひたり、自然物をあそびに取り入れる。
> * 自分の思いを受け止められ、力を合わせて意欲的に活動する。

環境構成 & 援助

ダイナミックな活動を

1人ではできないことが、友達といっしょに行うことで達成感を味わえます。水を抜いた円形プールの壁面に貼った紙に、みんなで描画。ダイナミックな表現を楽しみます。

片づけを意識づける

「あそんだら、片づける」ということを伝え、自分たちで始末できるよう援助します。外あそびの用具も水で泥を洗い流し、数を確かめて片づけるまでを、あそびの一環にしましょう。

"森を見て木を見る"

クラス全体のあそびが活気づくと、全体の動きに目がいきがちです。そんなときこそ個々のようすにも気を配り、自分を出せずにいる子がいれば声をかけ、役割を与えるなどの配慮をしましょう。

秋の自然物と関わる経験を

近くの公園や野山に散歩に出かけ、秋の自然を満喫する経験を。秋の自然に関する絵本や図鑑を絵本コーナーに用意し、空想や想像の世界を広げる援助をします。

チェックリスト ✓

- ☐ 運動会の余韻に浸り、興味をもったあそびをさらに広げる。
- ☐ 秋の自然物を使ったあそびや表現活動を計画する。
- ☐ クラス全体で取り組める表現活動を考える。
- ☐ 生活習慣に加え、マナーや身だしなみにも気を配る。
- ☐ 秋の味覚を楽しみ、クッキング活動を計画する。

Part 1 クラスづくり 10月

製作 10月のアイデア

[芯材のブレスレット]

芯材を土台として活用

材料 トイレットペーパー芯、ビニールテープ、キラキラテープ、リボン、ボタン

作り方

1 芯を切る
トイレットペーパー芯を短く切り、輪を切ります。

2 テープやリボンを貼る
ビニールテープを貼り、キラキラテープやリボンを巻いて貼ります。

3 ボタンを貼る
ボタンを木工用接着剤で貼ります。

[こすり出しのお洋服]

葉っぱの形が洋服の柄に

材料 コピー用紙、落ち葉

作り方

1 紙を切る
保育者が二つ折りにしたコピー用紙に人の形を描いておきます。線に沿って切ります。

2 クレヨンで塗る
1を落ち葉に重ね、その上からクレヨンで塗ります。落ち葉とクレヨンの色を変えて繰り返します。

3 クレヨンで描く
クレヨンで顔や洋服の模様を描きます。

お絵かき

運動会 片方の足をひざで折って描くと走っている雰囲気になります。

体の線がずれないよう注意

ハロウィン 口は上の歯1本、下の歯2本のニッコリに。

絵本

「ハロウィーンって なぁに?」
著／クリステル・デモワノー　訳／中島 さおり
主婦の友社

魔女のビビといっしょにハロウィンの由来や楽しみ方を知ろう！　ランタンやお菓子の作り方も紹介されています。

「さかさことばで うんどうかい〔新版〕」
作／西村 敏雄　福音館書店

動物たちの運動会が回文で描かれます。文字を指さしながら上から下から読んで、おもしろさを味わいましょう。

「むしたちのうんどうかい」
文／得田 之久　絵／久住卓也
童心社

いろいろな虫たちが原っぱで運動会を始めます。全部で何種類の生き物が登場するか、数えてみましょう。

「やきいもするぞ」
作／おくはら ゆめ
ゴブリン書房

秋の森で焼きいもをしていた動物たちが、今度はおなら大会をすることに。おもしろい展開に子どもたちも大喜び。

「もりいちばんのおともだち」
作／ふくざわ ゆみこ
福音館書店

クマさんとヤマネくんは、森いちばんの仲よし。ケーキやさんにもらった苗をそれぞれ育て始めますが…。

「だれもしらない バクさんのよる」
著／まつざわ ありさ　絵本塾出版

バクさんの仕事は、こわい夢を食べること。ところがある日、さみしい夢を見ているヤマネコと出会って…。

なぞなぞ

- Q 引いても引いても、なかなか動かない。これ、なーんだ？
  A 綱引き
- Q カニが育てて、サルが食べちゃった秋の果物って、なーに？
  A カキ
- Q 遠足のとき、みんなが大好きでたくさんリュックサックに入れたいものは？
  A お菓子

うた

♪ **運動会**
作詞・作曲／則武昭彦

♪ **虫のこえ**
文部省唱歌

♪ **紅葉（もみじ）**
作詞／髙野辰之　作曲／岡野貞一

♪ **ホ！ホ！ホ！**
作詞／伊藤アキラ　作曲／越部信義

手あそび・うたあそび

♪ **ピクニック**
作詞／不詳　アメリカ民謡

♪ **やきいもグーチーパー**
作詞／阪田寛夫　作曲／山本直純

♪ **大きな栗の木の下で**
訳詞／不詳　イギリス曲

♪ **かなづちトントン**
訳詞／幼児さんびか委員会
作曲／不詳

Part 1　クラスづくり　10月

行事のことばかけ

運動会

力を出しきって楽しもう

ポイント 当日に向けて準備をしてきた姿を認め、応援する言葉をかけましょう。

　さあ明日は運動会ですね。みんなドキドキしていますか？　園で一番大きなお兄さん、お姉さんとしての運動会ですね。みんなで取り組んできたリレーも成功させましょう。みんなとっても上手にできているし、明日は見にきてくれるおうちの人やお客さんもびっくりすると思います。今日は、おうちに帰ったら、しっかり夕ごはんを食べて、よく寝て、そして明日、元気に登園してくださいね。

ハロウィン　10月31日

外国のお祭りを体験

ポイント 仮装やお菓子をもらえる楽しさを知らせ、自然の恵みに感謝する気持ちも伝えます。

　先生は今日、魔女に変身してきましたよ。みんな、びっくりしましたか？　「ハロウィン」は、秋に野菜や果物がたくさんとれたことに感謝をする外国のお祭りです。外国のハロウィンでは、子どもが仮装をして、よそのおうちを回り、お菓子をもらう習慣があるそうです。子どもたちは「Trick or Treat（お菓子をくれないといたずらをするぞ）」と言って、近所の家を1軒1軒回るんですよ。子どもが来たら、大人はお菓子を渡します。楽しいお祭りですね。

ちょこっと ことばかけ

散歩　スズムシ

　「リーンリーン」という鳴き声を聞いたことがあるかな？あれはスズムシだよ。鳴くのはオスで、羽をこすり合わせているんだ。

食育　サツマイモ

　サツマイモのサツマとは、薩摩地方のことで、多く作られていた土地なんだ。薩摩地方は鹿児島県のことで、今でもたくさん作っているよ。

季節　衣替え

　明日は衣替え（10月1日）といって、冬の服装に替わるよ。ひんやりしてきたから、夏の服はしまい、長そでの服を出して冬の準備をするんだよ。

10月のあそび

チームで **ルール** **体を動かす**

くぐってダッシュ！

準備する物
コーン

ねらい
* 友達と息を合わせて取り組む
* チームでの競争を楽しむ

あそび方

1 トンネルをくぐる
スタートラインと平行にラインを4本引きます。2チームに分かれて2人組を作ります。スタートしたら1本目のラインでAくんがトンネルになり、Bちゃんはくぐります。

2 役を交代する
Bちゃんはそのまま進み、2本目のラインでトンネルになります。そのトンネルをAくんがくぐります。

3 早くゴールしたチームの勝ち
1、2を繰り返します。最終ラインで折り返したら手をつないでスタートまで戻り、次のペアにタッチします。早くゴールしたチームの勝ちです。

ことばかけ
「トンネル役とくぐる役を交代しながら進むよ」

保育者の援助
ペアで取り組む部分と、チームで協力し合う部分とが現れるようになります。両方に力を込めていけるような言葉かけをしましょう。

あそびのヒント

ペアで協力し合う
トンネル役は足を大きく開いたり、くぐる役は姿勢を低くしたり、速く進めるように互いに工夫するようになります。

Part 1 クラスづくり 10月

ボール 体を動かす ルール

いろいろボール送り

ねらい
* 早くボールを運べるように協力し合う

準備する物
ボール

あそび方

1 股から手渡し

縦に1列に並び、先頭の子が股の下からボールを手渡し、順に送ります。

2 頭上から手渡し

次に、最後尾の子から先頭に向かって頭の上からボールを手渡し、順に送ります。

3 体の前から手渡し

今度は、横1列に並び、先頭の子が体の前からボールを手渡し、順に送ります。

4 背中から手渡し

横1列のまま今度は、最後尾の子が背中からボールを手渡し、順に送ります。

ことばかけ

「早くボールが送れるように協力しようね。ボールが列から出たら、出した子が拾いに行くよ」

保育者の援助

ボールが列から外れてしまうときは、「間をつめてみよう」と言葉をかけます。みんなのペースにうまく合わない子には、「あわてないでいいよ」などと配慮しましょう。

バリエーション

小さいボールで

ボールのサイズを小さくしてあそびましょう。小さいボールにすることでより難易度が上がります。

外あそび　感覚　チーム

落ち葉山の葉っぱ合戦

ねらい
* 落ち葉で五感を使ってあそぶ

準備する物
スーパーボール

あそび方

1 落ち葉をかける
2～3チームに分かれて落ち葉をかけ合います。

2 落ち葉の中で宝探し
落ち葉の山を3～4個作ります。保育者がその中のどれかにスーパーボールを隠し、子どもはどこにあるか当てっこします。

Part 1 クラスづくり　10月

ことばかけ
「思いっきり落ち葉とあそんじゃおう」

保育者の援助
この時期にしかできない、落ち葉を両手いっぱいにかかえる楽しさ、かけ合う楽しさ、山にする楽しさを体験できるようにします。落ち葉のたくさんある場所を見つけておきましょう。

バリエーション

お布団みたい
落ち葉の山の上に寝転がってみましょう。ガサゴソ耳元で音がしたり、匂いや落ち葉の感触を体感したりします。安全には十分配慮してあそぶようにします。

粘土 / 丸める / 表現

ドドンと粘土

ねらい
* 全身を使って粘土であそぶ
* 作業を通して巧緻性を養う

準備する物
土粘土（または油粘土）、ゾウの体用木材、ゾウの足用木材

あそび方

1 粘土であそぶ

粘土をちぎって丸め、たくさんお団子を作ってあそびます。

2 踏んだり歩いたり

全員分のお団子を並べて、その上をはだしで踏んで歩いたり、お団子をいくつ重ねられるか「お団子タワー」を作ったりしてあそびます。

3 パーツを作る

お団子を集めたら、ペアになって、それぞれ手分けしてゾウのパーツを作ります。ゾウの足は四角柱の木材を入れ、体には板を入れます。

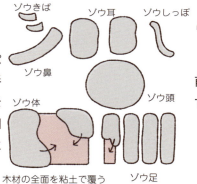

4 実際に乗ってみる

保育者が子どもたちの前で 3 を合体させ、1人ずつゾウに乗ります。

ことばかけ
「粘土のお団子、いくつできるかな？ いっぱい作ろう！」

保育者の援助
ゾウの体と足は、子どもが乗るのでしっかりとめます。不安定なときはくぎを使ってもいいでしょう。1、2のあそびで子どもが集中していれば、ゾウ作りは無理にしなくても構いません。

バリエーション

全身を使って

粘土を頭上から床にたたきつけたり、ジャンプをして踏んだりして、ダイナミックにあそびましょう。

> バランス感覚　空間認知力　脚力

1本橋でクルリン

ねらい
* 平均台での動きを楽しむ

準備する物
平均台

あそび方
1. 端から平均台をゆっくり歩き、途中でくるりと一回りします。
2. 再び端まで歩きます。

保育者の援助
一回転するときに、保育者が手を貸し、手すり代わりになりましょう。

> 跳躍力　空間認知力　瞬発力

小波ジャンプ

ねらい
* なわを跳ぶことを楽しむ

準備する物
長なわ

あそび方
1. 保育者2人でなわを左右にゆらします。
2. なわと向かい合って立ち、ゆらしたなわが足元に来たらジャンプします。最初は1回だけ跳び越えることを目標にしましょう。

あそびのポイント
なわが前からくるときは、しっかり目でなわをとらえて跳びます。後ろから戻ってくるなわを跳び越えるのは難しいので、はじめは1回跳べたらOKとします。

ひざを曲げ、つま先でジャンプします。

Part 1 クラスづくり 10月

読み取ろう！子どもの育ち 10月

紅葉の美しい公園へ出かけ、自然物に関わるあそびを楽しみました。そこでの育ちを読み取りましょう。

落ち葉山の葉っぱ合戦（p129）より

落ち葉を友達とかけ合ったり、探し物レースをしたりしてあそんだ。

Oちゃん

落ち葉をダイナミックに友達とかけ合い、「足の裏もふわふわだ」と落ち葉を踏む感触を楽しみ、存分に走り回った。落ち葉の山に寝転がり、空を見上げると「お空が広い!」「あの雲、大きいね」とうれしそうに友達と話した。

関連する10の姿
自然との関わり・生命尊重

読み取り

【この場面での育ち】

秋の自然物に体ごと関わり、全身を使って秋を満喫することができた。また葉っぱだけでなく、寝転がって空を見上げたことで、いつも見ている空とは違う秋の空を発見している。雲の形や動きも目で追い、友達と同じ話題で話すことも楽しめたようだ。

今後の手立て

たくさんの落ち葉とふれあうことができて、自然を体感する機会になったと思う。晴天が続いた後で、行事の入っていない日に計画することは簡単ではないが、これからも自然の中に出かけ、存分にあそぶ活動を保障していきたい。

Pくん

落ち葉一枚一枚の違いに気づき、大切そうに葉っぱを色別に分けて置いていた。地域に住む顔なじみの女性に、「きれいに並べているね」と声をかけられ、「こんにちは、これはモミジだよ」などと答えていた。少し会話をしたあと、その女性が立ち去ろうとすると、「さようなら、これどうぞ」と一番きれいな葉っぱをプレゼントした。

関連する10の姿
社会生活との関わり

読み取り

【この場面での育ち】

木の種類によって葉の形が違うこと、同じ木でも色づき方は一枚一枚異なることなどを、じっくりと見て感じていた。地域の方とふれあい、感じたことを自分の言葉で話す姿は頼もしかった。最後には、地域の方とのつながりを喜んでいた。

今後の手立て

地域の方が「ありがとう」と喜んでくれて、Pくんもまたうれしそうにしていた。地域の人と思いを伝え合う姿は、ほほえましかった。このつながりを大事にしたい。

11月のクラス運営

お店やさんごっこは役割分担を決めて

お客さん、売る係、レジ係など、自分たちで話し合いながら役割分担できるよう見守ります。「こんなふうにしたらどうかな?」など自分と違う考えにも気がつけるようにします。

自分の中で折り合いをつける

友達とのあそびの中で、意見の相違からトラブルも多くなってきます。自分の意見を受け入れてもらったり、相手の意見を受け入れたりしながら折り合いをつける経験も必要です。

11月の子どもたち

子どもの心と姿

落ち葉のじゅうたんだよ

落ち葉がフカフカのじゅうたんになった公園へ。子どもは歓声をあげて飛び込みます。落ち葉の中にもぐったり、拾ってまき散らしたり。秋の自然にひたりきり、全身で感じています。この感覚が表現活動へと高まっていきます。

カードゲーム、おもしろい！

よく見て、よく考え、公正に判断しようとする気持ちが芽生えるときです。カードゲームのルールを理解し、守りながらあそびます。「次の人は青を出すの」「持ってないよ」。もめることもなく、進んでいきます。

「このときは、2枚とるの」と、よくルールをわかっています。

ウサギが寒くないように…

ウサギのお世話は5歳児クラスの仕事です。冷たい風が吹く日、「ウサギが、風邪をひかないようにね」と風よけの囲いをしました。いっしょに生活する動物の生活にも気を配ります。小さな動物の命を大切に感じています。

どの葉っぱを貼ろうかな？

落ち葉や木の実を拾う機会が多いこの季節。持ち帰った自然物で造形活動。個々の興味に応じて、画用紙に落ち葉を貼ったり絵の具で絵を描いたり。道具を自由に使って、秋を表現した作品を仕上げます。

のこぎり、やってみよう！

ギコギコギコ…、はじめての木工に挑戦です。のこぎりで切った小さな板を、くぎでつなげて自由に作ります。集中力が必要な活動ですが、みんな真剣です。

ねらい

* 友達と意見を出し合い、互いのよさを認め合う。
* 仲間と同じ目的をもち、試行錯誤しながら実現しようとする。
* 感動したことを、いろいろな表現で伝える。

環境構成＆援助

友達と意見を出し合って

発表会に使う大道具も、子どもの手作り。壁一面に貼った紙を前に、手分けしてダイナミックに描画します。各々の持ち味を発揮できるようにします。

季節を感じられる園外活動を

春に行った公園に、出かけてみましょう。あたりのようすの変化に気づき、四季の移ろいを感じることができます。その感動や発見を、表現活動につなげましょう。

時間への興味を深める

時計の読み方がわかるよう言葉をかけます。時間の感覚を養い、昼食を食べるペース配分にも関心を寄せるようなしかけを考えましょう。少しずつ、就学への意識を高めます。

手指を細かく動かす作品づくり

簡単な編み物や組みひもにも挑戦できる時期。さらにコーナーを充実させましょう。木工コーナーに金づちやのこぎりを用意すれば、友達といっしょに取り組み始めます。

チェックリスト ✓

- ☐ 春に咲く花の球根を植えるなど、春を楽しみに待てるようにする。
- ☐ 個人面談に向け、子どもの成長を確認し、保護者の不安に応える準備をする。
- ☐ 手洗い・うがいを徹底するよう伝える。
- ☐ 考えを出し合う機会をつくり、子どもだけで進める活動を見守る。

製作 11月のアイデア

[チョキチョキミノムシ]

2枚の折り紙を組み合わせて

材料 折り紙、丸シール

作り方

1 紙を切る
色の違う2枚の折り紙に切り込みを入れます。

2 紙を巻く
折り紙を1枚巻いた上から、もう1枚の折り紙で包むように丸めて貼ります。

3 シールを貼る
2にペンで描いた丸シールの目を貼り、ペンで口を描きます。

[どんぐりころころ]

どんぐりを転がしてあそぼう

材料 空き箱、トイレットペーパー芯、画用紙、どんぐり

作り方

1 紙や芯を貼る
画用紙の両端を折って丸めてトンネルの形にしたものやトイレットペーパー芯に切り込みをいれたものを空き箱に貼ります。

2 クレヨンで描く
空き箱にクレヨンで描きます。

お絵かき

七五三 袋部分は直線が曲がらないよう、ひと息に描きます。

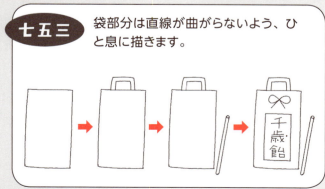

ミノムシ 体はギザギザに描いて、チョンチョンをプラス。

まばらな点線で模様を

絵本

「七五三すくすくおいわいの日!」
作/ますだ ゆうこ　絵/たちもと みちこ
文溪堂

七五三参りの前夜、そらくんはお姉ちゃんの風邪を治そうと、家に代々伝わる飴を探しに出たところ…。

「もっと・しごとば」
作・絵/鈴木 のりたけ
ブロンズ新社

花火師から科学者まで幅広い職業の職場や仕事内容、道具を絵で紹介。仕事に興味をもつきっかけになります。

「まいごのどんぐり」
作/松成 真理子
童心社

コウくんの宝物だったどんぐりが行方不明に。どんぐり目線で描かれる、お互いの成長物語が胸を打ちます。

「モチモチの木」
作/斎藤 隆介　絵/滝平 二郎
岩崎書店

夜、一人で手洗いに行けない臆病な豆太。ある晩、じさまが病気になり…。小さな勇気を奮い立たせる少年のお話。

「エイモスさんが かぜを ひくと」
文/フィリップ・C・ステッド　絵/エリン・E・ステッド　訳/青山 南　光村教育図書

ある日、動物園で働くエイモスさんが風邪でお休みすると…。動物たちと心通わせるようすに、ほのぼのできます。

「かにむかし」
文/木下 順二　絵/清水 崑
岩波書店

日本の民話「さるかに合戦」をもとに描かれた絵本。昔話ならではの語り口や世界観を楽しんでみましょう。

Part 1　クラスづくり　11月

なぞなぞ

Q カが池に「ボチャ!」と落ちてしまう野菜って、なーに?
A カボチャ

Q マツの木のかわいい赤ちゃんって、誰のこと?
A 松ぼっくり

Q おいしいものを食べると落ちるって言われているところ、どーこだ?
[ヒント] 顔についているよ　A 頬(ほっぺた)

うた

♪ **まっかな秋**
作詞/薩摩 忠　作曲/小林秀雄

♪ **北風小僧の寒太郎**
作詞/井出隆夫　作曲/福田和禾子

♪ **たき火**
作詞/巽 聖歌　作曲/渡辺 茂

♪ **はたらくくるま**
作詞/伊藤アキラ　作曲/越部信義

手あそび・うたあそび

♪ **だいくのキツツキさん**
訳詞/宮林茂晴　オーストリア民謡

♪ **木登りコアラ**
作詞・作曲/多志賀 明

♪ **なっとう**
作詞・作曲/不詳

♪ **おおきくなったら**
作詞/不詳　アメリカ民謡

行事のことばかけ

七五三　11月15日

無事に成長したことのお祝い

ポイント 七五三の意味や風習を知らせ、大きくなったことをともに喜び合えるとよいですね。

　11月15日は「七五三」の日です。昔から男の子は3歳と5歳、女の子は3歳と7歳にお祝いをしたんですよ。昔は病気になっても、お医者さんに診てもらったり、薬を飲んだりできないことが多くありました。子どもが大きくなって3歳、5歳、7歳を無事に迎えることが難しかったんですね。だから、子どもがこの歳を迎えられたときには、みんなで神様に「ありがとう」と、お礼を言ったことが始まりです。女の子は着物を、男の子は袴(はかま)を着て、お祝いをします。

勤労感謝の日　11月23日

働いている人に「ありがとう」

ポイント どんな仕事があるかみんなで話し合うことで、いろいろな職業への興味が育まれます。

　みんなの周りには、どんなお仕事をしている人がいますか？　そうね、いろいろな種類のお仕事がありますね。明日は、「勤労感謝の日」といって、いつも働いてくれている人たちに「ありがとう」と言う日です。みんなが毎日、楽しく過ごせるのも、大勢の人が働いてくれているおかげですね。明日は、働いている人みんなに、「どうもありがとう」と、感謝の気持ちを込めて、お礼を言いましょうね。

ちょこっと ことばかけ

散歩　イチョウ

　秋になると、扇子の形をした黄色の葉が落ちているね。イチョウという木の葉で、実はギンナンといって食べられるよ。

食育　千歳飴(ちとせあめ)

　子どもが無事に成長し、長生きできますようにと願って、長くのばした飴を千歳飴というよ。七五三のときに食べるんだ。

季節　立冬(りっとう)

　このごろ風が冷たくなり、朝や夕方はずい分寒くなったよね。立冬（11月8日ごろ）は、これから冬になりますよ、という日なんだ。

11月のあそび

チームで｜ルール｜タオル

タオルぽんぽんゲーム

ねらい
* 友達と息を合わせて取り組む
* あそびを通して集中力を養う

準備する物
タオル、かご、紅白玉、マット

あそび方

1 ペアで玉を運ぶ

2チームに分かれて2人組になります。スタートの合図で、2人組でタオルの両端を持ってかごまで走ります。自分のチームの玉をタオルにのせ、マットの前のラインまで運びます。

2 玉を飛ばす

「いち、にの、さん」でマットをめがけて玉を飛ばしたら、スタートに戻って次のペアにタオルを渡して交代します。最後にマットにのった玉の数が多いチームの勝ちです。

ことばかけ

「友達と玉を運ぶよ。息を合わせて飛ばしてみよう」

保育者の援助

タオルからなかなか玉が出ないペアには、声をかけてフォローしましょう。息を合わせるコツやほかのペアをよく見ることなどを伝えます。

あそびのヒント

声かけの大切さを伝える

タオルをピンと張った状態で、ペアを組む子といっしょに「いち、にの、さん!」で声を合わせると、呼吸が合いやすくなります。コツがわかると楽しさも倍増します。

1対1　ルール　ふれあい

笑っちゃダメダメ

> **ねらい**
> * 変化のある表情で笑いを引き出し、ふれあいを深める

あそび方

1 表情をまねっこ

ペアになり、向かい合って座ります。1人が拍手をしながら「笑っちゃダメダメ…ぱぴぷぺぽ」と言います。その後、「ぱ」「ぴ」「ぷ」「ぺ」「ぽ」と言いながら、1音ごとに表情を変えます。もう1人の子は、1音ごとにその表情のまねをします。

2 繰り返し楽しむ

笑ってしまった人が負けです。役を交代して同様に行います。いろいろな表情を作って楽しみます。ペアの相手を替え、繰り返しあそびます。

ことばかけ
「みんなはおもしろい顔を見ても、笑わないでまねっこできるかな？」

保育者の援助
「よく見てまねしてね」と声かけをします。「ぱぴぷぺぽ」の音を長く伸ばしたり、抑揚をつけたりすることも伝えます。

バリエーション

同じポーズはダメダメ

「笑っちゃダメダメ…ぱぴぷぺぽ」と言って、互いに違うおもしろい顔をします。どちらかがつられて同じポーズをとったら負けです。

外あそび　自然　体を動かす

風集め

ねらい
* 風を集める感触を味わう

準備する物
レジ袋、30ℓのごみ袋

あそび方
袋を持って走る

保育者はレジ袋を子どもに1枚ずつ配ります。片手でレジ袋を回して風を集めます。少し膨らんだらそのまま走ります。

30ℓのごみ袋は、2人で袋の口を片方ずつ持ちます。手前から一回転させ風を集め、膨らんだら走ります。

それーっ！

Part 1 クラスづくり 11月

ことばかけ
「今日はみんなで風を集めて、あそんでみようか！」

保育者の援助
レジ袋を持っていきなり走るのではなく、少し膨らんでから走るとうまくいくことを、子どもに知らせます。最初は保育者が見本となってあそびます。

バリエーション
たこにしても

レジ袋の持ち手にたこ糸を結びます。風がある日に思いきり走ると、たこのように上がります。袋にペンで柄を描いてみても楽しいでしょう。

たこが上がったよー

141

カラーセロハン　表現　指先

カラフルサングラス

ねらい
* カラーセロハンを楽しむ
* 眼鏡になるよう工夫をする

準備する物
カラーセロハン、厚紙で作った眼鏡枠、モール、画用紙、シール、セロハンテープ

あそび方

1 レンズを作って飾りをつける

あらかじめ用意していた枠から2枚選びます。好きな色のカラーセロハンをのりで貼り、レンズを作ります。2枚の枠をセロハンテープで貼ります。枠の周りには色を塗ったり、シールを貼ったり、動物の耳をつけたりと飾りをつけます。

2 つるをつける

保育者がフレーム部分に小さな穴を開け、子どもがモールを通して、先端を曲げ、耳にかける"つる"をつけます。

ことばかけ
「よく知ってるサングラスは黒っぽいけど、何色でもいいよ」

保育者の援助
"つる"がうまくつけられない子には、保育者が手を添えていっしょに作りましょう。手に持つ「虫眼鏡」や顔を覆う「仮面」タイプなどでも構いません。

あそびのヒント

セロハンで物を見る

カラーセロハンを通して、見る物の色がどう変化するかを楽しみます。色を重ねると別の色に変化し、何枚も重ねると見えにくくなることに気づけます。

支持力 **跳躍力** **瞬発力**

カエルのグー・チョキ・パー

ねらい
* 体を動かすことを楽しむ

あそび方

1. 両手を体より前につけ、腰を高く上げます。
2. 両手を床につけたまま足を高く上げてジャンプし、着地するときに足でじゃんけんをします。❶グーは両足を閉じ、伸ばします。❷チョキは足を前後に開きます。片方の足を伸ばし、もう片方の足のひざを曲げます。❸パーは足を左右に大きく開きます。

保育者の援助

とっさにじゃんけんが出ない子は、まずはジャンプをしないでグー、チョキ、パーの足の形を練習しましょう。

両ひじは伸ばして、体を支えます。

Part 1 クラスづくり 11月

バランス感覚 **支持力** **空間認知力**

後ろ振り下り

ねらい
* 鉄棒を使ってあそぶことを楽しむ

準備する物
鉄棒

あそび方

1. 鉄棒をにぎり、ひざを曲げてつま先で跳び上がり、おなかを鉄棒の上に乗せます。
2. 足を前後に振って勢いをつけます。
3. 足が後ろにきたタイミングで手を離し、後ろに跳び下ります。

あそびのポイント

足を振り子のように前後に動かすと、勢いがつきます。

首はまっすぐ伸ばします。

143

＼読み取ろう！／ 子どもの育ち 11月

それぞれの友達のよさを認めながら、ふれあいあそびを楽しみました。
そのあそびを通して、育ちを読み取りました。

笑っちゃダメダメ （p140）より

2人1組になり、おもしろい顔をし、まねっこしてふれあった。

Qちゃん

恥ずかしがりやで、おもしろい顔まねをためらった。それを気にせず、ペアの子が次々におもしろい顔をすると吹き出して笑った。自分の番になると思いきっておもしろい顔をできるようになった。その後も、抑揚をつけて「ぱぴぷぺぽ」を目を合わせて言い合った。

関連する10の姿　豊かな感性と表現

読み取り ▼

【この場面での育ち】

恥ずかしがりやで消極的なQちゃんなので、ペアの組み合わせに配慮をした。ペアの子のおおらかでおもしろい関わりが、Qちゃんの内気で慎重な性格をほぐしたようだった。自分を表現することの楽しさを経験できて、本当によかったと思う。

今後の手立て

Qちゃんの表現のよさを認め、のびのびと思いのままに行動できるように支えたい。また、違う子とペアになっても楽しめるかどうか、注意深く見守り、友達との関係においても親しみを示せるようになってほしいと願う。

Rくん

普段から「変顔」が得意なRくん。率先しておもしろい顔をして、友達を笑わせた。自分も大笑いし、周囲は楽しい雰囲気に包まれた。次にまねをする子に手ほどきをし、勝敗にこだわらず、新しい「変顔」を開発しては、友達といっしょにずっと笑っていた。

関連する10の姿　豊かな感性と表現

読み取り ▼

【この場面での育ち】

Rくんは、説明しているときからやる気満々だった。ひょうきんな顔をして、友達を笑わせることを楽しんでいる。友達に「鼻の穴を開くんだよ」とやって見せるのが、またおもしろい。ユニークな表現ではピカイチである。

今後の手立て

Rくんのおかげで周りの子もつられて笑い、雰囲気がほぐれて、それぞれの表現も豊かになった。今回は1対1のあそびだったが、おもしろい表現をみんなの前で披露し、まねし合うのも楽しくなりそうだ。

12月のクラス運営

発表会で表現する楽しさと達成感を

クラス全体で行う発表会では、友達の得意なことを認め合いながら、気持ちを合わせられるようにします。本番までの過程を大切にし、やり遂げた満足感が味わえるようにしていきましょう。

小学校への関心が高まるように

就学時健診も経験して、小学校入学への関心も高まります。人の話を聞いたり、身の回りのことは自分で行ったり、自覚ある行動ができるよう援助していきます。

12月の子どもたち

子どもの心と姿

きれいな声でうたうよ！

　園の最年長としての自覚も高まり、自己主張しつつも友達を受け入れ、認め合うなど、心身ともに大きな成長が感じられます。歌や楽器演奏などを披露する発表会で、自分のもつ力をぞんぶんに出そうとします。どなってうたうのではなく、友達の声を聞きながらきれいな声でうたおうとします。

ちゃんと洗えるよ

　衣服の調節、うがい、手洗いなどは自ら進んで行います。風邪予防のためにも、手洗いとうがいはしっかり行いたいものですが、少々雑になることも。友達がよく洗っているのを見ると、自分もやろうと思うようです。

石けんをつけてしっかり洗います。

保育室をきれいにしよう

　作って保管していた製作物を出し、持ち帰る準備をします。「これ、作るの大変だったな」と思いにひたる子どもも。年末に向け、大掃除を兼ねての整理です。新しい年を迎えるために、保育室をきれいにしようと子どもも張りきります。

いい考えがあるよ！

　自分の思いや考えを十分に言え、自分の提案が受け入れられ実現すると、自己肯定感が上がります。その経験を経て、友達の提案も受け入れ、より楽しくなるよう工夫し合えます。

寒いけど、冬も大好き！

　園庭の樹木も雪囲い、ウサギ小屋も雪囲い。子どもも手袋をはめて、厚手の上着をはおって冬支度をします。寒いけれど、季節の移り変わりを感じるひとときです。

ねらい

* 目的に向かって自分の力を出し、自信をもつ。
* 友達のよさに目を向け、友達といっしょの生活を楽しむ。
* 寒さに負けず、友達と体を動かしてあそぶ。

Part 1 クラスづくり 12月

環境構成 & 援助

チャレンジしたい気持ちを支える

鉄棒の前に補助板を常設することで、意欲的に逆上がりに挑戦します。腕の力や脚力がつき、友達の助言を得ながら、成功させます。

発想の刺激になる素材を増やして

じっくりと製作あそびが楽しめる時期。指あみやリリアンなど、一度説明すれば、子ども同士で教え合って、編むことを楽しむようになります。

対等な意見で仲立ちを

子ども同士で課題を乗り越えるため、話し合った末に「先生はどう思う?」と意見を求めることがあります。そんなとき、保育者の考えを素直に伝え、対等に付き合いましょう。

年の暮れに、感謝の大掃除

1年の最後にはみんなで大掃除をし、保育室へ感謝の気持ちをもちましょう。5歳児としての責任と、残り少ない園生活を感じながら、力を発揮するはずです。

チェックリスト

- ☐ 保育室の温度、湿度を調節し、換気にも気を配る。
- ☐ クリスマス会を楽しく過ごせるよう企画する。
- ☐ 新年を迎えるための大掃除を子どもと行い、感謝の気持ちをもてるようにする。
- ☐ 楽器にふれ、友達と自由に演奏を楽しめるよう設定する。
- ☐ おせち料理にはどんな意味があるか話す機会をもつ。

製作 12月のアイデア

[両面折り紙のツリー]

両面折り紙でカラフルに

材料 色画用紙、両面折り紙

作り方

1 色画用紙を折る
保育者が細長い色画用紙の底になる部分に折り目をつけ、輪を貼る目安とします。

2 紙を輪にする
両面折り紙を細長く切って貼り、輪を作ります。

3 紙を貼る
1に2を積み上げるようにして貼ります。

4 紙を折って貼る
色画用紙を折って立ち上げ、両端を貼り合わせ、2や色画用紙の星を貼ります。

[自然物の紙皿リース]

自然物で作ろう

材料 紙皿（大1枚、小1枚）、ビニールテープ、リボン、葉っぱ、枝、木の実

作り方

1 紙皿を切る
保育者が2枚の紙皿の中心を切り取り、同じ大きさの穴を開けます。

2 紙皿を貼る
紙皿の底同士を合わせて貼り、穴の周りにビニールテープを貼ります。ペンで描きます。

3 自然物を貼る
2枚の紙皿の間に、葉っぱや枝、木の実を木工用接着剤で貼ります。裏にリボンを貼ります。

お絵かき

新幹線 車体の先端は、少し飛び出させて細長く。

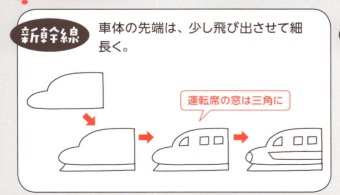

運転席の窓は三角に

ハムスター 下半身を大きめに、耳と手足をちんまりと小さく。

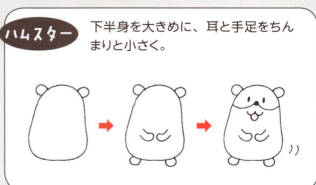

絵本

「おおきいツリー ちいさいツリー」
作／ロバート・バリー　訳／光吉 夏弥
大日本図書

大きすぎると切ったツリーの先が、また切られて小さくなり…。ツリーの先っぽの行方を追うのが楽しい絵本。

「きょうはマラカスのひ」
文・絵／樋勝 朋巳
福音館書店

マラカスが大好きなクネクネさんは友達と発表会を開くことに。難しいリズムを猛練習して、ついに当日を迎え…。

「こよみともだち」
作／わたり むつこ　絵／ましま せつこ
福音館書店

1月さんから12月さんまで、みんながどんどん友達になっていき…。月の流れを理解するのに役立つ絵本です。

「ないしょのおともだち」
文／ビバリー・ドノフリオ　絵／バーバラ・マクリントック　訳／福本 友美子　ほるぷ出版

人間の女の子マリーとネズミの女の子、さらにその娘たちにまで続く、秘密の友達のすてきな交流のお話。

「うしは どこでも「モ〜!」」
作／エレン・スラスキー・ワインスティーン　絵／ケネス・アンダーソン　訳／桂 かい枝
鈴木出版

外国語で動物の鳴き声はどう表現されるのかを関西弁で教えてくれます。「モ〜」といっしょに言うとより楽しい一冊。

「かさじぞう」
再話／瀬田 貞二　画／赤羽 末吉
福音館書店

6人のお地蔵様が恩返しをする昔話の絵本。貧しくも美しい心をもった老夫婦が幸せになる、心温まるお話です。

Part 1 クラスづくり　12月

なぞなぞ

Q 白と黒が仲よく並んでいる楽器って、なーに?
　A ピアノ（鍵盤ハーモニカ）

Q 園庭にあるのはジャングルジム。クリスマスに聞こえてくるのは?
　A ジングルベル

Q イスはイスでも、からくて子どもたちに人気のイスは?
　[ヒント] ごはんとセットだよ　A カレーライス

うた

♪ **サンタが町にやってくる**
作詞／H・ギレスピー　日本語詞／タカオカンベ
作曲／J・F・クーツ

♪ **ひいらぎかざろう**
訳詞／松崎 功　ウェールズ民謡

♪ **赤鼻のトナカイ**
作詞・作曲／J・マークス　日本語詞／新田宣夫

♪ **お正月**
作詞／東 くめ　作曲／滝 廉太郎

手あそび・うたあそび

♪ **Twinkle, Twinkle, Little Star**
フランス民謡

♪ **いちにのさん**
わらべうた

♪ **じゃがいも 芽だした**
わらべうた

♪ **アブラハムの子**
訳詞／加藤孝広　外国のうたあそび曲

行事のことばかけ

冬至 12月22日ごろ

1年でもっとも昼の時間が短い日

ポイント 実際にユズを用意して、子どもに手渡し、香りをかいでみるのもよいですね。

　冬になり、日が暮れるのがとても早くなりましたね。明日は「冬至」といって、1年の中で一番早く、太陽が沈む日で、夜が一番長い日です。この冬至の日には、ユズという黄色くて、ミカンのような果物をお風呂に入れて入ります。とってもよい香りがするんですよ。これを「ユズ湯」といいます。「家族みんなが、風邪や病気になりませんように」と願いをこめて入ります。

クリスマス 12月25日

クリスマスってどんな日？

ポイント 絵本やシアターなどで、キリストの生誕について知ると、由来がわかりやすいでしょう。

　クリスマスにはプレゼントをもらったり、ケーキを食べたりしますね。でも、クリスマスって本当はどんな日なのでしょう？　イエス・キリストという神様のお誕生日です。「世界中の人たちがみんな幸せに仲よく暮らせますように」と願い続けたキリスト様が生まれた日が、クリスマスなんですよ。サンタクロースは日本から遠く離れたフィンランドなどの国に住んでいます。そこから世界中の子どもたちに、プレゼントを届けるんですって。

ちょこっとことばかけ

散歩　ツバキ

　ツバキは、赤い花びらで真ん中が黄色い花。今ごろの寒い時期でも咲くよ。種からは、ツバキ油という油がとれるんだって。

食育　年越しそば

「長いものを食べると長生きできる」「そばは切れやすいから1年の苦労を切る」という意味で、大みそかにそばを食べるよ。これを年越しそばというんだ。

季節　大みそか

　1年の最後の日、12月31日を大みそかというよ。家の中の大掃除をしたり、おせち料理を作ったりして、新しい年を迎える準備をするんだ。

12月のあそび

お尻スリスリボール運び

ボール / チームで / 体を動かす

ねらい
* ボールを使ったあそびを楽しむ
* 友達と協力し合う大切さを知る

準備する物
ボール、かご

Part 1　クラスづくり　12月

あそび方

1　2チームに分かれる

2チームに分かれます。白チーム（攻め）はボールを4個持って、スタートラインに座ります。赤チーム（守り）はスタートラインからゴールラインまでの間に座って待ちます。

2　ボールを運んでいく

合図で、白チームは床にお尻をつけたままゴールを目指します。赤チームは白チームのボールを奪いにいきます。奪ったらサイドのかごに入れます。攻守ともチーム内でパスをしてもOK。2分程度で攻守交代し、ボールの数が多いほうが勝ちです。

ことばかけ
「ボールはおなかの上だよ。お尻をスリスリしながらゴールを目指そう」

保育者の援助
熱中しているときに力が入りすぎるとケガのもとになります。時にはゲームを止め、うまく体を入れてボールを取り合う方法などを伝えましょう。

あそびのヒント

チームワークで!

次第に自分たちで作戦を立てるようになります。ボールを持った1人が相手をおびきよせ、その隙に仲間がゴールを目指すなど、チームで協力する楽しさを感じるようになります。

| ルール | みんなで | ふれあい |

ぐにゃぐにゃフープレース

ねらい
* 一人一人が見通しを立ててあそぶ
* 友達と協力してあそぶことを楽しむ

準備する物
フープ、コーン

あそび方

1 手をつないで並ぶ

6人組に分かれます（1人はフープマン役）。手をつないで5人並びます。ライン上でフープマンはフープを持って立ちます。

2 フープをくぐる

合図で、フープマンは列の後ろへと進み、手をつないだまま先頭の子どもから順番にフープをくぐります。

3 くぐったら列の後ろへ

フープをくぐった子どもは列の最後尾に走り、前の子と手をつなぎます。

4 早く全員くぐったチームの勝ち

全員が3回フープをくぐったら、列の後ろに置いたコーンにフープマンはフープを入れます。早く入れられたチームが勝ちです。

フープマン

フープマン

ことばかけ

「手はつないだままフープをくぐるよ。友達と協力してね」

保育者の援助

慣れるまでは、くぐる回数を2回にするなど、ゴールまでスムーズにたどりつけることを大切にしましょう。コーンの置く位置をあらかじめ把握しておくようにします。

バリエーション

くぐる人数を減らす

フープをくぐる人数を3人に減らしましょう。すぐに順番が回ってくるため、引っかからずにくぐる、早く移動することがより大切になります。

早く早く～

もう順番だ！

| 見立て | 表現 | みんなで |

春だよ クマさん

ねらい
* 生き物の冬眠を知る

Part 1 クラスづくり 12月

あそび方

1 冬眠を知らせる
保育者は生き物の冬眠について話をします。

2 クマが寝る
「エサも食べたし、暖かい春まで寝ようか」と保育者が言います。子どもたちは「おやすみなさい」と言い、横になって寝たふりをします。

3 クマが起き出す
「暖かくなってきたよ、春だよ。起きようか？」と保育者が言います。子どもたちは「あー、よく寝た」などと言いながら起き出します。

ことばかけ

「寒い間に寝ていたクマさんが、春になると起きてくるよ」

保育者の援助

寝ているときに「クマさん、寝てますか？ こちょこちょしていいですか？」、起きるときには「春だけどまだ眠いね、思いきりのびをしよう」など動きを導く言葉をかけます。

あそびのヒント

冬眠の解説を

冬眠の話をする際に、ほかにもヘビやカエルも冬眠することを話します。冬眠中にはエサを食べない、排せつしないなども伝えられるとよいでしょう。

絵の具　表現　イメージ

ふくろで変身！

ねらい
* 絵の具で描くおもしろさを知る
* 「変身」というテーマを楽しむ

準備する物
絵の具、筆、紙袋

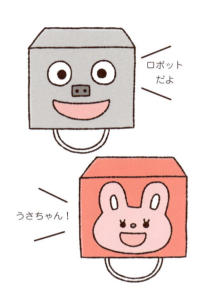

あそび方

1 紙袋に絵の具を塗る
紙袋に、絵の具で自分の好きな色を塗ります。

2 顔を描く
乾いたら、目・鼻・口などの顔を自由に描きます。動物でもOKです。

3 目に穴を開ける
保育者が目の位置に小さく穴を開けます。子どもが紙袋をかぶります。

ことばかけ
「自分の好きな色で塗っていいよ」「どんな顔がいいかな？」

保育者の援助
完成したら、子どもの目の位置に合わせて穴を開け、動き回れるようにします。かぶるのを嫌がる子には、無理強いしないようにします。

バリエーション

ごっこあそびに
子どもたちが、自分で顔を描いた紙袋をかぶり、そのキャラクターになりきってあそびます。

支持力　跳躍力　逆さ感覚

足じゃんけん

準備する物
マット

ねらい
* 逆さ感覚で体をコントロールすることを知る

あそび方

1. 2人で向かい合い、両手を体より前につけ、腰を高く上げます。
2. 両手をマットにつけたままジャンプし、両足を高くけり上げたときにじゃんけんをします。グーは一度足打ちをします。チョキは片足を曲げます。パーは両足を開きます。

あそびのポイント

グー、チョキ、パーのどれを出すときでも、腰を高く跳ね上げます。お互いの顔をしっかり見るように促しましょう。

パー　チョキ　グー
じゃんけんポン！
両ひじはしっかり伸ばします。

Part 1　クラスづくり　12月

跳躍力　空間認知力　瞬発力

大波ジャンプ

準備する物
長なわ

ねらい
* タイミングよく跳ぶことを知る

あそび方

1. 保育者2人でなわをゆっくり回します。
2. なわと向かい合って立ち、手を胸の前で軽くにぎって腰をかがめ、両ひざをそろえて構えます。
3. なわが足元に来たらジャンプします。1回だけ跳び越えることを目標にしましょう。

保育者の援助

ジャンプのタイミングがなかなかつかめない子には、保育者が「1、2、ジャンプ」とタイミングを知らせます。

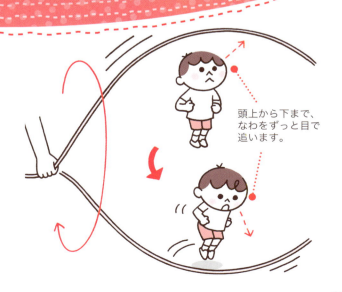

頭上から下まで、なわをずっと目で追います。

155

読み取ろう！子どもの育ち 12月

紙袋に好きな絵を描き、変身するあそびの場面での、子どもの育ちについて考えてみましょう。

ふくろで変身！（p154）より

紙袋に自由に顔を描き、目の穴を開けてかぶり、さらに装飾をプラスした。

Sくん

最初に紙袋をかぶる際、「こわい」と言ってかぶるのを嫌がった。次に帽子型にすることを提案すると、自分なりに工夫し、カラフルな紙テープを貼りつけ、ライオンのかぶり物を作った。思い通りにできて満足げだった。

関連する10の姿　豊かな感性と表現

読み取り

【この場面での育ち】

紙袋をかぶると、目がふさがれて恐怖を感じることがわかった。顔面を大きくくり抜くことで、安心してかぶれるようになった。ライオンというイメージをもつと、楽しそうに紙テープをくるくるにして貼り始めた。イメージを実現する力が育っている。

今後の手立て

紙袋ではなく、帽子型を土台にして、鼻から口にかけて別のパーツを取りつけるのなら、安心してできるかもしれない。ライオンに変身することを楽しんだので、鳴き声や動きなども考えて表現する場を用意したい。

Tちゃん

最初は色画用紙などで装飾していたが満足できないようすだった。以前の製作を思い出し、材料置き場でスズランテープを手にとると、友達とかわいいリボンを作り出した。大小のリボンを袋につけ、「リボン姫」になり、同じく姫になった友達といっしょにストーリーの中であそんだ。

関連する10の姿　協同性

読み取り

【この場面での育ち】

色画用紙で模様を貼るだけだと平面的なので、物足りなさを感じたようだ。経験したことのあるリボンをつけようと考え、友達に呼びかけることができた。器用に大小のリボンを作り、袋に当てて素敵になるよう選んでいた。共通の目的をもって、ごっこあそびができた。

今後の手立て

材料置き場で自分で見つけたり探したりできる工夫をしたい。毛糸やフェルト、ボタン、はぎれなど、紙やプラスチック素材以外のものも豊富に用意することで、さらにイメージが湧き、つくりたいという意欲が起きると考える。

1月のクラス運営

"もうすぐ1年生"の気持ちを大切に

年が明けていよいよ1年生という自覚も生まれます。友達とのトラブルは自分たちで考え、問題を解決しようとする姿を見守り、そして認めるようにしていきます。

あそびの中から文字や数に関心を

かるたやすごろくなど、お正月あそびは、文字や数にもふれられるよい機会です。「『あ』の字があるよ」「いくつ進めた?」など会話を楽しみながらあそべるようにします。

1月の子どもたち

子どもの心と姿

ひらがな、書いてみよう

お正月に、家庭であそんだかるたやトランプ、すごろくで、文字や数に対する興味がいっそう高まっています。この機会に、かるた作りやすごろく作りに挑戦。一人一人の思いをかるたやすごろくで表し、友達といっしょに楽しみます。

きれいになったかな?

クシで髪をとかし、鏡を見たら「髪の毛、サラサラになった」「おしゃれでしょ?」「大人っぽい」とうれしそう。小学生になったら、自分で身だしなみをきちんと整えて学校へ行くことを意識します。

自分で髪をとかして、きれいになりました。

見て! こま回ったよ!

けん玉、こま回し、お手玉、なわとび、凧あげ…うまくできるようになるには、失敗にもくじけず取り組まなくてはなりません。ちょっと時間はかかるけれど、その分できたときの喜びは大きいものです。自分の力を信じて、挑戦しています。

やった! 雪であそぼう!

外は雪でも、子どもは手袋をはめて、上着を着て雪の中であそびます。寒い朝でも白い息をはずませて、氷を集めます。寒さなんて平気、それより冬にしかできないあそびを見つけて、元気いっぱいに走り回ります。

ハァ〜、息が白くなるよ!

園庭に出ると、「ハァ〜」と吐く息が白くなるのをいっしょに楽しむ子どもたち。細長く出したり、リズミカルに出したり。笑い合いながら、戸外あそびに繰り出します。

ねらい

* 冬の自然事象と関わり、発見や感動を味わいながらあそぶ。
* 友達と関わりながら、目標に向かって力を存分に発揮する。
* あそびを通して文字や数、図形に興味・関心をもつ。

環境構成 & 援助

雪をあそびに取り入れる

降り積もった雪を材料に、園庭でたっぷりとあそびます。色水などの用具をそろえ、この時期だけの楽しみを援助します。

かき氷だよ！

クラスみんなで楽しめるあそびを

5歳児クラスであそべるのも、あと3か月。クラス単位で戸外あそびを存分に楽しめる設定をしましょう。グループごとに作戦会議をすることで、友達との仲間意識も高まります。

子ども同士でアドバイスを

手はもっと前！

とび箱やなわ跳びなどは、自分の力に合わせて難易度を設定できます。目標に向かって努力する姿を応援しましょう。友達の応援が支えとなるので、励まし合える雰囲気をつくります。

小学校への期待を高める

春が来たら1年生。楽しみ半分、不安半分の子どもの気持ちに寄り添います。近隣の小学生と交流する機会をもち、小学校は楽しいところだと伝えます。

大きい！

チェックリスト ✓

- ☐ 手洗い・うがいを徹底し、感染症の蔓延を防ぐ。
- ☐ かるたやこまなど、お正月あそびができるコーナーを整える。
- ☐ 小学校への期待が膨らむような、絵本をそろえる。
- ☐ 雪が降った日は特別な戸外あそびができるよう調整する。
- ☐ 目標を達成した子の努力を認め、その喜びをクラス全体に伝える。

製作 月のアイデア

[牛乳パックのこま]

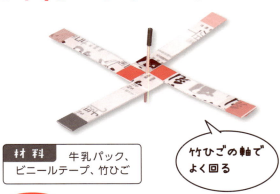

材料 牛乳パック、ビニールテープ、竹ひご

ケケひごの軸でよく回る

作り方

1 牛乳パックを組む
保育者が牛乳パックの側面を2センチ幅で4本切ります。中に通して井桁形にしてから引っ張って組みます。

2 テープを貼る
1にビニールテープを貼ります。

3 竹ひごをさす
2の中央にビニールテープを巻いた竹ひごをさします。

[ぐるぐる巻きの雪の結晶]

毛糸の組み合わせを楽しもう

材料 紙粘土(軽量タイプ)、綿棒、毛糸、ビーズ

作り方

1 粘土を丸める
紙粘土を丸め、ビーズを埋め込みます。

2 綿棒をさす
1に綿棒を六角形になるように6本さします。

3 毛糸を巻く
毛糸を綿棒に巻きつけながら巻きます。途中で毛糸を変えながら繰り返します。

お絵かき

たこ ひし形をベースにします。顔を描いてかわいらしく。

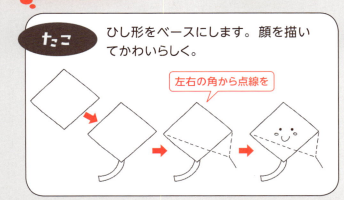

左右の角から点線を

スズメ 三日月のような形の体を大きめに描きます。

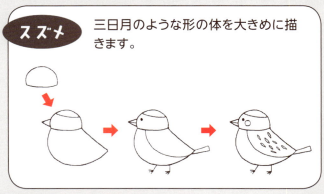

絵本

「おもちのきもち」
文・絵／かがくい ひろし
講談社

食べられるのが嫌で逃げ出した鏡もち。途中でおなかがすいてしまい…。ユーモラスなおもちの表情も見どころです。

「十二支のはじまり」
文／岩崎 京子　画／二俣 英五郎
教育画劇

「正月の朝、御殿に来るように」と神様に言われた動物たちが一番乗りを目指して…。十二支の由来がわかるお話。

「ふゆめがっしょうだん」
写真／冨成 忠夫、茂木 透　文／長 新太
福音館書店

いろいろな木の芽が拡大写真で登場します。よく見ると木の芽が生き物の顔に見えてくる、愉快な写真絵本です。

「おはなししましょう」
文／谷川 俊太郎　絵／元永 定正
福音館書店

さまざまな形の吹き出しがケンカになったり黙りこんだりします。会話の大切さや楽しさが見える一冊。

「しりとりの だいすきな おうさま」
作／中村 翔子　絵／はた こうしろう
鈴木出版

何でもしりとり順に並んでいないと気が済まない王様。いつも困らされていた家来たちは、仕返しをたくらみます。

「どんなおと？」
作・絵／tupera tupera
教育画劇

手をたたく音、リンゴをかじる音…、いろいろな音を想像するのが楽しい絵本。みんなで思い描いてみましょう。

Part 1　クラスづくり　1月

なぞなぞ

Q お正月に見る、その年いちばん初めのおひさま、なんていう？　**A** 初日の出

Q ラブラブ、大好きな2人がしている冬のスポーツ、なーに？　**A** スキー

Q フワフワ、体を包み込むよ。ゆっくりおやすみ、なーんだ？　**A** ふとん

うた

♪ **たこの歌**
文部省唱歌

♪ **雪**
文部省唱歌

♪ **ともだち讃歌**
訳詞／阪田寛夫　アメリカ民謡

♪ **あしたははれる**
作詞・作曲／坂田　修

手あそび・うたあそび

♪ **みかんの花咲く丘**
作詞／加藤省吾　作曲／海沼　實

♪ **おせんべやけたかな**
わらべうた

♪ **花いちもんめ**
わらべうた

♪ **きつねのおはなし**
作詞／まど・みちお
作曲／渡辺　茂

行事のことばかけ

お正月 1月1日〜7日

お正月の出来事を話そう

 ポイント たこあげやこま回し、羽根つきなど、お正月ならではのあそびを楽しみましょう。

明けましておめでとうございます。みんなはこのお正月のあいさつができましたか。今日、みんなが元気よく登園してきたので、とてもうれしいです。先生はお正月に初もうでに〇〇へ行ってきました。冬休みは、みんな楽しく過ごすことができましたか？ おせち料理やおもちをたくさん食べたかしら？ お正月は、みんなどんなふうに過ごしたか、順番にお話ししてくださいね。

七草 1月7日

七草がゆで体の調子を整えよう

 ポイント 身近にとれる草もあるので、散歩などで探してみるといっそう興味がもてます。

みんなはお正月に、おせち料理やおもちをたくさん食べましたか？ 明日、1月7日は七草がゆを食べて、お正月によく働いた胃を、少し休ませてあげましょうという日です。七草がゆとは、体によい草を入れたおかゆなんですよ。今日は持ってきたのでよく見てね。「セリ、ナズナ、ゴギョウ、ハコベラ、ホトケノザ、スズナ、スズシロ」という七草です。それぞれの野菜には、体の調子を整える、いろいろな働きがあります。

ちょこっと ことばかけ

散歩 ナンテン

冬でも赤い実をつけるナンテンは、よくないこと＝「難」がよいことに「転」じる植物だとして、おうちの庭に植えられることが多いんだって。

食育 おせち料理

重箱に詰めたお正月に食べる料理をおせち料理というよ。煮物や黒豆、きんとん、こぶ巻きなどが詰めてあるんだ。おめでたい意味がこめられているよ。

季節 霜柱

寒い日に、土の中の水分が凍って、表面の土を持ち上げることがあるんだ。持ち上がったところが冷えて氷になったものを、霜柱というよ。

1月のあそび

ルール　友達と　ふれあい

ヒュルルンおばけ

準備する物：目印用のテープ

ねらい
* ルールを理解してあそぶ
* さまざまな友達と関わる

Part 1　クラスづくり　1月

\ あそび方 /

1　3人1組になる

20cmぐらいのテープを床に貼ります。よい子、守る人、おばけ役に分かれ、3人1組であそびます。守る人は、テープの位置に立ちます。よい子は守る人の肩につかまり、おばけはよい子にタッチしようとします。

2　おばけから守る

守る人はよい子を後ろに隠しながら、目印のテープから離れないようにぐるぐる回ります。おばけにタッチされたら、よい子→違うグループのおばけに、おばけ→守る人に、守る人→よい子に交代します。

ことばかけ
「3人それぞれに役割があるよ。おばけからよい子を守ろう」

保育者の援助
子どもたちがそれぞれの役割に合わせて、あそぶ姿を見守ります。ルールの理解度を確認しながら、トラブルなどに対応するようにしましょう。

あそびのヒント

移動も楽しく
タッチされたよい子が違うグループのおばけになるとき、「よい子はどこかな〜」と言いながら移動するなど、盛り上がる言葉かけを提案しましょう。

| チームで | 体を動かす | ルール |

くるりんパッパ！

準備する物
紅白玉、フープ

ねらい
* 一人一人が楽しみ力を出し合う
* チームで協力し合う大切さを知る

1 宝物を隠す

1チーム7～8人程度で赤・白の2チームに分かれます。白チームは後ろ向きでスタート地点に立ちます。赤チームは体を使って宝物（紅玉4個程度）を隠します。持っていない子は隠しているふりをします。

2 宝物を探し出す

スタートの合図で白チームは振り向き、赤チームの子どもをくるりんとあお向けにするなど、宝物を探します。宝物が見つかったら、自分たちのフープの中に入れます。1分程度で攻守を交代します。最後にフープの中の宝物の数が多かったチームの勝ちです。

ことばかけ

「まずは赤チームが宝物を隠すよ。白チームは見つけられるかな」

保育者の援助

隠すチームに「すてきな隠し場所を探そう」、探すチームに「友達といっしょに引っくり返してごらん」など、自分で考え、友達と協力し合えるような言葉をかけましょう。

あそびのヒント

2人組で宝物を隠す

慣れてくると、隠す方法を子ども同士で相談するようになります。2人組で背中と背中の間にはさむ、ぎゅっと抱き合っておなかの間に隠すなど、相手への作戦を立てることも。

シール　自然　見立て

おみくじやさん

ねらい
* 友達と相談しながら作ることを楽しむ

準備する物
3色の丸シール、空き箱、落ち葉、花びら

あそび方

1 おみくじ作り

落ち葉を集めます。集めた落ち葉に丸シールを貼り、おみくじを作ります。

2 おみくじをひく

作ったおみくじを箱に入れます。友達にひいてもらい、大吉だったら「おめでとう」、花びらのシャワーでお祝いします。

ことばかけ

「おみくじ、ひいたことあるかな？　今日はみんなで作ってみよう」

保育者の援助

このあそびの導入として、近くの神社に散歩に行き、あらかじめ「おみくじ」の話をするとより楽しめます。ツバキやサザンカの葉にシールを貼ってもいいでしょう。

バリエーション

ゲームにしよう

赤いシールは握手、白いシールはジャンプ、青いシールはコチョコチョなど、ゲーム形式にしてもみんなで楽しめます。

| 木片 | 表現 | 友達と |

積み木ビルディング

ねらい
* 木片の形のおもしろさを味わう
* バランスをとる工夫をする

準備する物
土台にする板、積み木（いろいろな形の木片）

あそび方

1 ビルの高さ競争

土台の上に、いろいろな形の木片を積み上げ、誰が高いビルが作れるか競争します。

2 ビルの数競争

土台の上に、いろいろな形の木片を使って、誰がたくさんビルを建てられるか競争します。

誰のビルが1番高くなるかな？

今度はたくさんビルを建ててみよう

ことばかけ

「いろいろな形の木があるよ。これを積み木にしてあそぼう」

保育者の援助

なかなかうまく積めない子には、大きい物、重い物を下の方に置くよう伝えます。たくさんの木片を用意し、積んだり崩したりをたっぷり楽しめるようにします。

バリエーション

木工用接着剤でつけて

ある程度あそんだら、木工用接着剤で木片をつけながら、高く積み上げます。木工用接着剤は人数分用意しましょう。

空間認知力　協調性　瞬発力

手つなぎサッカー

ねらい
* 友達とボールをけることを楽しむ

準備する物
ボール

\ あそび方 /

1. 子どもが3人ずつ2チームに分かれます。
2. 手をつなぎ、向かい合います。
3. 手をつないだままボールをけり合います。

保育者の援助
難しいようであれば、保育者がそれぞれのチームに入り「〇〇ちゃんの方にいったよ」などと、言葉をかけて動いていくといいでしょう。チーム間の距離は、子どものボールをける力に合わせて決めるようにします。

懸垂力　逆さ感覚　協応性

布団を干しましょ

ねらい
* 逆さ感覚を楽しむ

準備する物
鉄棒

\ あそび方 /

1. 鉄棒をにぎり、ひざを曲げてつま先で跳び上がり、おなかを鉄棒の上に乗せます。
2. そのまま上半身を前に倒して「く」の字になります。

あそびのポイント
上半身を前に倒すときは力を抜くようにします。また、ひざを曲げると股関節が曲がりやすくなり、より鉄棒にひっかかりやすくなります。

読み取ろう！子どもの育ち　1月

友達といっしょに考えながら、木片を積み重ねる子どもたち。このあそびでの育ちについて読み取りました。

積み木ビルディング（p166）より

さまざまな形の木片を組み合わせ、いろいろなビル作りを楽しんだ。

Uちゃん

隣の席の友達が木片を重ねながら「ホテルのビル」と言っているのを聞き、「わたしはマンション」と言いながら、細長い木片を縦に重ねた。「3つ目が難しい」とつぶやき、バランスがとれるようにのせ、うまくいくとにっこりとした。

関連する10の姿：自立心

読み取り【この場面での育ち】

木片でマンションを作ろうと決め、イメージをもって組み合わせている。倒れないようにバランスを考えながら、慎重に取り組む姿に成長を感じた。3つ積み上げたいという願いをもち、考えてやりとげることで達成感を感じることができた。

今後の手立て

高く積むことがUちゃんの目的になっていたが、それはかりではなく、土台を横にして並べながら、安定させて積み上げていく方法もある。友達の工夫を見ることにより、そのやり方を取り入れ、多様なおもしろさを味わえるように、環境からアプローチしたい。

Vくん

「三角の上にはのせられない」「丸の半分を2つくっつけたら丸だね」と、おもしろい形の特徴をつかみ、さまざまな形のビルを作った。高いビルを作るには、「下が大きいほうがうまくいく」と気づき、試行錯誤しながらもくもくと取り組んだ。

関連する10の姿：数量や図形、標識や文字などへの関心・感覚

読み取り【この場面での育ち】

三角柱が屋根のように見えるので、気に入っててっぺんにのせていた。しかし、もっと高くしようとすると、三角柱はいったん外さなければと思ったようだ。木片をまわしながら、どのように置くかをじっくりと考え、組み合わせた形のおもしろさを楽しむことができた。

今後の手立て

積んだり崩したりを十分に楽しんだあとは、いちばん気に入った形のビルを、木工用接着剤でくっつけて作品としてかざりたい。木工用接着剤を使えば、さらに組み合わせのバリエーションが増えるので、表現が広がるだろう。

2月のクラス運営

作品展では共通の目的をもって作る
園生活最後の作品展。共通の目的に向かって作品作りに取り組めるように、話し合いの場を設けたり、素材や用具を整えたり、子どもたちのイメージが広がる環境を整えましょう。

卒園までの見通しを立てる
卒園までのカレンダーや予定表を貼り、子どもが見通しを立てられるようにします。好きなあそびが十分できるよう、時間と場も確保できるようにしましょう。

2月の子どもたち

子どもの心と姿

今日は、色おにをやろう！

「パネルシアターが10時から始まります」「明日はドッジボール大会をします」。あそびを次々と計画し、園全体に広め、自分たちで生活をつくることに、喜びと満足感があります。お知らせボードを見て、みんなが参加するとうれしそうです。

小さい子も誘おう

絵本や紙芝居の読み聞かせ、ドッジボールなどをみんなで楽しみます。その際、3、4歳児も誘い、お兄さんお姉さんらしくふるまいます。優しくされた年下の子どもは、うれしそうです。

小さい子といっしょにドッジボールあそび。

もうすぐ、春だね！

暦の上では立春。豆まきをして春を迎えましたが、大雪がふったり、氷がはったりして1年でもっとも寒い時期です。でも、窓越しの太陽の日ざしはやわらかく暖かくなってきます。ヒヤシンスやクロッカスのつぼみもふくらんで、保育室は春の香りです。

次は○○だから片づけよう

外あそびをするから片づける、昼食の時間だから片づける…次に何をするかを見通して、今するべきことを考え、実行します。あそびに夢中になっていると、難しい場合もあります。

運動会のダンス、楽しかったね

園生活も残り少なくなってきました。自然と思い出話に花が咲きます。「運動会のダンス、楽しかったね」「今も踊れるよ」とみんなで踊り始めることも。

ねらい

* 友達と心を通わせながらあそび、心ゆくまで園生活を楽しむ。
* 就学への期待や不安を受け止められ、あそびや生活を進める。
* その場に応じた行動をとり、見通しをもって生活をする。

環境構成 & 援助

園生活の集大成のあそびを

これまでの園生活の中で体験した一番楽しかったことがもとになって、あそびをつくります。園のアイドルであるロボットになりきれる装備は人気の的です。

じっくりあそぶ場を設定

友達とじっくりとあそぶ充実感を味わえる時期。木工コーナーなど、5歳児らしいあそびを通し、友達と心が通じ合う瞬間を見逃さず、成長をともに喜びましょう。

トン、トン、トン

異年齢児と関わる時間を

卒園に向け、異年齢であそぶ機会も増え、5歳児としての名残惜しさも感じるころ。ゆとりをもって十分に関われる時間をとり、心ゆくまで園生活を楽しめるよう配慮します。

製作あそびは個の充実から共同へ

個人からグループ、グループからクラス全体へ…そんな流動的、弾力的なあそびが求められます。製作あそびも共同作品へと向かえば、全員が満足感を得られるでしょう。

チェックリスト ✓

- ☐ 卒園製作のための企画を進める。
- ☐ 小学校への接続のための書類を作る。
- ☐ いすに座って、机でじっくりと製作する時間をもつ。
- ☐ 学校の給食について話し、どんなふうに行うのかを説明する。
- ☐ 近隣の園と交流し、新しい出会いへの期待をもてるようにする。

Part 1 クラスづくり

2月

製作 2月のアイデア

[紙皿お面]

紙皿1枚を切り分けて

材料 紙皿、色画用紙、画用紙、輪ゴム

作り方

1 紙皿を切る
紙皿を切り、土台、つの2本、鼻のパーツを作ります。

2 クレヨンで描き、絵の具で塗る
1にクレヨンで描き、その上から絵の具を塗ります。

3 紙を貼る
紙皿のパーツや色画用紙のまゆ毛、画用紙の目などを貼って、おにの顔を作ります。

4 ベルトを貼る
3の裏に、細長い画用紙の両端に輪ゴムをはさんでホッチキスでとめたベルトを貼ります。

[大きな封筒お面]

大きな封筒を土台として活用

材料 封筒(B4サイズ程度)、色画用紙、片段ボール、ビニールテープ

作り方

1 封筒を切る
保育者が封筒(底側)に切る目安の線を引きます。線に沿って切ります。

2 封筒をねじる
封筒の左右をねじってビニールテープを貼り、つのを作ります。封筒の中央に髪の毛の切り込みを入れます。

3 紙を貼る
片段ボールのまゆ毛や色画用紙の鼻などを貼り、ペンで口などを描きます。

お絵かき

なわとび 持ち手は少しくびれをつけて描くと、本格的に見えます。

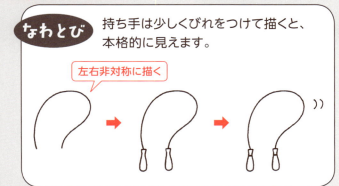

左右非対称に描く

恐竜 背中のラインは、なだらかな山の形に描きます。

絵本

「せつぶんだ まめまきだ」
作／桜井 信夫　絵／赤坂 三好
教育画劇

イワシの頭とヒイラギをかざり、年の数だけ豆を食べ、豆まきをする。そんな節分の由来がよくわかる絵本です。

「おかしなゆき ふしぎなこおり」
写真・文／片平 孝　ポプラ社

降り積もった雪や氷が作り出す、おもしろい造形を写真で紹介します。雪や氷の不思議にふれるきっかけに。

「ゆきだるまは よるがすき！」
文／キャラリン・ビーナー　絵／マーク・ビーナー　訳／せな あいこ　評論社

せっかく作った雪だるまが、翌朝、崩れているのは、夜、こっそり…。隠し絵探しも楽しい絵本です。

「っぽい」
著／ピーター・レイノルズ
訳／なかがわ ちひろ　主婦の友社

絵を描くことが好きなラモンは、お兄ちゃんに絵を笑われ…。自分らしく自由に描くことの大切さを伝える一冊。

「一ねんせいに なったら」
詞／まど・みちお　絵／かべや ふよう
ポプラ社

童謡「一ねんせいになったら」をもとにした、元気いっぱいの絵本。小学生になることが楽しみになる一冊です。

「しろねこくろねこ」
作・絵／きくち ちき
学研プラス

きれいとほめられる白ネコの隣で自信を失う黒ネコ。何色にも染まらない黒の美しさを白ネコが教えてあげて…。

なぞなぞ

Q 寒い冬なのに、手が焼けちゃうってなんのこと？
　A しもやけ

Q 冬の空からフワフワと落ちてくるものって、なーに？
　A 雪

Q おにを退治したのは桃太郎。では、おにといっしょに踊ったのは？
　A こぶとりじいさん

うた

♪ **豆まき**
作詞・作曲／日本教育音楽協会

♪ **赤鬼と青鬼のタンゴ**
作詞／加藤 直　作曲／福田和禾子

♪ **世界中のこどもたちが**
作詞／新沢としひこ　作曲／中川ひろたか

♪ **にじのむこうに**
作詞・作曲／坂田 修

手あそび・うたあそび

♪ **おにのパンツ**
作詞／不詳　作曲／L. Denza

♪ **おちゃらか**
わらべうた

♪ **ずいずいずっころばし**
わらべうた

♪ **かごめかごめ**
わらべうた

行事のことばかけ

節分 2月3日ごろ

心の中の鬼を退治しよう

ポイント 自分の心の中の嫌なものや苦手なことについて考える機会にします。

　もうすぐ節分です。今は1月1日に新しい年が始まるけれど、昔は2月4日が新しい年の始まりでした。そして、その前の日の3日に、悪い鬼を追い出して、幸せをおうちの中に呼び込もうとしました。だから豆まきのときに「鬼は外、福は内」と言うんだって。みんなの心の中に鬼はいるかな？　先生にも食いしんぼう鬼やメソメソ鬼がすんでいます。みんなには好き嫌い鬼や怒りんぼ鬼がいないかしら？　今度の節分の日には、みんなで豆まきをして、鬼を退治しましょうね。

作品展

工夫したところを伝えよう

ポイント どんな気持ちで作ったか、どこを見てほしいかを子どもと話し合いましょう。

　明日から、ホールで作品展が始まります。○○組になった4月から、絵や工作をたくさん作ってきましたね。それをホールにかざって、おうちの人たちに見てもらいます。今から、名前を呼ぶので、自分の作品を持ってホールに行きましょう。おうちの人に、工夫したところや難しかったところを話すと、喜んでくれるはずです。たくさんの人に見てもらいましょうね。

ちょこっと ことばかけ

散歩　ネコヤナギ

　白っぽい綿毛がついた木があるね、あれはネコヤナギという木だよ。ネコのしっぽのように見えることから名づけられたんだ。

食育　恵方巻（えほうまき）

「その年のよい方角」があって、その方向を向いて節分に恵方巻という太巻き寿司を黙って食べると、願い事がかなうといわれているよ。

季節　うるう日

　今日は2月29日。去年の2月は28日までだったけれど、今年は29日まであるよ。うるう日といって1日多いんだ。4年に1度だけある日だよ。

2月のあそび

体を動かす **じっくり** **バランス感覚**

元気に進め！

ねらい
* ケンケン、くぐる、跳び下りるなど体を使った動きを楽しむ

準備する物
フープ、跳び箱、スズランテープを貼ったはしご、平均台、マット

あそび方

1 サーキットを作る

フープ、スズランテープを貼ったはしご、平均台、跳び箱、マットをあらかじめ並べておきます。

2 障害物を越えて

スタートラインに子どもが並び、1人ずつスタートし、ゴールをめざします。フープはケンケンで進み、はしごはくぐります。平均台の上を歩いて、最後に跳び箱に跳び乗り、跳び下りてゴールです。

ことばかけ

「くぐったり、ジャンプしたりして、みんなゴールできるかな？」

保育者の援助

注意深く見守り、子どものようすを見ながら援助します。跳び箱は、無理強いせず、全員ができるようになったら高さを変えてあそびます。

バリエーション

積み木とネットで

大きな積み木ででこぼこ道を作ってその上を渡ったり、ネットの下をくぐったりします。

> 友達と　ルール　ふれあい

ランドセルじゃんけん

ねらい
* ルールに従って対応する力を養う
* 友達とのふれあいを楽しむ

\ あそび方 /

1 出会ってじゃんけん

2チームに分かれ、向き合います。保育者の「スタート」の合図で両チームが1人ずつ進み、出会ったところでじゃんけんをします。

2 ランドセルを運ぶ

勝った子がランドセルになり、負けた子がランドセルの子をおんぶして、勝った子のチームに運び座ります。最後にランドセルの数が多いチームが勝ちです。

ことばかけ
「じゃんけんで勝った人がランドセル。負けた人がランドセルを運んでね」

保育者の援助
チーム間の距離は、子ども同士がおんぶして移動できる長さにします。メンバーに体格差があるときは、バランスのよいチームづくりを工夫しましょう。

バリエーション

登下校をイメージして

家と学校の円を描きます。ペアになり、1人が児童、1人がランドセルになります。児童はランドセルをおんぶして、家を出ます。学校に着いたら交代します。

言葉 | 保育者と | 手あそび

おはなしあいうえお

ねらい
* あそびを通して五十音を覚える

準備する物
「あ」「い」「う」「え」「お」カード

あそび方
頭音でお話作り

保育者は、『あ』のカードを見せます。「『あ』のつく言葉でお話を作るよ」と言いながら、『あ』が頭につく言葉を、ジェスチャーを交えながら文にして話します（答えは一例です）。

子どもが、「あ」のつく言葉のおもしろさに、気がつくようにします。

あの字を言うよ	あひるが	あーん	あんぱん	あまい
いの字を言うよ	いぬが	いたたた	いもとおもって	いしころかんだ！
うの字を言うよ	うさぎが	うしろで	うまの	うんちをふんづけた！
えの字を言うよ	えんぴつで	えんとつの	えをかき	えきにわすれた
おの字を言うよ	おおかみ	おかから	おちて	おおごえでさけんだ！

Part **1** クラスづくり **2**月

ことばかけ

「『あ』『い』『う』『え』『お』でお話を作ろう」

保育者の援助

ジェスチャーは大きく、言葉をはっきりと話すと、より子どもに強く印象づけられます。十分楽しんだら、ほかの行でも同じようにあそんでみましょう。

バリエーション

みんなでいっしょに

保育者のジェスチャーを子どもたちがまねします。保育者が出した言葉以外に、ほかにどんな言葉があるか考えるのも楽しいです。

あひるが

177

| 段ボール | じっくり | みんなで |

模様がいっぱい

ねらい
* 絵の具の混色のおもしろさや、模様を描く楽しさを味わう

準備する物
段ボール動物のパーツ、絵の具、筆

あそび方

1 パーツから考える

あらかじめ作った、段ボール動物のパーツをみんなで広げます。形から想像したり、組み合わせたりして、なんの動物か考えます。

2 パーツに絵の具を塗る

なんの動物かわかったら、自分で好きなパーツを選び、絵の具で好きな色、好きな模様に塗ります。

3 組み立てて完成

乾いたら、床の上で組み立てたり、壁に貼ったりして、みんなで完成した物を見ましょう。

ことばかけ
「丸、三角、しましま、うねうね…どんな模様がおもしろいかな？」

保育者の援助
色を塗るだけではなく、模様をひと工夫するよう、声かけをしましょう。水っぽい絵の具だと段ボールの色が透けてしまうので、濃いめに溶くようにします。

作り方

段ボール動物のパーツ

広げてつなぎ合わせた段ボールに、動物の絵を描きます。パーツは人数分作り、裏に番号を書いてメモをしておきます。切り分けて箱に入れておきます。

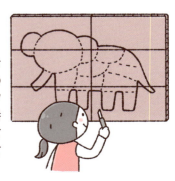

跳躍力　空間認知力　瞬発力

郵便やさん

ねらい
* なわを跳ぶ楽しさを知る

準備する物
長なわ

あそび方

1. 保育者2人でなわを左右にゆらします。
2. 『郵便やさん』の歌に合わせてなわを跳びます。
3. 「1枚、2枚」とカウントをするところはなわを回し、しゃがんでハガキを拾うまねを繰り返します。途中でなわに足がかかってしまったら交代します。

あそびのポイント
しゃがんでジャンプを繰り返すときは、リズミカルに跳べるよう保育者が声をかけるようにしましょう。

しゃがむときは、ひざを曲げ、腰を落として床にタッチします。

支持力　空間認知力　回転感覚

前転

ねらい
* 前転する楽しさを知る

準備する物
マット

あそび方

1. 足を肩幅に開いて立ち、両手をマットにつけます。
2. 足の間に頭を入れるようにして、天井を見るようにします。
3. 後頭部からゆっくり前に回り、起き上がります。

あそびのポイント
回転するとき、足の間から顔を出し、天井を見るようにすると回転しやすくなります。

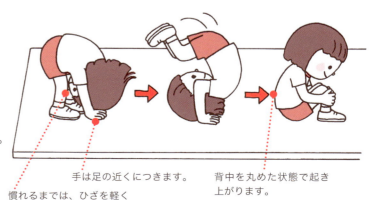

手は足の近くにつきます。
慣れるまでは、ひざを軽く曲げて回ります。
背中を丸めた状態で起き上がります。

読み取ろう！子どもの育ち　2月

同じ文字で始まる言葉を考え、文にするあそびをしました。この場面での育ちの読み取りを紹介します。

おはなしあいうえお (p177) より

「う」や「お」が頭につく言葉で文を作り、同じ音で始まる言葉に親しんだ。

Wちゃん

保育者の考えた文を笑って聞いていた。自分でも作るために、絵本のページをめくり、「う」のつく言葉を探した。「うしが　うみで　うどんを　うめた」という文を作ってみんなの前で発表し、友達からほめられるとうれしそうだった。すぐに次の「お」に挑戦していた。

関連する10の姿：言葉による伝え合い

読み取り

【この場面での育ち】

保育者の文をおもしろがり、頭が同じ音で始まる言葉を集めることに興味をもった。絵本を手がかりにしようとしたのは、よい考えである。「う」のつく言葉を探し、集め、組み立てて文にするという知的な活動を、Wちゃんは存分に楽しんだ。

今後の手立て

頭をひねって考えた文を、ジェスチャーでみんなに伝える機会をもちたいと思う。また、絵をつけて、絵本のようにしても楽しいだろう。五十音に親しみ、語彙を増やすチャンスである。友達の考えた文も聞いて、楽しさを共有できるようにしたい。

Xくん

みんなで「う」や「お」から始まる言葉を考える時間に、「うんち」「おっぱい」という言葉に反応し、ふざけていた。その後も、関係のない言葉を大きな声で言ったり、意味が通じない文をわざと言ったりする。友達から注意されると、そっぽを向き、積み木あそびを始めた。

関連する10の姿：道徳性・規範意識の芽生え

読み取り

【この場面での育ち】

まだ「うんち」などの言葉に過剰に反応する段階だとわかった。意味の通じないことを言うおもしろさもあるので、すぐに制止するのではなく見守りたい。ただ、テーマに沿った言葉あそびをしている最中なので周りの人が迷惑していることに気づく必要がある。

今後の手立て

「うんち」はわたしたちの体にとって大事なものであることを伝え、「うんち」の絵本などをともに楽しみたい。また、周りはテーマに沿った言葉を考えていることに気づかせ、自分の行動を自分で振り返れるようにしたい。

3月のクラス運営

自信をもって就学を楽しみにする
小学校を訪問して授業を見せてもらうなどして、期待が高まるようにします。子ども一人一人に、自信をもてるような言葉をかけ、安心して就学できるようにします。

最後の園生活をより充実したものに
好きなあそびを友達と楽しんだり、園生活の思い出をみんなで話し合ったりする中で、自分の成長がわかるような言葉をかけ、温かく卒園を祝います。

3月の子どもたち

子どもの心と姿

ずっとずっと友達だよね

園生活最後の月を迎え、卒園記念品を作ります。お別れ会や卒園式のリハーサルなどもあり、あわただしい毎日になりがち。そんな中で、子どもは時間をおしんで、友達とあそび、園生活を十分楽しもうとしています。

クッキーを焼いてプレゼント！

3、4歳児と名残惜しそうに仲よくあそぶようすが見られます。今日は小さい子へのプレゼントに、クッキングでクッキーを作りました。相手を思いながら作り、卒園の近づく日々を過ごします。

小さい子たちを思いながら…。

あと少し、何をしよう？

残りの園生活で何をするか、クラスでミーティング。「クッキングがいいな」「公園へ散歩!」。真剣に話し合って、実行します。

小学校ってどんなところ？

「小学校は勉強ばっかり」「給食を残すと叱られるんだって」など、身近な小学生からの情報に、期待と不安が入り混じります。一方、小学校は自分のやりたいことがたくさんできる楽しいところ、世界が広がるところ、という希望ももっています。

お当番は、こうやるよ

飼育動物のお世話の引き継ぎをしたり、お別れ会に招待されたり、年下の子との交流の場が多くなります。心と心がふれあって育ち合う、意味ある経験です。お世話の方法を教える5歳児の姿は、たのもしいかぎりです。

ねらい

* 1年生になる期待と喜びをもち、最後の園生活を味わう。
* クラスの友達とのつながりや、一体感を感じてあそぶ。
* 友達や保育者との別れを惜しみながら、卒園の準備を進める。

環境構成 & 援助

小学校生活の雰囲気を

小学校の教室のように机が並び、図鑑や本を備えた部屋で過ごし、小学校への心の準備を始めます。就学を意識し、見通しをもって生活することを意識できる言葉をかけましょう。

身の回りの整理も自分で

今までありがとう

園生活も残りわずか。身の回りの遊具、用具の整理をし、保育室の掃除も子ども中心で進めましょう。自分の成長を感じられる活動になります。

子どものアイデアで計画を

卒園式までの残された時間で「ドッジボール大会がしたい」「お別れ遠足に行きたい」など、子どもからアイデアが出されることも。子ども主体のイベントで楽しみましょう。

4歳児への引き継ぎを

飼育動物のお世話のしかたや、5歳児ならではの当番活動などの内容を、子ども同士で引き継ぎができるよう援助します。異年齢との関わりで、いよいよ1年生になる自覚を固められるでしょう。

チェックリスト ✓

- ☐ 卒園式のリハーサルをし、当日を充実した気持ちで迎えられるよう計画する。
- ☐ 1年生への不安がある子の思いを聞き、温かく受け止めて励ます。
- ☐ あわただしい日々の中で、体調を崩さないように配慮する。
- ☐ これまでの園生活を振り返り、自分の成長を実感できる機会をもつ。

製作 3月のアイデア

[マーブル粘土びな]

材料 紙粘土、厚紙、色画用紙、トイレットペーパー芯、ホイル折り紙

＜粘土に色をつけるのが楽しい！＞

作り方

1 粘土に絵の具を混ぜる
丸めた紙粘土をくぼませ、2色の絵の具を入れます。紙粘土をねじるようにして絵の具を混ぜます。

2 厚紙をつける
ペンで描いた厚紙の顔と着物の端に木工用接着剤をつけてから1に差し込みます。

3 芯にのせる
トイレットペーパー芯にホイル折り紙を巻いて貼ります。その上に2をのせます。

[はぎれ＆毛糸のおひなさま]

＜枝や紙ひもで吊るしかざりに＞

材料 段ボール、色画用紙、カラー工作用紙、布、毛糸、紙ひも、ひも、ビーズ、枝

作り方

1 布や紙を貼る
段ボールに布を木工用接着剤で貼り、色画用紙の顔やカラー工作用紙の冠などを貼ります。

2 毛糸を巻く
1に毛糸を巻きます。

3 紙ひもを通す
段ボールの穴に紙ひもを通し、先端にビーズを通して結びます。

4 枝につける
紙ひもを枝に結びつけ、色画用紙の花を貼ります。枝の左右にひもを結び、吊るせるようにします。

お絵かき

おひなさま 女びなの体は、男びなより少しだけ小さく描きます。

ランドセル 一見難しそうですが、側面から描くと描きやすいです。

絵本

「わたしのおひなさま」
作／内田 麟太郎　絵／山本 孝
岩崎書店

ももちゃんが川にひな人形を流すと、川底から手が伸びてきて…。流しびなの風習がよくわかる絵本です。

「みんなおおきくなった」
文／中川 ひろたか　絵／藤本 ともひこ
世界文化社

誰もが最初は赤ちゃんで…と成長を振り返るのに最適な絵本。卒園時期に読んで、いっしょに成長を喜びましょう。

「おおきくなったらきみはなんになる？」
文／藤本 ともひこ　絵／村上 康成　講談社

自分の好きなことやしたいと思うことを大切にしよう。そんな未来に向かう子どもたちへのエールが詰まった一冊。

「根っこのこどもたち 目をさます」
文／ヘレン・ディーン・フィッシュ　絵／ジビレ・フォン・オルファース　訳編／いしい ももこ　童話館出版

春が近づき、土の中で眠っていた根っこの子どもたちが春のしたくを始めます。四季をめぐる美しいファンタジー。

「ラチとらいおん」
文・絵／マレーク・ベロニカ　訳／徳永康元
福音館書店

臆病で弱虫な少年ラチの前に、小さな赤いライオンが現れて…。少しずつ勇気や強さを獲得していく成長の物語。

「ぼくとクッキー さよならまたね」
作・絵／かさい まり　ひさかたチャイルド

毎日あそんでいた親友のクッキーが、突然引っ越すことに。初めて経験する別れに揺れ動く心を描いた感動作。

Part 1　クラスづくり　3月

なぞなぞ

Q 昔はろうそく、今は電気。ひな祭りでつけるあかりは？
A ぼんぼり

Q ひかり、さくら、つばめ、こだま。いろんな名前があるよ。これ、なーに？
[ヒント] とっても速い電車だよ
A 新幹線

Q 苦しそうに水を欲しがっている生き物って、なーんだ？
A ミミズ

うた

♪ **うれしいひなまつり**
作詞／サトウハチロー　作曲／河村光陽

♪ **ありがとうの花**
作詞・作曲／坂田 おさむ

♪ **一年生になったら**
作詞／まど・みちお　作曲／山本直純

♪ **ドキドキドン！　一年生**
作詞／伊藤アキラ　作曲／櫻井 順

手あそび・うたあそび

♪ **アルプス一万尺**
作詞／不詳　アメリカ民謡

♪ **ちゃつぼ**
わらべうた

♪ **たけのこ いっぽん**
わらべうた

♪ **チェッチェッコリ**
作詞／不詳　ガーナ曲

行事のことばかけ

ひな祭り　3月3日

ひな人形に願いをこめて

ポイント 昔から伝わる風習であることを伝え、ともに成長を喜び合えるように話しましょう。

　もうすぐひな祭りですね。ひな人形はみんなが病気やケガをしないように、元気に健やかに育ちますようにという願いをこめてかざります。おひな様の中には、流しびなというのもあります。昔は木や紙で人形を作り、身代わりとして病気や悪いことを持っていってくれるように、その人形を海や川に流しました。今でも流しびなを行っているところがあるんですよ。

卒園式

楽しかった思い出を胸に

ポイント 園生活の思い出を振り返りながら、成長を認め、明るく門出をお祝いしたいですね。

　明日は卒園式です。3歳で入園してきたときは制服もダブダブだったのに、今ではこんなにぴったりになりました。運動会や発表会などいろいろな行事を経験しましたね。友達どうしで助け合ったり、年下の友達のお世話もよくできるようになりました。自信をもって4月から新1年生になってください。楽しかった思い出を胸に新しい一歩をふみ出してください。応援しています。また園にもあそびに来てくださいね。

ちょこっと ことばかけ

散歩　シロツメクサ

　ハート形の葉っぱが3枚ついたシロツメクサは、クローバーとも呼ばれるね。ときどき葉っぱが4枚のもあって、見つけるとラッキーなんだよ。

食育　ハマグリ

　ハマグリの貝の形は、その貝どうしでないとぴったりと合わないので、夫婦円満を表すんだって。縁起がよいので、ひな祭りで食べるよ。

季節　春分の日

　春分の日（3月21日ごろ）は、昼の時間と夜の時間が同じになる日。これからだんだん暖かくなり、昼の時間はどんどん長くなるよ。

3月のあそび

段ボール　ルール　じっくり

段ボールつみつみ

ねらい
* 物の形に興味・関心をもつ
* 友達と相談してあそびを深める

準備する物
いろいろな形や大きさの段ボール

あそび方

1 3チームに分かれる

5人ぐらいずつ3チームに分かれます。積み上げる場所のそばに、いろいろな大きさ、形の段ボールを置きます。

2 段ボールを積む

合図で1人1箱ずつ段ボールを選び、積んでいきます。順番にタッチして交代を繰り返し、時間内（1分）に1番段ボールが高く積み上がったチームの勝ちです。

ことばかけ
「段ボール、どのチームが1番高く積み上げられるかな」

保育者の援助
どこで積み上げるか、崩れたときはどうするかなどルールを確認するようにします。子ども同士で相談し合える時間がとれるよう配慮することが大切です。

あそびのヒント

高くなりすぎたときに

子どもの背丈と同じぐらいになったとき、次の段ボールを積むにはどうすればよいかを考えます。台を用意するなど、子どもたちと相談しましょう。

| みんなで | リズム感覚 | ふれあい |

まる☆ドン

ねらい
* 歌に合わせて体を動かす
* 友達とのスキンシップを楽しむ

あそび方

1 輪になって足を鳴らす

手をつないで輪になり、『もうじゅうがりにいこう』のリズムで「♪まーるくなーれ　ドンドンドン×2」とうたいながら足をドンに合わせて鳴らします。

2 輪の大きさを変えて

「♪まーえにすすんで　ドンドンドン×2」と中央に寄りながら足を鳴らし、「♪うしろにさがって　ドンドンドン×2」と後ろに下がりながら足を鳴らします。

3 回る

「♪ぐるぐるまわって　ドンドンドン×2」と時計回りに回って足を鳴らし、「♪はんたいまわりで　ドンドンドン×2」と反時計回りに回って足を鳴らします。最後に1を繰り返して止まります。

ことばかけ
「足を交互に鳴らすよ。友達と息を合わせてできるかな」

保育者の援助
子どもたちが集まったときや活動の前など、気持ちを切り替えたいときに行うとよいでしょう。慣れるまでは保育者が初めの言葉をかけ、動きを伝えます。

バリエーション

手の動きもプラス

落ち着かせたいときや静かな雰囲気にさせたいときは、声のトーンを小さくして、足も小さく鳴らします。人さし指同士を合わせてみてもよいでしょう。

[言葉] [ルール] [みんなで]

この文字なんて読む？

ねらい
* ひらがなに親しみ、なぞなぞを楽しむ

準備する物
なぞなぞカード

あそび方

1 出題する

あらかじめ用意したなぞなぞカードを保育者が見せます。解く前にみんなで文字を読みます。「このカードには何が書かれているかな？」と問題を出します。

2 答える

保育者は「横向きに書いてあるね」などとヒントを言います。子どもが答えます。

「り」が9個。イガイガのある木の実は？（くり）

「ま」が9個。体の大きい動物は？（くま）

「な」が4個。甘くておいしいよ。（なし）

「か」が4個。角があるよ。「4（よん）」は「し」とも言うね。（しか）

「ね」がすみっこに書いてあるよ、チュウ。（ねずみ）

大きく「か」と「み」が書いてあるよ、ガオー。（おおかみ）

ことばかけ

「このカードには、何か隠れているよ。どんな言葉かな？」

保育者の援助

最初はカードを見せて問いかけるだけにして、答えが出なければ少しずつヒントを出しましょう。慣れたらグループ対抗にしても楽しくあそべます。

バリエーション

いっしょに作ろう

子どもたちといっしょに問題を考えてみましょう。旬の食べ物や季節のイベント、カタカナを使った物などでも楽しめます。

 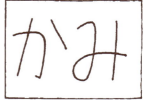

「ご」が1個でいちご

3個の「タ」でサンタ

Part 1 クラスづくり 3月

| 数 | みんなで | じっくり |

楽しかったね ○○組

ねらい
* 1年間を振り返りながら、卒園に期待をふくらませる

準備する物
A3のコピー用紙、A3のクリアファイル、色画用紙、油性ペン、段ボールで作ったサイコロ

あそび方

1 行事の絵を描く

グループに分かれてA3のコピー用紙に、行事など1年間の思い出の絵と文字を描きます。描けたらクリアファイルに入れます。すごろくの道を色画用紙で作り、みんなで並べます（○○進む・戻るなど書く）。

2 グループ対抗

グループの代表が交代でサイコロを振りながら、すごろくを楽しみます。

ことばかけ
「もうすぐ卒園だね、この1年間を思い出してみて」

保育者の援助
すごろくが楽しくなるように、進んだり、戻ったり、お休みするなどのコマを子どもといっしょに作ります。文字の部分は保育者が手助けしながら書きましょう。

あそびのヒント

役割を決めても

グループ活動なので、思い出を話し合いながら、色を塗る、文字を書くなど役割を子ども同士で決めてもいいでしょう。

空間認知力　協応性　協調性

ジグザグパス

ねらい
* ボールを取ったり、投げたりすることを楽しむ

準備する物
ボール

あそび方
5人が互い違いに並び、ジグザグにパスを回します。

保育者の援助
ボールがなかなかとれない子どもは、保育者と2人でボールを投げたりとったりして、まずはボールに慣れるようにします。

Part 1 クラスづくり 3月

懸垂力　回転感覚　協応性

前回り下り

ねらい
* 鉄棒を回ることを楽しむ

準備する物
鉄棒

あそび方
1. 鉄棒を両手でにぎり、ひざを曲げてつま先で跳び上がり、おなかを鉄棒の上に乗せます。
2. 上半身を前へ倒します。頭が下になったら、ひじを曲げて、おなかを鉄棒に引きつけるように回ります。
3. 足を静かに地面に下ろします。

あそびのポイント
体を前に倒すときは、あごを引いて、おへそを見ながら前に回ると、スムーズに回転できます。また、足を静かに下ろすと、おなかが鉄棒から離れにくくなります。

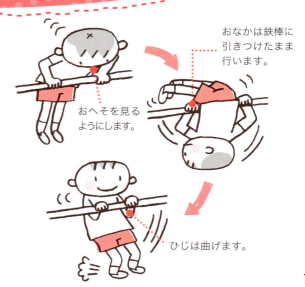

おなかは鉄棒に引きつけたまま行います。
おへそを見るようにします。
ひじは曲げます。

読み取ろう！子どもの育ち　3月

もうすぐ卒園。仲間がいるよさを感じられるふれあいあそびを楽しみました。ここでの育ちの読み取りを見てみましょう。

まる☆ドン（p188）より

歌に合わせて友達と同じふりをし、ふれあいやリズムを体いっぱいで楽しんだ。

Yちゃん

大きな声でかけ声を合わせ、友達と顔を見合わせながら手をつないだり、グルグル回ったりを楽しんだ。動きがわからない子にも優しく教え、みんなが楽しくなるような雰囲気を出し、「もっとやろう！」「もっと速く！」と保育者に言った。

関連する10の姿　豊かな感性と表現

読み取り

【この場面での育ち】

みんなでそろえて足を鳴らしたり、かけ声をかけたりするのがおもしろかったのだろう。生き生きと表現して楽しんでいる。動きがわからない子へも責めることなく、笑顔で手をつないで誘導した。思いやりの気持ちを表現できることをうれしく思う。

今後の手立て

「息を合わせる」ことの意味がわかり、「息を合わせる」ことを楽しんでいる。1年間、ともに暮らしてきた仲間とのふれあいが心地よかったのだろうと考える。友達一人一人との出会いを喜び、関わる楽しさを感じられるようになってほしい。

Zくん

なかなか動きを覚えられず、友達の動きを見ながら1テンポ遅れてやっている。友達から優しく「次、こっちだよ」と教えてもらうとうなずいた。手の動きが変わったときも自分から「こっち？」と友達に聞いて確認し、最後にはみんなと同じ動きを楽しんだ。

関連する10の姿　協同性

読み取り

【この場面での育ち】

なかなか動きを覚えられなくても、あきらめたり投げ出したりすることなく、友達に導かれながら取り組む姿に成長を感じる。友達といっしょに動くことは楽しいと、これまでの経験から体得しているのだろう。

今後の手立て

Zくんは自分の歩幅で確実に成長している。周りと比べず、自身の成長を感じられるような言葉をかけたい。困ったことがあっても、今どうすればいいのかを自分で考えて行動できるようにと願う。

Part 2

指導計画はデータ付き!

指導計画

- 年間計画
- 月案
- 事故防止チェックリスト

● 保育園
● 幼稚園
● 認定こども園

5歳児の年間指導計画

おさえたい3つのポイント

年間指導計画は、5歳児のクラス担任全員で話し合って作成します。一年間の集団としての育ちを見通しながら、計画を立てていきます。

1 共同的な遊びに向けて

一人一人が自分の役割を果たし、仲間を意識して一つの遊びをつくり上げる充実感が得られるように導きましょう。自分の思いを出しながら相談し、どうすればみんながもっと楽しくなるかを積み上げていきます。時には自分の考えを引っこめることも経験します。

2 思考することを楽しむ

「こうなったから、こうなる」という因果関係や、時間軸に沿った解釈ができるようになります。物語の先を予測したり、自分でお話をつくったりもします。すごろくやトランプなどのカードゲームも取り入れ、考える楽しさを十分に味わえるようにしましょう。

3 社会的ルールのよさに気付く

人と共に暮らしていくためには、守らなければならないルールがあります。それを「守らされる、嫌なもの」ととらえるのではなく、ルールがあるからこそ、安心して暮らせたり、ゲームが楽しくなったりするという経験から、ルールのよさに気付けるように導きましょう。

保育園

① 年間目標
- できることを増やしながら、生活習慣や態度を身に付ける。
- 身近な自然に触れる中で、知的好奇心や探究心を高める。
- 友達と共に意欲的、主体的に行動し、充実感を味わう。
- 様々な体験をして豊かな心を育み、就学への意欲を高める。

		1期（4～6月）	2期（7～9月）
②	子どもの姿	●5歳児になった喜びから、当番活動や年下の子の世話を意欲的に行う。 ●友達と一緒に遊ぶ〔　　〕を伝え合い、自分たちで遊びを進めるが、けん〔　　〕になることもある。 ●身近な動植物の世話を喜び、楽しみにしている。	●水、泥、プール遊びなどに関心をもち、積極的に取り組む。 ●友達と一緒に遊びを進めようとする気持ちが強くなるが、互いに自己主張し、ぶつかり合うこともある。 ●身近な動植物に興味や関心をもち、世話をしたり収穫を喜んだりする。
③	ねらい	●思いを保育者に認められ、安心して快適な生活をする。 健康 ●5歳児としての自覚〔　　〕生活に必要な決まりを守り、日々の活動を楽しむ。 自立 規範 ●身近な動植物に触れ、愛情を育む。 自然	●自分の健康状態を知り、休息や水分補給などを適切に行う。 健康 ●夏の遊びや生活を通して経験を広げ、友達や異年齢児と楽しく関わる。 自立 協同 ●運動や遊びの中で、力を十分に発揮する。 健康 ●様々な行事から家族の愛情に気付く。 社会
④	内容 養護	●新しい環境の下での生活の仕方が分かり、自分でしようとする。 ●安全に気を付けながら〔　　〕を十分に動かして遊ぶ。 ●異年齢児に優しく接して親しむ。	●汗の始末や衣服の調節、水分補給、休息を取るなど、夏の生活の仕方を身に付ける。 ●決まりを守り、プールや水遊びを思いきり楽しむ。
	内容 教育	●身近な動植物に親しみ、触れたり世話をしたりする。 ●保育者や友達の話をよく聞き、内容を理解する。 ●歌いながら身体表現を楽しむ。	●夏野菜の栽培を通し、生長を楽しんだり、収穫を喜び合ったりする。 ●自分の言いたいことを分かるように話し、友達の話にも関心をもつ。
⑤	環境構成	●担任が入れかわるので、職員同士で十分に話し合って引き継ぎをし、〔　　〕安心して過ごせる環境をつくる。 ●遊具、用具を点検し、安全に使うことができるようにする。	●水や砂に、十分に親しめる環境づくりを行うと共に、水の危険性についても知らせ、約束を守って安全に遊べるようにする。 ●栽培物の水やりや収穫ができるように、用具や環境を整える。
⑥	保育者の援助	●進級したことを共に喜び、一人一人と向き合いながら信頼関係を築く。 ●異年齢児と関わる〔　　〕歳児としての自覚や思いやりの心を育む。 ●春の自然を感じながら、体を動かして遊べるようにする。	●体調に応じて、休息や水分補給を適切に行う。 ●子ども同士のトラブルを見守り、気持ちの切りかえができるよう援助する。 ●集団活動の機会を多く設け、一人一人の力が発揮できるような助言や、援助をする。

① 年間目標

園の方針を基に、一年間を通して、子どもの成長と発達を見通した全体的な目標を記載します。

② 子どもの姿

1～4期に分けて、予想される子どもの発達の状況や園で表れると思われる姿を書きます。保育者が設定した環境の中での活動も予測します。

③ ねらい

「年間目標」を期ごとに具体化したもの。育みたい資質・能力を子どもの生活する姿からとらえたものです。本書は「幼児期の終わりまでに育ってほしい姿」と関連のある「ねらい」にマークを付けています。

4 内容

「ねらい」を達成するために「経験させたいこと」です。環境に関わって展開する具体的な活動を通して、総合的に指導されるものです。

5 環境構成

「ねらい」を達成するために「内容」を経験させる際に、どのような環境を設定したらよいのかを考えて記載します。

6 保育者の援助

「ねらい」を達成するために「内容」を経験させる際に、どのような援助をしたらよいのかを考えて記載します。

7 小学校との連携

幼児教育と小学校教育との円滑な接続のために、小学校教員との意見交換や情報を共有するための項目です。

7 小学校との連携
- 小学校教職員へのあいさつや情報交換など、定期的に交流を図る。
- 小学校への期待や憧れがもてるように合同で行う活動を計画する。
- 要録を送付し、一人一人の個性や育ちなど引き継ぐ機会をつくる。

	3期（10～12月）	4期（1～3月）
	●運動会に向けて、意欲的に活動する。 ●散歩に出かけては、秋の自然の美しさに感動し、自然物を利用して遊んだり、自由に好きな物をつくって表現したりする。 ●発表会に向けて話し合う中で、達成感や充実感を味わう。	●発表会で披露した経験が自信につながり、活動や遊びに積極的に取り組める。 ●ルールのある遊びを、友達と楽しむ。 ●園生活を振り返り、卒園や就学への喜びや期待に胸を膨らませる。
	●思いや考えを伝えながら活動する。[言葉] ●友達と共通の目的をもち、考えたり工夫したり協力したりしながら、様々な活動に取り組む。[協同][思考] ●身近な自然に触れ、感じたことや考えたことを表現する。[自然]	●就学への期待や不安を保育者に認められながら、自信や自覚をもって、充実した生活を送る。[健康][自立] ●友達と楽しく様々な活動に取り組む中で、思ったことや感じたことを豊かに表現する。[協同][表現] ●自分の名前を書いてみようとする。[数・字]
	●友達と協力しながら活動し、やり遂げた喜びや様々な思いを共有する。 ●遊びや生活の中で、友達と役割を分担したり、力を合わせたりする。	●就学への喜びや期待を膨らませ、意欲的に生活する。 ●自分たちでルールを決めたり、遊び方を考えたりしながら、体を動かして遊ぶ。
	●季節の変化に気付き、収穫を喜んだり、自然物を使って遊んだりする。 ●体験したことや感じたことを、言葉で表現する楽しさを知る。 ●音楽、造形などで表現することを楽しむ。	●冬の身近な自然に興味をもって遊び、動植物の様子から春の訪れを感じる。 ●いろいろな体験を通してイメージを膨らませ、感動したことを伝え合う。
	●子ども同士で相談や協力ができるよう、十分な時間を確保しながら生活を組み立てられるようにする。 ●身近な自然事象や動植物と十分に触れ合い、直接的な体験ができるよう、環境を工夫する。	●友達同士やクラス全体でたくさん遊べるように、時間を設定する。
	●努力する姿を認めあり励ましたりし、活動への意欲を高めると共に、一人一人の自信につなげる。 ●思いに寄り添い、会話することを楽しめるようにする。	

1 年間目標
- 友達と一緒に体を動かしたり、考えたりして様々な表現を楽しむ。
- 自分の考えや思いを言葉で相手に伝え、相手の話も聞こうとする。
- 季節ごとの園内外の自然に親しみ、生活に取り入れる楽しさや大切さを知る。
- 友達や保育者と関わり合いながら、協同的な経験や活動に取り組む。

7 小学校との連携
- 小学校教職員と情報交換を行い、円滑な接続ができるようにする。
- 小学校との交流会を通して、就学に期待がもてるようにする。
- 要録を送付し、一人一人の特性や配慮点など引き継ぐ機会をもつ。

	1期（4～6月）	2期（7～9月）	3期（10～12月）	4期
子どもの姿	●進級したことを喜んでいるが、新しいクラス担任や友達と過ごすことに、戸惑いも感じている。 ●5歳児になったことを喜び、積極的に新入園児の世話をしようとする。	●数人で遊ぶが、思い違いやルール認識の違いにより、トラブルが増える。 ●3、4歳児に優しく声をかけて、世話をしようとする。 ●簡単なルールのある遊びやゲームを楽しむ。	●様々な場面で、友達と話し合ったり譲り合ったりする気持ちがもてるようになる。 ●目標をもち、自分の力を発揮しながら友達と協力して、活動に取り組もうとする。	●就学を意識し、自分の ●複雑なルールのあ
ねらい	●5歳児クラスになったことを自覚し、新しいクラス担任や友達に親しむ。[自立] ●身近な植物や小動物、自然に興味や関心をもつ。[自然] ●様々な体験を通して、安全な園生活について考える。[健康][思考]	●自分の思いや考えを友達と伝え合いながら遊ぶ。[言葉] ●身近な自然に積極的に興味をもって関わり、生活に取り入れる。[自然] ●してよいことか悪いことかを考えながら生活する。[規範]	●友達と目的をもった活動に取り組む楽しさや、体を十分に動かすことを味わう。[協同] ●秋から冬にかけての自然の変化に気付き、生活に取り入れる。[自然] ●友達と共通のイメージをもち、楽しく表現する。[表現]	●自立した行動で、充 ●一人一人の力を出し 向かってやり遂げる達 ●生活の中の文字に興
内容	●5歳児クラスの生活の流れを理解し、新しい友達や保育者に親しみ、自分から進んで関わろうとする。 ●身近な草花や虫を見つけたりして、不思議さや楽しさを感じる。 ●友達や保育者と体を動かす活動に取り組む。	●苗を植えたり、種をまいたりした野菜、イネなどの生長や変化に気付く。 ●花や木の実などに、五感で関わる。 ●お泊まり保育で、家庭から離れて園に1泊することで自信をもつ。	●様々な行事や活動に参加する中で、友達と目標に向かって取り組む。 ●友達と競い合ったり協力したりする中で、体を思いきり動かす楽しさを味わう。 ●作物の世話や収穫、調理に携わることで、食べ物ができるまでの過程を知り、大切にする気持ちをもつ。	●園生活の楽しかった びや活動に、進んで ●相手の気持ちを考え ●小学校を訪問し、小
環境構成	●子ども同士で当番活動やグループを決める話し合いの場を設ける。 ●新しい友達との関わりがもてるように、様々な集団ゲームや体を動かす活動を取り入れる。 ●緊急時でも安心して行動できるような指示の出し方や、決まりを工夫する。	●一人一人の意見や考えを十分に受け止め、互いのよさを認め合えるような雰囲気をつくる。 ●自然に関する図鑑、絵本などを準備し、興味をもって積極的に調べられるようにする。 ●お泊まり保育や水遊びを実施する前に、園で作成したスライド教材を視聴して、イメージがもてるようにする。	●様々なイメージをもった表現を友達と共有し、大切にできるようにする。 ●接着剤やビニール袋などを用意し、様々な自然物を使って遊べる環境をつくる。 ●公共の交通機関や施設を利用することで、社会的なルールや公共の場でのマナーに意識を向けられるようにする。	●卒園に向けて、一人 話し合いの場をもつ ●5歳児クラスとして 場面をつくる。 ●園生活を振り返り、 を設ける。
保育者の援助	●一人一人の子どもと十分に触れ合い、温かく受け止めながら、信頼関係を築く。 ●友達との関わりが少ない子には、保育者が一緒に活動に加わって関係づくりを支援する。	●畑やたんぼに農作物の観察に行ったり、世話をしたりして、収穫までの期待が膨らむようにする。 ●自然と接する際に子どもが感じた驚きや不思議に感じる気持ちを受け止め、興味や関心が広がるようにする。 ●クズの花、ミョウガ、シソ、クリなど、五感を刺激するような自然と触れ合い、感想を伝え合う。	●子どもが互いに認め合えるような雰囲気をつくり、目標がもてるようにする。 ●一人一人が達成感、充実感、自信をもてるよう、様々な経験や活動に取り組めるようにする。	●小学校での様子を仲 間を見て行動するこ らせる。 ●小学校との連携がス 学校の教師と話し合 ●友達のよいところに気 じめのある行動をした

5歳児の月案

おさえたい3つのポイント

月ごとに特に力を入れて保育をする視点を書き表す月案。前月と同じ記述では意味がありません。当たり前のことにならないよう、その月独自の記述を目指しましょう。

1 仲間と共にいるよさを感じる

友達がいるからこそ園が楽しい、仲間がいるからこそ一人ではできない遊びができ、大きな喜びが味わえる、ということが感じられるような活動を取り入れていきましょう。一人一人のよさを生かしながら、それぞれが活躍できるように配慮します。

2 当番活動で役に立つ喜びを

みんなのための仕事をすることにより、園生活が楽しく営まれることを知ります。人の役に立つ喜びを感じ、もっと自分にできることはないか探せるようになるとよいですね。自分たちの生活を自分たちでつくり上げていく、という意識を育てましょう。

3 挑戦する遊びで粘り強さを

運動機能が発達し、複雑な動きができるようになります。鉄棒や、なわとび、とび箱などに挑戦する環境を用意しましょう。何度も取り組むうちに、だんだん上手になっていくことを実感し、やればできるという「有能感」を感じられるようにしたいものです。

---

1 前月末の子どもの姿

前月末の園生活における子どもの育ちの姿をとらえます。興味や関心、どんな気持ちで生活しているのかなどを詳しく書きます。※4月は「今月初めの子どもの姿」となります。

保育園

	★内容	🛒環境構成
養護 生命の保持・情緒の安定	●新しい環境の中で、無理なく安心して過ごす。 ●気持ちを受け止めてもらい、保育者との信頼関係を築く。 **5**	●机の配置などを工夫し、明るく楽しい環境をつくる。 ●進んであいさつをし、明るい雰囲気をつくる。 **6**
教育 健康・人間関係・環境・言葉・表現	●新しい生活の流れやルールに気付き、できることは自分で行う。 ●友達や保育者と、好きな遊びを楽しむ。 ●5歳児になったことを喜び、年下の子に親しみをもって、進んで関わろうとする。 ●身近な春の自然に興味や関心をもち、見たり触れたりして遊ぶ。 ●絵本や紙芝居を見て楽しむ。 ●友達と一緒に歌ったり、リズムに合わせて体を動かしたりして楽しむ。 ●身近な材料を使い、こいのぼりをつくって楽しむ。	●身の回りのことが自分でできるよう、ロッカーの場所などを工夫する。 ●遊具や用具を安全に使えるよう、使い方や決まりについて確認する。 ●異年齢児と遊べるよう、遊具や用具を十分に用意する。 ●当番表をつくり、子どもが確認しやすいところにはる。 ●自分の思ったことを話したり、友達の話を聞いたりする時間をもつ。 ●親しみのある曲や、リズミカルな曲を用意する。 ●いろいろな素材や道具を用意する。

🍴食育 **9**
〈ねらい〉基本的なマナーを身に付け、なごやかな雰囲気の中で楽しく食事をする。
〈環境構成〉ゆったりとした雰囲気で食事ができるように、各テーブルに季節の花を飾るなどする。
〈予想される子どもの姿〉毎日決まった席で友達と食べる。おしゃべりに夢中になり、食事が進まない子がいる。
〈保育者の援助〉食べることに意識が向くように働きかける。

職員との連携 **10**
●クラス運営の方向性や個別に必要な配慮について話し合い、一人一人が安心して過ごせるようにする。また、前年度の担任から家庭環境や発達面について引き継ぐ。

小学校との連携 **11**
●小学校教職員と、年間を通した保小連携、交流会などの計画を立てる。

2 ねらい／月のねらい

今月、子どもたちに育みたい資質・能力を、生活する姿からとらえて書きます。本書は「幼児期の終わりまでに育ってほしい姿」と関連のある「ねらい」にマークを入れています。

3 月間予定

園またはクラスで行われる行事を書き出します。

4 週のねらい（幼稚園・認定こども園）

今週、「子どもの中に育つもの・育てたいもの」です。どのように心情・意欲・態度が育つのかを踏まえて、「ねらい」を立てます。

5 内容

「ねらい」を達成するために「経験させたいこと」です。環境に関わって展開する具体的な活動を通して総合的に指導されるものです。

6 環境構成

「ねらい」を達成するために「内容」を経験させる際に、どのような環境を設定したらよいかを具体的に書きます。

7 予想される子どもの姿（保育園）

環境構成された場に子どもが入ると、どのように動き、どのように活動するのかを予想して書きます。

8 保育者の援助

「ねらい」を達成するために「内容」を経験させる際に、どのような保育者の援助が必要かを具体的に書きます。

9 食育

「食育」のための援助について、環境のつくり方から保育者の言葉かけまで、具体的に書きます。

10 職員との連携

担任やクラスに関わる職員間で、子どもや保護者の情報を共有したり助け合ったりできるよう、心構えを記します。

11 小学校との連携

今月、小学校教員とどのようなやり取りがあるかを記します。小学校の行事や現在の状況を理解することも必要です。

12 家庭との連携

保護者と園とで一緒に子どもを育てていくうえで、伝えることや尋ねること、連携を図って進めたいことについて記載します。

13 評価・反省

翌月の計画に生かすため、子どもの育ちの姿を通して、「ねらい」にどこまで到達できたか、援助は適切だったかを振り返って書き留めます。

年間指導計画

保育園

年間目標
- できることを増やしながら、生活習慣や態度を身に付ける。
- 身近な自然に触れる中で、知的好奇心や探究心を高める。
- 友達と共に意欲的、主体的に行動し、充実感を味わう。
- 様々な体験をして豊かな心を育み、就学への意欲を高める。

	1期（4～6月）	2期（7～9月）
子どもの姿	●5歳児になった喜びから、当番活動や年下の子の世話を意欲的に行う。 ●友達と一緒に遊ぶ中で思いを伝え合い、自分たちで遊びを進めるが、けんかになることもある。 ●身近な動植物の世話を喜び、楽しみにしている。	●水、泥、プール遊びなどに関心をもち、積極的に取り組む。 ●友達と一緒に遊びを進めようとする気持ちが強くなるが、互いに自己主張し、ぶつかり合うこともある。 ●身近な動植物に興味や関心をもち、世話をしたり収穫を喜んだりする。
ねらい	●思いを保育者に認められ、安心して快適な生活をする。[健康] ●5歳児としての自覚をもち、生活に必要な決まりを守り、日々の活動を楽しむ。[自立][規範] ●身近な動植物に触れ、愛情を育む。[自然]	●自分の健康状態を知り、休息や水分補給などを適切に行う。[健康] ●夏の遊びや生活を通して経験を広げ、友達や異年齢児と楽しく関わる。[自立][協同] ●運動や遊びの中で、力を十分に発揮する。[健康] ●様々な行事から家族の愛情に気付く。[社会]
内容（養護）	●新しい環境の下での生活の仕方が分かり、自分でしようとする。 ●安全に気を付けながら、体を十分に動かして遊ぶ。 ●異年齢児に優しく接して親しむ。	●汗の始末や衣服の調節、水分補給、休息を取るなど、夏の生活の仕方を身に付ける。 ●決まりを守り、プールや水遊びを思いきり楽しむ。
内容（教育）	●身近な動植物に親しみ、触れたり世話をしたりする。 ●保育者や友達の話をよく聞き、内容を理解する。 ●歌いながら身体表現を楽しむ。	●夏野菜の栽培を通し、生長を楽しんだり、収穫を喜び合ったりする。 ●自分の言いたいことを分かるように話し、友達の話にも関心をもつ。
環境構成	●担任が入れかわるので、職員同士で十分に話し合って引き継ぎをし、一人一人安心して過ごせる環境をつくる。 ●遊具、用具を点検し、安全に使うことができるようにする。	●水や砂に、十分に親しめる環境づくりを行うと共に、水の危険性についても知らせ、約束を守って安全に遊べるようにする。 ●栽培物の水やりや収穫ができるように、用具や環境を整える。
保育者の援助	●進級したことを共に喜び、一人一人と向き合いながら信頼関係を築く。 ●異年齢児と関わることで、5歳児としての自覚や思いやりの心を育む。 ●春の自然を感じながら、体を動かして遊べるようにする。	●体調に応じて、休息や水分補給を適切に行う。 ●子ども同士のトラブルを見守り、気持ちの切りかえができるよう援助する。 ●集団活動の機会を多く設け、一人一人の力が発揮できるような助言や、援助をする。

「幼児期の終わりまでに育ってほしい姿」の　[健康]：健康な心と体　[自立]：自立心　[協同]：協同性　[規範]：道徳性・規範意識の芽生え　[社会]：社会生活との関わり　[思考]：思考力の芽生え

小学校との連携

- 小学校教職員へのあいさつや情報交換など、定期的に交流を図る。
- 小学校への期待や憧れがもてるように合同で行う活動を計画する。
- 保育要録を送付し、一人一人の個性や育ちなど引き継ぐ機会をつくる。

3期（10〜12月）	4期（1〜3月）
●運動会に向けて、意欲的に活動する。 ●散歩に出かけては、秋の自然の美しさに感動し、自然物を利用して遊んだり、自由に好きな物をつくって表現したりする。 ●発表会に向けて話し合う中で、達成感や充実感を味わう。	●発表会で披露した経験が自信につながり、活動や遊びに積極的に取り組む。 ●ルールのある遊びを、友達と楽しむ。 ●園生活を振り返り、卒園や就学への喜びや期待に胸を膨らませる。
●思いや考えを伝えながら活動する。 言葉 ●友達と共通の目的をもち、考えたり工夫したり協力したりしながら、様々な活動に取り組む。 協同 思考 ●身近な自然に触れ、感じたことや考えたことを表現する。 自然	●就学への期待や不安を保育者に認められながら、自信や自覚をもって、充実した生活を送る。 健康 自立 ●友達と楽しく様々な活動に取り組む中で、思ったことや感じたことを豊かに表現する。 協同 表現 ●自分の名前を書いてみようとする。 数・字
●友達と協力しながら活動し、やり遂げた喜びや様々な思いを共有する。 ●遊びや生活の中で、友達と役割を分担したり、力を合わせたりする。	●就学への喜びや期待を膨らませ、意欲的に生活する。 ●自分たちでルールを決めたり、遊び方を考えたりしながら、体を動かして遊ぶ。
●季節の変化に気付き、収穫を喜んだり、自然物を使って遊んだりする。 ●体験したことや感じたことを、言葉で表現する楽しさを知る。 ●音楽、造形などで表現することを楽しむ。	●冬の身近な自然に興味をもって遊び、動植物の様子から春の訪れを感じる。 ●いろいろな体験を通してイメージを膨らませ、感動したことを伝え合う。
●子ども同士で相談や協力ができるよう、十分な時間を確保しながら、自分たちで生活を組み立てられるようにする。 ●身近な自然事象や動植物と十分に触れ合い、直接的な体験ができるよう、環境を工夫する。	●友達同士やクラス全体でたくさん遊べるように、時間を設定する。 ●学校周辺に散歩に行き、交通ルールが身に付くように工夫する。
●努力する姿を認めたり励ましたりし、活動への意欲を高めると共に、一人一人の自信につなげる。 ●思いに寄り添い、会話することを楽しめるようにする。 ●子どもの創意工夫を認め、表現しようとする意欲を高める。	●就学への期待を共有しながら、子どもに負担を感じさせないように丁寧に関わる。 ●冬から春にかけての自然に触れ、発見する喜びを伝える。 ●個々の表現を認めながら、友達と協力して表現する楽しさを感じられるようにする。

自然 ：自然との関わり・生命尊重　数・字 ：数量や図形、標識や文字などへの関心・感覚　言葉 ：言葉による伝え合い　表現 ：豊かな感性と表現　を表しています。

4月 月案

保育園

keikaku → P200-201

最年長としての自覚をもつ

5歳児クラスになり、喜びいっぱいの子どもたち。その喜びを受け止めながらも、新しい保育室で新しい暮らしを始めていくための環境づくりが重要です。すべてを保育者が準備するのではなく、どうしたら生活しやすいか、どんなことをしたら年下の子どもたちが喜ぶかを子どもたちと相談しながら、保育室やクラスのシステムをつくり上げていきましょう。

	★内容	🪑環境構成
養護 生命の保持・情緒の安定	●新しい環境の中で、無理なく安心して過ごす。 ●気持ちを受け止めてもらい、保育者との信頼関係を築く。	●机の配置などを工夫し、明るく楽しい環境をつくる。 ●進んであいさつをし、明るい雰囲気をつくる。
教育 健康・人間関係・環境・言葉・表現	●新しい生活の流れやルールに気付き、できることは自分で行う。 ●友達や保育者と、好きな遊びを楽しむ。 ●5歳児になったことを喜び、年下の子に親しみをもって、進んで関わろうとする。 ●身近な春の自然に興味や関心をもち、見たり触れたりして遊ぶ。 ●絵本や紙芝居を見て楽しむ。 ●友達と一緒に歌ったり、リズムに合わせて体を動かしたりして楽しむ。 ●身近な材料を使い、こいのぼりをつくって楽しむ。	●身の回りのことが自分でできるよう、ロッカーの場所などを工夫する。 ●遊具や用具を安全に使えるよう、使い方や決まりについて確認する。 ●異年齢児と遊べるよう、遊具や用具を十分に用意する。 ●当番表をつくり、子どもが確認しやすいところにはる。 ●自分の思ったことを話したり、友達の話を聞いたりする時間をつくる。 ●親しみのある曲や、リズミカルな曲を用意する。 ●いろいろな素材や道具を用意する。

🍚食育

〈ねらい〉基本的なマナーを身に付け、なごやかな雰囲気の中で楽しく食事をする。
〈環境構成〉ゆったりとした雰囲気で食事ができるように、各テーブルに季節の花を飾るなどする。
〈予想される子どもの姿〉毎日決まった席で友達と食べる。おしゃべりに夢中になり、食事が進まない子がいる。
〈保育者の援助〉食べることに意識が向くように働きかける。

職員との連携

●クラス運営の方向性や個別に必要な配慮について話し合い、一人一人が安心して過ごせるようにする。また、前年度の担任から家庭環境や発達面について引き継ぐ。

小学校との連携

●小学校教職員と、年間を通した保小連携、交流会などの計画を立てる。

「幼児期の終わりまでに育ってほしい姿」の　健康：健康な心と体　自立：自立心　協同：協同性　規範：道徳性・規範意識の芽生え　社会：社会生活との関わり　思考：思考力の芽生え

今月初めの子どもの姿

- 5歳児になったことに喜びや期待を感じて生活している。
- 環境が変わり、緊張している子や、落ち着かない子がいる。
- 仲のよい友達と誘い合って遊ぶが、意見の食い違いからぶつかり合い、けんかになることもある。

◆ねらい

- 保育者に意欲を認められ、安定した生活を送る。 健康
- 新しい環境での生活に慣れ、身の回りのことを自ら進んで行う。 自立
- 進級した喜びを味わい、友達や保育者と好きな遊びをする。 協同
- 春の自然や動植物に、興味や関心をもって関わる。 自然

月間予定

- 入園・進級を祝う会
- タケノコ掘り
- 造形遊び
- 運動遊び
- 身体測定
- 避難訓練
- 安全管理訓練

予想される子どもの姿	保育者の援助
●保育環境や担任が変わったことで緊張もあるが、友達と楽しく遊ぶ。	●新しい生活の不安や緊張を認め、安心して過ごせるようにする。 ●生活を見守りながら、必要に応じて援助し、信頼関係を築く。
●生活の流れを理解し、身の回りのことを進んで行う。 ●保育者や気の合う友達と、好きな遊びを思いきり楽しむ。 ●5歳児になった喜びから、年下の友達に親しみをもち、手伝いや世話などを行う。 ●動植物に興味をもち、当番活動に進んで取り組む。 ●絵本をくり返し読む。 ●友達と一緒に季節の歌を歌ったり、曲に合わせて踊ったりする。 ●いろいろな素材を使い、友達と一緒に楽しくつくる。	●自分でする姿を見守り、できたときはほめて、意欲がもてるようにする。 ●保育者も一緒に遊びながら、遊び方を伝える。 ●異年齢児と関わることで、5歳児としての自覚をもち、思いやりの気持ちを育めるようにする。 ●動植物の世話を保育者が一緒に行い、育て方を伝える。 ●静かな雰囲気の中で、話の内容が十分に伝わるように配慮する。 ●保育者も一緒に歌ったり踊ったりして、楽しさを共有する。 ●自分のイメージした物をつくれるよう、言葉をかけたり手伝ったりする。

家庭との連携

- 5歳児としての活動を伝え、園への理解と、様々な面での協力を得られるようにする。
- 新しい環境になり、自信をもって取り組んでいる子どもの様子を知らせ、保護者と信頼関係を築く。

評価・反省

- 進級して新しいクラスになったことを喜び、意欲的に活動に取り組んでいた。年下の子の世話や手伝いも積極的に行い、5歳児としての自覚をもち始めているようだ。
- 5歳児としての活動も増えたことで、期待と喜びが増し、園生活を楽しんでいる。これからも友達との関わりを深めながら、様々な取り組みに興味や関心をもち、たくさんの経験ができるようにしたい。

自然：自然との関わり・生命尊重　数字：数量や図形、標識や文字などへの関心・感覚　言葉：言葉による伝え合い　表現：豊かな感性と表現　を表しています。

5月 月案

保育園

CD ROM keikaku → P202-203

係の活動を意欲的に

みんなの生活をよりよくするためにしたらいいと思うことを、自分で見付けられるようにしましょう。夏野菜を植えたら、世話は気の向いたときだけする、というわけにはいきません。毎日の水やり、観察、みんなへのお知らせなど、継続して取り組むことで大きな力が育ちます。年下の子の世話など、自分の仕事として積極的に活動する姿を認め、紹介したいものです。

	★内容	環境構成
養護 生命の保持・情緒の安定	●環境の変化や休み明けによる疲れを感じず、快適に過ごす。 ●気持ちを受け止められ、安心して生活する。	●活動と休息のバランスを考え、十分に休める場と時間を設ける。 ●安心して意見や思いを表せる雰囲気をつくる。
教育 健康・人間関係・環境・言葉・表現	●戸外遊び、運動遊びを通して、体を動かす楽しさや心地よさを味わう。 ●当番活動で年下の子の世話をし、親しみや思いやりの気持ちをもつ。 ●夏野菜やイネの生長に期待をもち、観察や世話をする。 ●和太鼓や鍵盤ハーモニカを使い、リズム遊びを楽しむ。 ●相手の話を聞き、自分の思いを言葉にして伝える。 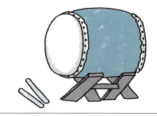	●遊具を点検し、楽しく遊びを展開できるように準備する。 ●当番活動に期待がもてるように札を用意し、場所や配置を考える。 ●苗を植えるのに必要な道具を用意する。 ●リズムの取りやすい曲を選び、和太鼓やバチを用意する。 ●みんなで集まっていろいろな話をする機会を設け、話をする楽しさが味わえるようにする。

食育

〈ねらい〉夏野菜やイネを育て、収穫を期待し、世話をする。
〈環境構成〉プランターやバケツなど、植えるための容器と、野菜やイネの苗を準備する。
食事の準備や片付けが自分でできるよう、食器をそろえる。
〈予想される子どもの姿〉苗を植えることを楽しみ、友達と一緒に作業をする。
〈保育者の援助〉苗の植え方を丁寧に伝える。

職員との連携

●園外保育では、事前に行く場所や途中の安全確認のため下見に出向き、当日の流れや保育者の位置、役割を確認し合う。
●夏野菜を育てる場所を伝え、共有する。

小学校との連携

●小学校周辺を散歩しながら、就学に向けての話をして小学校生活への期待を膨らませる。

前月末の子どもの姿

- 5歳児としての生活に慣れ、当番活動に張り切って取り組む。
- 経験したことを、保育者や友達に喜んで話している。
- 戸外遊びや散歩で春の自然に触れながら遊ぶ。
- 友達との関わりを広げながら、体を動かして遊ぶ。

◆ねらい

- 健康な生活の仕方を知り、身の回りのことを自分から進んで行う。 健康 自立
- 保育者に思いや欲求を伝え、楽しい雰囲気で、情緒の安定した生活を送る。 健康 言葉
- 夏野菜やイネの生長に興味や関心を抱き、親しみをもって世話をする。 自然
- いろいろな楽器に触れ、表現を楽しむ。 表現

月間予定

- 保育参加週間
- トマト狩り遠足
- サツマイモの苗植え
- 安全管理訓練
- ジャガイモ掘り
- 身体測定
- 避難訓練
- 田植え

予想される子どもの姿	保育者の援助
●連休で不規則になった生活リズムを取り戻し、落ち着いた雰囲気の中で元気に過ごす。 ●友達や保育者に楽しかった出来事を話したり、自分の意見や思いを伝えようとしたりする。	●疲れが出やすい時期なので、一人一人の体調を把握して対応する。 ●子どもの気持ちを受け止め、安心して過ごせるようにする。
●友達や保育者と、好きな遊びを十分に楽しむ。 ●5歳児になったことを喜び、年下の友達に優しく関わる。 ●夏野菜やイネの生長を喜び、観察したり水やりをしたりする。 ●和太鼓のたたき方や鍵盤ハーモニカの弾き方を知り、楽しく取り組む。 ●自分の思ったことや感じたことを話す。	●保育者も積極的に一緒に遊び、集団で遊ぶ楽しさを伝える。 ●取り組み方を丁寧に伝え、努力している姿や、年下の友達に教える姿を認める。 ●水やりの仕方を伝え、生長や変化に気が付くよう言葉をかけ、共に観察する。 ●和太鼓の使い方や、リズムに合わせてたたくことの楽しさを伝える。 ●ふだんから子どもの思いや経験したことについての話を聞き、保育者も自分の話をする。

家庭との連携

- 保育参加週間を通して、保護者に子どもの様子を見てもらい、安心感がもてるようにする。
- 活動量が多くなるため、着替えを多めに用意してもらう。

評価・反省

- 気温の高い日が多かったので、半袖に着替えるなどして快適に過ごすように伝えた。
- 楽しみにしていた和太鼓や鍵盤ハーモニカの活動に、意欲的に取り組んでいる。
- 夏野菜やイネの観察をしては、「花が咲いているよ」「赤ちゃんピーマンができているよ」と嬉しそうに報告していた。

自然:自然との関わり・生命尊重　数字:数量や図形、標識や文字などへの関心・感覚　言葉:言葉による伝え合い　表現:豊かな感性と表現　を表しています。

6月 月案 保育園

keikaku P204-205

雨の日を積極的に楽しんで

雨天時には、雨天時にしかできない遊びや楽しみ方があります。レインコートを着て、長靴をはいて傘をさし、「雨の日探険隊」になったり、素材の違うバケツや入れ物を置いて、雨音の違いを聞いたり……。カエルやカタツムリとも仲よくなるチャンスです。そのような活動を、積極的に取り入れ、雨天時を楽しく過ごす機会にしましょう。

	★ 内容	環境構成
養護（生命の保持・情緒の安定）	●気候や体調に応じて適切に調節された環境で、健康に過ごす。 ●気持ちや考えを認めてもらい、安心して生活する。	●温度、湿度を調節し、換気などを行って快適な環境をつくる。 ●じっくりと話を聞いたり、話したりできる時間をつくる。
教育（健康・人間関係・環境・言葉・表現）	●友達と一緒に、水、泥、砂に触れ、感触を楽しむ。 ●歯の大切さを知り、歯磨きの習慣を身に付ける。 ●自分の思いを伝えたり、友達の思いを受け入れたりしながら、会話を楽しむ。 ●夏野菜やイネの世話をする中で、生長や変化に気付き、収穫を楽しみにする。 ●身近な小動物の成長に興味や関心をもち、世話や観察を行う。 ●施設訪問で高齢者と触れ合い遊びをし、交流する。 ●梅雨期の自然に興味をもち、見たり調べたりする。 ●和太鼓の活動を通して、夏祭りへの期待感をもつ。	●遊びが広がるよう、用具を取り出しやすい場所に準備する。 ●歯に関する絵本やポスターを見やすい場所に掲示する。 ●子ども同士が話し合える場を大切にする。 ●図鑑を用意し、興味や疑問をもったことを調べられるようにする。 ●えさ、図鑑、手洗い用のせっけんや消毒液を、子どもが扱いやすいところに設置する。 ●触れ合い遊びで使う道具や、プレゼントを用意する。 ●興味や関心に応じて、必要な物を準備する。 ●和太鼓に取り組める場を用意する。

食育

〈ねらい〉野菜やイネの栽培日記を書く体験から、育てる喜びや楽しさ、期待感などを味わう。
〈環境構成〉使いやすい栽培日記帳を用意する。
〈予想される子どもの姿〉栽培日記帳に絵をかいたり、書ける子は文字を書いたりする。
〈保育者の援助〉子どもから野菜などの生長の様子を聞いて、栽培日記帳に記入する。

職員との連携

●お泊まり保育に向けて、子どもの様子を伝え合い、個々の気持ちを十分に受け止めながら、期待感をもって参加できるようにする。

小学校との連携

●園長や保育者が小学校の学校公開日に見学に行き、小学生の様子を保護者に伝えたり、今後の保育に生かしたりする。

「幼児期の終わりまでに育ってほしい姿」の 健康：健康な心と体　自立：自立心　協同：協同性　規範：道徳性・規範意識の芽生え　社会：社会生活との関わり　思考：思考力の芽生え

前月末の子どもの姿
- 夏野菜やイネの生長を喜び、観察や水やりをしている。
- 友達と過ごすことを喜び、話し合いながら遊んでいる。
- いろいろな遊びへの関心が広がり、友達との関わりが活発になる反面、思いがぶつかることもある。

◆ねらい
- 梅雨期の健康、安全、清潔に留意し、快適に過ごす。 健康
- 梅雨期の自然や動植物に興味や関心をもち、親しみをもって関わる。 自然
- 友達とつながりを深めながら、互いに言葉を用いて関わり合うようになる。 言葉 協同
- 高齢者と触れ合い、楽しさを味わう。 社会

月間予定
- 個人面談
- 歯科検診
- 避難訓練
- 安全管理訓練
- 造形遊び
- 身体測定
- 運動遊び
- 高齢者施設訪問

予想される子どもの姿
- 自分で休息を取りながら元気に過ごす。
- なかなか自分を出せない子も、友達との関わりの中で気持ちを表現する。

- 友達と一緒に遊びを発展させながら、ごっこ遊びを楽しむ。
- 進んで歯磨きをする。
- 自分たちで育てた夏野菜やイネに関心をもち、変化に驚き、生長を喜ぶ。
- チャボやカタツムリなどの世話を進んでする。
- 高齢者との関わりで緊張する子がいる。
- 自然事象に興味をもち、友達と一緒に調べる。
- 壁や自分のひざをたたいて、リズムを取る。

保育者の援助
- 家庭と連携しながら一人一人の健康状態を把握し、適切に対応する。
- 気持ちを伝えやすいよう、言葉をかけたり雰囲気づくりを行う。

- 工夫や考えに共感し、友達とつながりを深める様子を見守る。
- 歯磨きの大切さを伝え、進んで歯を磨く姿を認めて自信につなげる。
- 子ども同士で問題を解決できるよう見守り、必要に応じて仲立ちする。
- 気付きに共感し、収穫への期待を膨らませる。
- 命の大切さに気付き、愛情をもって育てられるよう援助すると共に、衛生面に配慮する。
- 高齢者と関わる楽しさを伝える。
- 絵本や図鑑を用意し、一緒に読んだり調べたりすることで興味を広げる。
- 様々な活動に自信をもって取り組めるように進める。

家庭との連携
- 梅雨に入り、感染症などが流行し、体調を崩しやすくなるため、健康状態などについて連絡を取り合う。
- 個人面談を通して、家庭や園での様子を共有する。
- 歯科検診の結果を伝え、歯磨きの大切さや口腔衛生について知らせる。

評価・反省
- 一緒に遊びや活動を重ねるごとに、子ども同士のつながりも深まっているようだ。
- 初めての高齢者施設訪問では、少し緊張ぎみな子もいたが、自信につながった。
- 植物の世話や和太鼓の取り組みが自信につながるように、気付きを大切にしたい。

自然：自然との関わり・生命尊重　数・字：数量や図形、標識や文字などへの関心・感覚　言葉：言葉による伝え合い　表現：豊かな感性と表現　を表しています。

7月 月案

保育園

keikaku → P206-207

水遊びをダイナミックに

　水の冷たさが気持ちのよい季節です。これまでプールが苦手だった子も、シャワーや水かけ遊びをふんだんに取り入れ、水に潜る喜びと達成感が味わえるようにします。
　ウォータースライダーをつくったり、フープくぐりに挑戦したりするのも楽しいでしょう。できたことよりも、やろうとする姿勢を大いに認め、夏を存分に満喫しましょう。

	★ 内 容	環境構成
養護 生命の保持・情緒の安定	●活動内容や体調に合わせて水分補給や休息を取り、快適に過ごす。 ●お泊まり保育で自分のことを進んで行い、自信をもって生活する。	●水道やコップの衛生に配慮し、いつでも飲めるようにする。 ●荷物を取り出したり、しまったりしやすいよう、スペースを確保する。
教育 健康・人間関係・環境・言葉・表現	●約束をしっかり守りながら、安全にプール遊びを楽しむ。 ●友達と一緒に考えたり、試したりしながら夏の遊びを楽しむ。 ●夏野菜やイネの生長に興味や関心をもって世話をし、収穫を喜ぶ。 ●考えたこと、経験したことを相手に分かりやすい言葉で話し、会話を楽しむ。 ●経験したこと、楽しかったことを絵にかき、表現することを楽しむ。 	●プール遊びのときの安全、衛生面に配慮する。 ●遊びに使う道具や用具を十分に用意する。 ●水やりをこまめに行い、生長に合わせて肥料をまけるようにする。 ●思いが伝わるように十分な時間を設けたり、話しやすい雰囲気をつくったりする。 ●製作に必要な画用紙や道具を用意する。

食育

〈ねらい〉夏野菜を収穫して給食室で調理してもらい、とれたての野菜の味を楽しむ。
〈環境構成〉栄養士と連携して、収穫した野菜をメニューに取り入れる計画を立てる。
〈予想される子どもの姿〉赤くなったトマトを見付けては、収穫しようとする。
〈保育者の援助〉食べごろになっている野菜を知らせる。

職員との連携

●プール遊びやシャワーなどの準備の仕方、流れについて職員間で話し合い、安全や衛生面について確認する。

小学校との連携

●小学校にて、夏休み明けの一年生との交流会について依頼し、打ち合わせを行う。

「幼児期の終わりまでに育ってほしい姿」の 健康：健康な心と体　自立：自立心　協同：協同性　規範：道徳性・規範意識の芽生え　社会：社会生活との関わり　思考：思考力の芽生え

前月末の子どもの姿
- お泊まり保育を楽しみにする子もいるが、保護者と離れて過ごすことに不安を抱く子もいる。
- 夏野菜やイネ、チャボの世話などで動植物の育ちに気付いている。
- ドッジボールやリレーなど、体をよく動かして遊んでいる。

◆ねらい
- 梅雨から夏にかけて、健康、安全、清潔に留意し、快適に過ごす。 健康
- 友達と水や泥、砂に触れながら遊びを楽しむ。 協同 自然
- 水遊びのルールを守る。 規範
- 様々な素材を使って表現を楽しむ。 表現

月間予定
- お泊まり保育
- 七夕会
- そうめん流し
- 運動遊び
- 造形遊び
- 身体測定
- 避難訓練
- 安全管理訓練

予想される子どもの姿	保育者の援助
●水分補給をしながら、戸外や室内で遊ぶ。 ●汗をかいたら着替える。 ●身の回りのことを自分でする。	●一人一人の体調を把握し、水分補給や休息を取りながら遊びが楽しめるようにする。 ●身の回りのことをしっかりできるよう言葉をかけたり、ほめたりする中で自信につなげる。
●プール遊びの約束を守ろうと気を付ける。 ●友達と一緒に水や泥の感触を楽しみながら、ダイナミックに水遊びや泥遊びをする。 ●自分たちで野菜を収穫し、給食に出た際は苦手な物でも少しずつ食べようとする。 ●楽しかったことを保育者や友達に自分の言葉で話す。また、友達の話にも耳を傾ける。 ●経験したことを思い出しながら、いろいろな素材や用具を使ってかく。	●プールに入る際の約束を確認し、安全に楽しく遊べるようにする。 ●一緒に約束を決めたり、考えたりしながら遊びを広げられるようにする。 ●栽培物の生長を共に喜び、世話をすることの大切さ、食べ物の大切さを伝える。 ●子ども同士が話をする姿を見守り、場面に応じた言葉を補うことで、互いの思いや考えが伝わるようにする。 ●想像が膨らむような言葉をかけたり、一緒に考えたりする。

家庭との連携
- お泊まり保育の内容を伝え、必要な持ち物を子どもと一緒に準備するように伝える。
- 健康状態を把握しながら、プール遊びへの参加の有無を確認し合う。

評価・反省
- お泊まり保育では、自分たちで荷物を運んだり、勇気を出して友達と夜の探険をしたり、何より保護者と離れて過ごせたことが大きな自信につながったようだ。
- 天気のよい日はプール遊びを行い、泳いだり、水鉄砲などの玩具で遊んだりと、夏ならではの遊びを楽しめた。次月は夏祭りもあるので、自信をもって発表できるようにしたい。

自然:自然との関わり・生命尊重　数字:数量や図形、標識や文字などへの関心・感覚　言葉:言葉による伝え合い　表現:豊かな感性と表現　を表しています。

8月 月案 保育園

keikaku → P208-209

活動と休息のバランスを

子どもたちは背が低いため、地面からの反射熱を受けやすく、大人が感じるよりも暑い中で活動します。夏祭りの準備や和太鼓の練習など、夏ならではの取り組みが盛りだくさんですが、休息や水分補給に配慮しましょう。

また、午前中や夕方といった比較的涼しい時間帯を上手に活用して、戸外で行う活動を計画的に取り入れることが大切です。

	★内 容	環境構成
養護 生命の保持・情緒の安定	●暑さで体調を崩すことなく、無理のない生活を送る。 ●自分の気持ちを安心して表現する。	●エアコンで気温を調整し、窓の開閉を行って快適な環境をつくる。 ●思いや気付きに共感し、安心して気持ちを伝えられるようにする。
教育 健康・人間関係・環境・言葉・表現	●水分補給や手洗い、うがいの大切さを知り、自分から進んで行う。 ●夏野菜の収穫を喜び、旬の味を楽しむ。 ●ダイナミックに体を動かし、水遊びやプール遊びを楽しむ。 ●夏祭りで和太鼓をたたくという目的を友達と共有し、活動に取り組む中で、楽しさや達成感を味わう。 ●身近な動植物の世話や観察を通じて、命の大切さに気付く。 ●夏祭りに参加する。 ●友達とお互いの考えを伝え合う大切さを知る。 ●かいたりつくったりしながら、お店屋さんごっこを楽しむ。	●夏の過ごし方について一緒に考え、話し合う時間をつくる。 ●体と食べ物の関係について、話を聞く場や、絵本、図鑑を用意する。 ●遊びが十分に楽しめるよう、用具を準備する。 ●和太鼓をたたく時間や場を設定する。また、子ども同士が話し合える場をつくる。 ●見付けた虫を入れるための虫かご、空き容器、図鑑などを用意する。 ●夏祭り用のはっぴやおみこし、ちょうちんなどを準備する。 ●子どもの思いを伝え合う時間や場をつくる。 ●ごっこ遊びのイメージがもてるよう、素材や道具を用意する。

食育

〈ねらい〉育てた野菜を収穫して食べ、栄養について興味や関心をもつ。
〈環境構成〉収穫した野菜を少しの間だけ飾っておく。
収穫した野菜に含まれている栄養を絵で示す。
〈予想される子どもの姿〉「苦手だけど食べられた」と言って食べる子がいる。
〈保育者の援助〉子どもの発見や喜びに共感しながら一緒に味わう。

職員との連携

●お盆のころには、特に異年齢児と過ごすことが増えるので、個々の特性や状況を職員間で話し合い、安心して過ごせるように配慮する。

小学校との連携

●小学校教職員による訪問研修（保育参加）で、5歳児の生活や活動の様子を確認してもらう。

「幼児期の終わりまでに育ってほしい姿」の 健康：健康な心と体　自立：自立心　協同：協同性　規範：道徳性・規範意識の芽生え　社会：社会生活との関わり　思考：思考力の芽生え

前月末の子どもの姿
- 遊んだ後は水分補給をしたり静かな遊びをしたりして、自ら休息を取っている。
- プール遊びでは、友達が潜ったり泳いだりする姿に刺激を受け、挑戦しようとする子もいる。

◆ねらい
- 活動と休息のバランスを取りながら、元気に過ごす。 健康
- 夏祭りに向け、友達と共に活動を進める楽しさや達成感を味わう。 協同
- プールなど夏の水遊びを、工夫したり試したりしながら楽しむ。 思考 自然

月間予定
- 夏祭り
- 交通安全教室
- 地区祭り
- お店屋さんごっこ
- 身体測定
- 避難訓練
- 安全管理訓練

予想される子どもの姿	保育者の援助
●暑いときは、自分たちで風通しのよい場所や日陰を探して過ごす。 ●自分の思いや気持ちを伝えようとする。	●一人一人の体調を考え、食事の量や、午睡の時間を調整する。 ●子どもの思いを受け止め、安心して自己表現ができるようにする。
●衣服の調節や水分補給、手洗い、うがいなどを自分でする。 ●育てた野菜の収穫を喜び、大きさや形を比べたり数えたりする。 ●プールで顔を水につけたり、潜ったり泳いだりする。 ●夏祭りに向けて、力を合わせておみこしを担ぐ。 ●和太鼓のたたき方を友達と教え合う。 ●ちょうちんを持つ際、少し緊張する子もいる。 ●自分なりの力を発揮し、夏祭りに参加する。 ●楽しかったことや体験したことを話したり、友達の話を興味深く聞いたりする。 ●遊びに必要な物を、グループの友達と相談しながらつくる。	●健康的な過ごし方について話し合い、進んで取り組めるように促す。 ●収穫した新鮮な野菜を味わい、食べ物のおいしさや大切さを知らせる。 ●プール遊びでは、目標をもって取り組めるように配慮する。 ●努力する姿を認め、できるようになったことを喜び合い、自信につなげる。 ●収穫を共に喜び、気付きや発見を受け止めていく中で、興味や関心がより深まるように援助する。 ●夏祭りに向けて、期待が高まるような言葉をかける。 ●子どもの思いが伝わりやすいように橋渡しをする。 ●イメージした遊びが実現できるように援助する。

家庭との連携
- 夏祭りや地域の祭りに参加し、子どもの努力や成長を共に認め合う。
- 暑さのため体調を崩しやすいので、食事や睡眠などの健康状態を連絡し合う。

評価・反省
- プール遊びでは、水中で宝探しや、ばた足で泳ぐなど、ダイナミックに楽しめた。
- 夏祭りで一生懸命取り組んできた和太鼓を披露し自信につながった。目標に向かう楽しさ、喜びを忘れないでほしい。
- 次月は、運動会に向けての活動が中心となるため、体調管理に留意していきたい。

自然：自然との関わり・生命尊重　数字：数量や図形、標識や文字などへの関心・感覚　言葉：言葉による伝え合い　表現：豊かな感性と表現　を表しています。

9月 月案 保育園

keikaku → P210-211

運動的な遊びに楽しく取り組む

　リレーや、とび箱など、5歳児になったら、「かっこよく見せたい」という気持ちをもっていることでしょう。初めはうまくいかなくても、毎日取り組んでいるうちに、上達したことが実感できるはずです。「自分もやればできるんだ」という有能感を、ぜひ育てたいものです。友達の一生懸命な姿を応援したり、自分も応援してもらったり。みんなで運動することの楽しさを存分に味わいましょう。

	★ 内容	環境構成
養護 生命の保持・情緒の安定	●健康状態に応じて、活動後の水分補給や休息を取り、健康に過ごす。 ●思いを受け止められ、励まされながら、安心して活動する。	●温度調節をすると共に、休息や水分補給ができる場所を用意する。 ●意欲的に活動ができるよう、楽しい雰囲気づくりをする。
教育 健康・人間関係・環境・言葉・表現	●危険が分かり、安全に気を付け、約束を守って遊ぶ。 ●友達との関わりの中で、自分の意見を主張したり、相手の意見を受け入れたりしながら遊びを発展させる。 ●朝夕の涼しさ、秋の空や風の様子を味わうことで、季節の変化に気付く。 ●音楽に合わせて踊ったり、体操したりすることを楽しむ。 ●地域住民や高齢者と交流をもち、親しみや、いたわりの心を深める。	●固定遊具や運動会の用具に危険がないかを点検する。 ●話し合いをしたり、思いを伝えやすい雰囲気をつくる。 ●秋の虫や木の実を探したり、散歩に出かけたりする。 ●楽しく体を動かせるよう、親しみを感じるような曲を用意する。 ●高齢者への感謝の気持ちを込めて、身近な物でプレゼントづくりをする。

食育

〈ねらい〉健康と食べ物の関係について関心をもつ。
〈環境構成〉空腹を感じられるように、体を動かして十分に遊ぶ。
〈予想される子どもの姿〉「もっと食べたい」「おかわり」という旺盛な食欲を示す。
〈保育者の援助〉食事に時間がかかる子、好き嫌いがある子、食が細い子など、一人一人の食事の様子を見て、対応を考える。

職員との連携

●高齢者施設訪問の流れや内容について、準備や確認をしておく。

小学校との連携

●小学校教職員に運動会への招待状を送付し、子どもたちの姿を見てもらう機会をつくる。

「幼児期の終わりまでに育ってほしい姿」の 健康：健康な心と体 自立：自立心 協同：協同性 規範：道徳性・規範意識の芽生え 社会：社会生活との関わり 思考：思考力の芽生え

前月末の子どもの姿
- 暑さで体調を崩す子や、生活リズムが乱れる子がいる。
- 夏遊びを経験することで自信が芽生え、友達と競いながら体を動かすことを楽しんでいる。

◆ねらい
- 夏の疲れや気温の変化に注意し、快適に過ごす。 [健康]
- 意見を主張したり、受け入れたりしながら、友達と遊びを楽しむ。 [言葉]
- 友達と共通の目的をもち、協力して活動に取り組み、達成感を味わう。 [協同]
- 高齢者に親しみ、気持ちを伝える。 [社会]

月間予定
- 高齢者施設訪問
- お店屋さんごっこ
- 造形遊び
- 身体測定
- 運動会ごっこ
- 避難訓練
- 安全管理訓練

予想される子どもの姿	保育者の援助
●活動後、自分から汗をふいたり着替えたりする。 ●活動の中で、悔しい思いをしたり自信がもてなかったりすることもあるが、保育者に気持ちを受け止めてもらい、また挑戦してみようとする。	●休息を取ることや、水分補給の大切さを伝える。 ●一人一人が努力して取り組む姿を認め、自信がもてるように関わる。
●危険なことを理解し、約束を守りながら友達と遊ぶ。 ●友達と共通の目的に向かって、協力して取り組む。 ●風や雲、月、日没などの変化や不思議さを友達と話し合う。 ●友達と一緒に曲に合わせてリズミカルに踊る。 ●高齢者との交流で、歌ったり触れ合い遊びをしたりする。	●固定遊具などの危険な部分を伝えたうえで見守り、必要に応じて援助をする。 ●子ども同士が話し合いで問題を解決できるよう、見守ったり、必要に応じて仲立ちしたりする。 ●日が短くなったことや、自然の変化に気が付けるような言葉をかける。 ●イメージしやすい言葉で動き方を伝えながら、踊りを楽しめるようにする。 ●高齢者施設訪問では、触れ合い遊びの中で、優しく接することができるように言葉をかける。

家庭との連携
- 運動会への参加を呼びかけ、運動会の競技内容などを、登降園時やクラスだよりなどで伝える。
- 朝夕の気温差があるので、調節しやすい衣服を用意してもらう。

評価・反省
- 運動会への取り組みが始まり、毎日、踊りを踊ったり、リレーをしたりと意欲的に活動に参加している。遊戯では、上手な子にみんなの前で踊ってもらったのが子どものやる気につながったようだ。
- 施設訪問では、高齢者との触れ合い遊び、和太鼓や盆踊りの披露を楽しんでいた。
- 次月からは午睡がなくなる。遊戯会への取り組みも無理なく進めたい。

[自然]：自然との関わり・生命尊重　[数字]：数量や図形、標識や文字などへの関心・感覚　[言葉]：言葉による伝え合い　[表現]：豊かな感性と表現　を表しています。

10月月案

保育園

CD ROM keikaku → P212-213

秋の自然を満喫する

風がさわやかな季節です。実りの秋を迎え、春に植えたサツマイモもおいしくなって、子どもたちが掘ってくれるのを待っています。美しく色づいた落ち葉も、ドングリやマツボックリなどの木の実も、子どもたちのすてきな遊び道具。秋を満喫する活動を、上手に計画の中に入れていきましょう。遊びをどのように工夫できるのかが分かるように、ヒントをさり気なく提供するとよいでしょう。

	★ 内容	環境構成
養護 生命の保持・情緒の安定	●休息や水分補給、衣服の調節を行い、健康に過ごす。 ●保育者との信頼関係の中で、安心して自分の気持ちを表現する。	●休息を取る際は、ゆったりとした時間と空間を設ける。 ●安心して思いを表現できるような雰囲気をつくる。
教育 健康・人間関係・環境・言葉・表現	●活動や気温に合わせ、衣服の調節をする。 ●友達と思いきり体を動かすことを喜び、ルールを守って遊ぶ。 ●運動会への取り組みで、友達と協力することの大切さや、目的を達成する喜びを味わう。 ●サツマイモの収穫を喜び、身近な秋の自然に触れる遊びを楽しむ。 ●親子遠足で秋の身近な自然に気付き、落ち葉や木の実を拾って遊ぶ。 ●物語の世界を想像しながら、聞くことや読むことの楽しさを味わう。 ●リズムに合わせて、歌ったり踊ったりすることを楽しむ。 ●秋の自然物を使って、工夫していろいろな物をつくる。	●衣服の着脱がしやすいように、ロッカーや、かごの配置を工夫する。 ●十分に遊べるよう、時間を確保したり、ルールを確認する場を設けたりする。 ●相手の思いに気付けるように、子ども同士が話し合う場を大切にする。 ●気付いたことを調べられる図鑑や絵本を用意する。 ●親子遠足のルートや目的地を事前に下見し、安全や活動内容の確認をする。 ●絵本や童話、紙芝居を用意する。 ●CDや音響機器を準備し、いつでも自由に踊りを楽しめるようにする。 ●製作遊びを満足いくまで行えるよう、材料や用具を十分に用意する。

食育

〈ねらい〉春から育てたイネを刈り、米になるまでの過程を経験することで、食べ物の大切さを知る。
〈環境構成〉イネ刈り、脱穀、精米までができるように準備を整える。
〈予想される子どもの姿〉喜んで作業し、米を食べることを楽しみにする。
〈保育者の援助〉米への関心が高まるように、米づくりを話題に取り上げる。

職員との連携

●園外での活動では、必ず下見を行い、危険箇所などを確認する。
●午睡がなくなるので、一人一人の様子や体調の変化などを伝達し合う。

小学校との連携

●就学前健康診断の実施をきっかけに、就学への期待が膨らむよう交流会などの計画を立てる。

「幼児期の終わりまでに育ってほしい姿」の 健康:健康な心と体 自立:自立心 協同:協同性 規範:道徳性・規範意識の芽生え 社会:社会生活との関わり 思考:思考力の芽生え

前月末の子どもの姿

- 運動会に向けての取り組みが始まり、一つ一つの競技、遊戯に意欲的に参加している。
- 気温差に応じて、自分で考えながら衣服調節をする。
- 自分の考えや意見を出し合い、目的に向けて取り組む。

◆ねらい

- 季節の変化に応じて、健康で快適な生活を送る。 健康
- 友達と協力しながら共通の目的に向かって活動し、達成する喜びを味わう。 協同
- 身近な秋の自然に触れ、イメージを膨らませながら表現を楽しむ。 自然
- 秋の自然物で転がるゲームの仕組みを考え工夫する。 思考

月間予定

- 運動会
- サツマイモ掘り
- 親子遠足
- 身体測定
- 造形遊び
- 運動遊び
- 避難訓練
- イネ刈り

予想される子どもの姿	保育者の援助
●肌寒く感じたら、自分で重ね着をする。 ●思っていることを、言葉で伝える。	●体調に合わせて、活動と休息のバランスが取れるように援助する。 ●信頼関係を深められるよう、気持ちに寄り添い、受け止める。
●活動や気温の変化に気付いて、衣服の調節をする。 ●友達とドッジボールのルールを守って遊ぶ。 ●運動会に向けて、クラスで話し合う。 ●運動会のいろいろな競技に楽しく参加する。 ●友達とサツマイモのつるを引っ張ったり、イモの大きさを比べたり数を数えたりする。 ●落ち葉や木の実を拾って遊ぶ。 ●友達と振り付けを考え、体を動かす。 ●自然物を利用して、こまやモビールなどを自由につくる。	●自分でしようとする姿を認め、必要に応じて言葉をかけて援助する。 ●子ども同士で楽しく遊べるように見守り、必要に応じて仲立ちする。 ●一人一人の努力を認め、達成感が味わえる言葉をかける。 ●子どもの発見に共感しながら、収穫を喜び合う。 ●バスの中や公園でのマナーに気付けるように言葉をかけ、安全に楽しく過ごせるようにする。 ●静かな雰囲気の中で、余韻を大切にしながら読み聞かせをする。 ●自由な表現を受け止め、楽しさを共有する。 ●つくりたい作品のイメージを実現できるように援助する。

家庭との連携

- 運動会以降、午睡がなくなり子どもが疲れやすくなるため、家庭と連携して見守る。
- 親子で遠足に出かけ、楽しい経験を共有できるようにする。

評価・反省

- 運動会に向けての活動は、友達と協力する大切さ、共通の目的を達成する喜びを、十分に味わう機会となった。子どもの日々のたくましい成長ぶりに、5歳児としての大きな力を強く感じる。
- 身近な自然に触れる時間が取れなかったので、次月は散歩を中心に秋の自然を感じる活動を多く行っていきたい。

自然:自然との関わり・生命尊重 　数・字:数量や図形、標識や文字などへの関心・感覚 　言葉:言葉による伝え合い 　表現:豊かな感性と表現　を表しています。

11月月案 保育園

keikaku → P214-215

芸術の秋を堪能する

　木の実を使った造形物や、木片、粘土、絵の具などの、様々な素材や用具を取り入れて、自分なりの表現をした作品づくりが楽しい季節です。保育者のアイデアや工夫も存分に発揮して、つくる楽しさを味わわせましょう。また、曲に合わせて踊ったり劇遊びをしたりと、発表会を意識した活動も入ってきます。能動的に取り組めるように、言葉のかけ方にも工夫をしましょう。

	★内容	環境構成
養護 生命の保持・情緒の安定	●天候や気候に応じて、衣服を調節しながら遊ぶ。 ●食事のマナーを身に付け、友達と楽しい雰囲気で食事する。 ●収穫を通して、収穫物に興味や関心をもち、秋の実りに感謝しながら楽しく食事をする。	●上着をたたんでしまうように伝え、着脱しやすい場をつくる。 ●ランチルームを使い、楽しい雰囲気の中で食事をする。 ●収穫祭で必要な大鍋や、枯れ枝、ブロック、テーブルなどを準備しておく。
教育 健康・人間関係・環境・言葉・表現	●風邪や感染症の予防を意識し、手洗いやうがいを自ら進んで行う。 ●共通の目的に向かって、友達と協力し合い、やり遂げる達成感を味わう。 ●秋から冬への移り変わりに気付き、木の実や葉など、自然物を遊びに取り入れようとする。 ●自分の思いや考えを言葉で相手に伝え、友達の話も聞く。 ●友達と曲に合わせて踊ったり、歌ったりすることを楽しむ。 ●小学校の作品展を見学し、小学生ならではの製作技法や一人一人の表現の多様さを楽しむ。	●手洗いの仕方をポスターにし、絵を見ながら行えるようにする。 ●共通のイメージがもてるよう、一緒に考えて話す機会をもつ。 ●散歩の際に袋を用意し、木の実などを進んで見付けて集められるようにする。 ●どのように伝えたらよいかを、子ども同士で話し合う場をつくる。 ●表現することを楽しめるよう、時間と場所を設ける。 ●公園や施設への散歩を通じて、小学校までの道順や交通ルールなどを確認する。

食育

〈ねらい〉みんなと大鍋を囲んで食べることを楽しむ。
〈環境構成〉戸外で安全に、また清潔に、調理ができるように準備を整える。
〈予想される子どもの姿〉戸外で調理して食べることを喜び、調理を手伝おうとする。
〈保育者の援助〉包丁の使い方、火の危険性を伝え、安全に調理する方法を知らせる。

職員との連携

●手洗い、うがい、衣服の調節など、健康的に過ごす配慮を確認し合う。
●暖房器具の安全点検や使用方法などを確認し、話し合う。

小学校との連携

●小学校の作品展を見学し、小学生に校内を案内してもらったり、一緒に遊んだりする。

「幼児期の終わりまでに育ってほしい姿」の 健康：健康な心と体　自立：自立心　協同：協同性　規範：道徳性・規範意識の芽生え　社会：社会生活との関わり　思考：思考力の芽生え

前月末の子どもの姿

- 運動会後に午睡がなくなり、眠気や疲れが出やすくなる。
- 運動会後も、リレーやかけっこなどを思いきり楽しんでいる。
- 秋の自然物で遊んだり、好きな物をつくったりしている。

◆ねらい

- 手洗いやうがいを欠かさず行い、健康で快適に過ごす。 健康 規範
- 自然の不思議さや美しさに気付き、興味や関心をもつ。 自然
- 友達と意見を出し合い、イメージを膨らませながら遊びを展開する。 協同 思考
- 小学校の行事に参加することで、就学への憧れや期待をもつ。 社会

月間予定

- 収穫祭
- 造形遊び
- 運動遊び
- 小学校の作品展見学
- 身体測定
- 避難訓練
- 安全管理訓練

予想される子どもの姿	保育者の援助
●気温の変化に気付いて、自分から衣服を調節する。 ●食事のマナーに気を付けて、友達と会話しながら食事をする。	●気候に応じて衣服の着脱ができるように言葉をかける。 ●座り方や箸の持ち方、会話の声の大きさに気を付けて食事ができるように促す。
●手洗い、うがいの大切さを知り、自分から進んでする。 ●秋の収穫物を話題にしながら、楽しく食事をする。 ●木の実を拾ったり、落ち葉の中に潜ったりしながら遊ぶ。 ●拾った葉っぱやドングリを利用してイメージした物をつくって遊ぶ。 ●発表会に向けて、みんなで意見を出し合う。 ●歌ったり踊ったりして表現を楽しむ。 ●小学校に入れる嬉しさと緊張が入り混じるなか、小学生の作品を見て憧れを抱く。	●感染症について話し、手洗い、うがいの仕方を再確認する。 ●努力している姿、よいところをほめて、自信がもてるようにする。 ●戸外で遊ぶ際に落ち葉や木の実を集め、ごっこ遊びなどに取り入れられるようにする。 ●自分の意見を言えるように見守り、時には仲立ちする。 ●子どもの意見を取り入れながら、楽しんで踊れるように言葉をかけたり、ほめたりして自信につなげる。 ●事前に子どもたちと小学校との違いをあげながら、作品展での過ごし方やマナーを伝える。

家庭との連携

- 発表会の内容や準備する物を知らせ、子どもが意欲をもって取り組んでいる姿を認め合う。
- 収穫祭の意義や持ち物を知らせ、親子で食材を準備してもらう。

評価・反省

- 風が冷たく、戸外では上着が必要になった。寒いときこそ、なわとびや鬼ごっこ、サッカーなどで体を積極的に動かし、体が温かくなる感覚を味わえるようにした。
- きれいに色付いた落ち葉でままごと遊びを楽しんだり、ドングリ船をつくったりと、季節ならではの遊びを行う中で、子ども同士で協力し合う姿が見られた。

自然 :自然との関わり・生命尊重　数字 :数量や図形、標識や文字などへの関心・感覚　言葉 :言葉による伝え合い　表現 :豊かな感性と表現　を表しています。

12月 月案 保育園

CD ROM　keikaku → P216-217

一つ一つの行事を楽しく

年末になると、いろいろな行事があり、その中心となって活躍するのが5歳児クラス。何のためにするのか、自分の役割がみんなにどのように役に立つのかを子ども同士で話し合い、しっかりと意識できるようにしましょう。

また、いつも目立たない子にこそ活躍できる場を用意し、やり遂げることで自信がもてるように配慮したいものです。

	★内容	環境構成
養護 生命の保持・情緒の安定	●寒さや活動に応じて適切に調節された環境で、快適に過ごす。 ●思いに共感してもらい、励まされながら、安心して自分を表現する。	●室温、湿度、換気など、室内環境に十分に配慮する。 ●自己を発揮できるような場や時間を設ける。
教育 健康・人間関係・環境・言葉・表現	●冬の健康的な生活の仕方を知り、手洗い、うがいを進んで行う。 ●寒さに負けず、戸外で思いきり体を動かして遊ぶ。 ●共通の目的や課題に向け、友達と役割を分担しながら取り組む。 ●高齢者施設を訪問し、触れ合い遊びを楽しむ。 ●発表会に自信をもって参加する。 ●クリスマス会や、もちつきの準備を通して、行事や食べ物に興味や関心をもつ。 ●冬の自然事象や身近な植物の変化に興味をもつ。 ●友達と一緒に、歌ったり踊ったりすることを楽しむ。	●病気の予防や、冬の健康的な過ごし方について、話し合う機会をもつ。 ●戸外で遊ぶ時間を確保し、ルールについて話し合う場をつくる。 ●考えを出し合える場面を設け、活動の見通しがもてるようにする。 ●高齢者と優しい気持ちで交流できるよう、事前に話し合いの場をもつ。 ●自分たちで行事の準備ができるよう、必要な物を用意する。 ●クリスマスや正月の装飾を準備する。 ●冬の自然に関する絵本や図鑑を用意する。 ●歌や踊りを楽しむ時間や場をつくる。

食育

〈ねらい〉給食の食材や、料理の仕方に興味をもつ。
〈環境構成〉栄養士の話をより理解しやすくするために、図や絵を用意しておく。
給食ができるまでの写真を掲示する。
〈予想される子どもの姿〉栄養について、自分が知っていることを発表しようとする。
〈保育者の援助〉子どもに分かる言葉で説明するように心がける。

職員との連携

●発表会では、一人一人が自分の力を発揮できるように職員間で話し合いを重ね、適切な対応ができるようにする。

小学校との連携

●小学校の交流会を子どもたちと振り返り、楽しかったことなどを発表しながら就学への期待を高める。

「幼児期の終わりまでに育ってほしい姿」の　健康：健康な心と体　自立：自立心　協同：協同性　規範：道徳性・規範意識の芽生え　社会：社会生活との関わり　思考：思考力の芽生え

前月末の子どもの姿
- 寒くなり、風の冷たさを感じて上着を着用して遊んでいる。
- 発表会に向けて、みんなで話し合う中で、劇遊びの達成感と充実感を味わっている。
- 冬の自然現象に疑問を感じ、絵本や図鑑を見て楽しんでいる。

◆ねらい
- 冬の衛生、健康管理に留意し、健康に過ごす。 健康
- 共通の目的に向かって取り組む大切さを知り、満足感や充実感を味わう。 協同
- 冬の身近な自然の変化、不思議さに気付き、興味や関心を深める。 自然
- 高齢者と共に遊ぶことを楽しむ。 社会

月間予定
- 発表会
- クリスマス会
- 高齢者施設訪問
- 身体測定
- もちつき
- 造形遊び
- 避難訓練
- 安全管理訓練

予想される子どもの姿	保育者の援助
●気温の変化に応じて、自分で衣服を着たり脱いだりする。 ●伝えたい思いを保育者や友達に話す。 ●自分で考え、行動しようとする。	●健康状態を把握し、感染症を防いで、快適に過ごせるように留意する。 ●子どもの思いを温かく受容し、安心して自己を発揮できるようにする。
●手洗い、うがいを進んで行う。 ●ドッジボールやなわとびなどで、思いきり体を動かして遊ぶ。 ●友達を遊びに誘い、ルールや役割について話し合う。 ●園外に出ることで、マナーやルールがあることに気付き、守ろうとする。 ●発表会に期待をもち、自信をもって参加する。 ●役割を分担しながら当日まで準備をしたり、クリスマス会、もちつきに楽しく参加したりする。 ●冬の自然に不思議さを感じ、絵本や図鑑を見る。 ●友達の姿を見ることで刺激を受け、表現遊びをする。	●うがい、手洗いの大切さを伝え、進んで行う姿を認める。 ●保育者も体を動かし、体が温まる心地よさを共に味わう。 ●イメージを共有し、友達と活動する楽しさを味わえるようにする。 ●園外に出ることで、様々な気付きや思いが感じられるようにする。 ●子ども同士が相談してアイデアを出し合う姿を見守り、自分たちで進めていくという意識を深める。 ●行事の準備を一緒に行いながら、当日への期待が膨らむようにする。 ●発見や気付きに共感し、自然への興味を広げる。 ●表現している姿を認め、自信へとつなげる。

家庭との連携
- 発表会で自信をもって行った表現や、成長を共に喜び合う。
- クラスだよりや園だよりを配布し、規則的な生活リズムなど、年末年始の過ごし方について知らせる。

評価・反省
- 発表会、クリスマス会、もちつきなどの行事に期待をもち、友達と楽しく取り組めた。やり遂げたことで、達成感や満足感を味わうことができたようだ。
- 高齢者施設訪問では、いろいろな気付きや思いを感じることができた。
- 感染症の流行もなく、健康に過ごせた。卒園に向けての準備を整え、元気に楽しく充実感あふれる日々を送りたい。

自然 :自然との関わり・生命尊重　数字 :数量や図形、標識や文字などへの関心・感覚　言葉 :言葉による伝え合い　表現 :豊かな感性と表現　を表しています。

1月 月案

保育園

keikaku → P218-219

自分の健康は自分で守る

　寒さも厳しくなります。インフルエンザも流行するでしょう。防寒具を自分で着脱する、うがいや手洗いを励行するなど、自分の体は自分で守るという意識をもってほしいものです。
　また、文字や数に興味をもち始めるころです。かるた遊びや郵便ごっこなどを通して関心を高め、就学を楽しみにする気持ちにつなげるようにしましょう。

	★内容	環境構成
養護 生命の保持・情緒の安定	●生活リズムを取り戻し、規則正しく毎日を過ごす。 ●手洗い、うがい、適切な衣服の調節の大切さを理解し、自ら行う。	●換気、室内の湿度調節を行う。 ●気候に応じた服装を子ども同士で考え、話し合う機会を設ける。
教育 健康・人間関係・環境・言葉・表現	●寒さに負けず、なわとびや鬼ごっこなどのルールのある遊びを楽しみながら、戸外で体を動かして遊ぶ。 ●モノレールや電車に乗り、友達や保育者と遠足に行くことを楽しむ。 ●冬の自然事象に気が付き、見たり触れたりして興味や関心をもつ。 ●文字遊びの際に、鉛筆の持ち方や書く姿勢に気を付ける。 ●節分に向け、イメージを膨らませながら、豆入れの升や鬼のお面をつくる。 ●友達や保育者と正月遊びを楽しむ。	●遊ぶ道具や場所の安全を確認する。 ●園外保育は事前に歩くルートを下見し、安全に行けるようにする。 ●氷や霜柱はどのようにできるか、図鑑や本を使って調べる機会をもつ。 ●鉛筆の扱い方や座り方を知らせ、勉強をするときのルールを分かりやすく伝える。 ●紙芝居や絵本を読み、イメージが広がるようにする。 ●事前に玩具を点検し、危険のないように使い方を知らせる。

食育

〈ねらい〉日本の伝統的な正月料理に興味をもつ。
〈環境構成〉おせち料理やお雑煮の写真を掲示する。
〈予想される子どもの姿〉自分の家のおせち料理や、お雑煮について話す。
〈保育者の援助〉おせち料理に込められた願いを話す。

職員との連携

●卒園や就学に向けて、子どもの育ちについて振り返り、今後の関わり方についての共通理解を図る。

小学校との連携

●5歳児クラスの保護者会で、近隣の小学校校長に来ていただき、入学に向けての説明や学校生活について話してもらう。

「幼児期の終わりまでに育ってほしい姿」の 健康：健康な心と体 自立：自立心 協同：協同性 規範：道徳性・規範意識の芽生え 社会：社会生活との関わり 思考：思考力の芽生え

前月末の子どもの姿
- 発表会で踊ったり、劇遊びを披露したりした経験が自信につながり、活動や遊びに積極的に取り組む。
- 正月遊びに期待を膨らませている。
- 文字や数字に興味をもち、文字遊びを楽しみにしている。

◆ねらい
- 保健衛生に留意し、冬を健康に過ごす。 健康
- 正月遊びや伝承遊びに興味をもち、友達と楽しく遊ぶ。 社会 協同
- 冬の自然の不思議さに気付き、興味をもったり試したりする。 自然 表現
- 文字をまねて書くことを楽しむ。 数・字

月間予定
- 卒園遠足
- 造形遊び
- 運動遊び
- 保護者会
- 避難訓練
- 安全管理訓練
- 身体測定

予想される子どもの姿	保育者の援助
●年末年始を家庭で過ごし、生活リズムが乱れている。 ●寒い日は上着を着て戸外に出る。	●体調に留意しながら、生活リズムが取り戻せるように働きかける。 ●手洗い、うがいの再確認をし、適切な服装を考えられる言葉をかける。
●ルールを友達と確認し合って遊ぶ。けんかをしたら友達と話し合って解決する。 ●遠足に期待をもち、友達と乗り物に乗ったり、生き物を見たりすることを喜ぶ。 ●雪や氷、霜柱を見たり触れたりして楽しむ。 ●文字遊びに興味をもち、楽しんで取り組む。 ●鬼をイメージしながら、豆入れの升やお面をつくる。 ●正月遊びの遊び方が分からない子は、保育者と一緒に行う。遊び方を理解すると、友達と遊ぶ。	●保育者も一緒に体を動かし、ルールを伝えたり、健康に過ごしたりする。 ●交通機関を利用する際のマナー、ルールを伝え、楽しさを共有する。 ●霜柱を見付けて手で触れ、不思議に思ったことや発見には共感し、遊びに広げる。 ●話を最後まで聞く大切さを伝え、一人一人の書く姿を認めて、自信につなげる。 ●様々な素材を使い、イメージした物がつくれるよう、必要に応じてアドバイスをする。 ●羽根つき、こま、けん玉などの遊び方を知らせ、楽しさを伝える。

家庭との連携
- インフルエンザなどの感染状況を随時知らせ、家庭でも手洗い、うがいをきちんと行ってもらうようにお願いする。
- 卒園に向けての取り組みや内容を知らせ、卒園準備への理解を得る。

評価・反省
- 正月遊びの遊び方を覚えて、子ども同士で楽しんでいた。
- 水族館へ卒園遠足に行き、友達と一緒にモノレールや電車に乗った。いろいろな魚や生き物を見て嬉しそうだった。友達との絆が深まる、よい機会になった。
- 給食当番が始まり、喜んで取り組んだ。就学に向けて食事のマナーや、食べる時間もきちんと伝えながら進めたい。

自然 :自然との関わり・生命尊重　数・字 :数量や図形、標識や文字などへの関心・感覚　言葉 :言葉による伝え合い　表現 :豊かな感性と表現　を表しています。

2月 月案

保育園

keikaku → P220-221

小学校への期待を高める

小学校に入学する日が近づいています。小学校へ行くことが楽しみになるように、小学校への訪問や交流会を上手に生かしましょう。学校ごっこをしたり、自分で絵本をつくったり、今までしてきたことを自信にして、新しいことに前向きに取り組む気持ちを育てましょう。また、雪や氷などの冬の自然に親しめるときです。機会を逃さないようにして、直接体験できるようにしましょう。

		★内容	🪑環境構成
養護	生命の保持・情緒の安定	●冬の健康的な生活習慣を身に付け、自信をもって生活する。	●室内外の温度差や換気、湿度に気を付ける。
教育	健康・人間関係・環境・言葉・表現	●冬の健康的な生活に必要な習慣や態度を身に付け、進んで行う。 ●寒さに負けず、戸外で元気に遊ぶ。 ●お互いの力を認め合い、自分や友達の思いに気付き、協力して遊びを進める。 ●造形展の準備では、異年齢児と話し合い、一緒につくって楽しむ。 ●節分に関心をもち、鬼や福の神になって楽しく豆まきを行う。 ●雪や氷、霜柱などで遊び、自然事象の不思議さに気付く。 ●文字遊びを通して、文字に興味や関心をもつ。 ●造形展に向けてイメージを膨らませ作品をつくる。 ●就学への期待や不安を受け止められながら、安心して過ごす。	●手洗い、うがいを丁寧に行う必要性を話し合う場をつくる。 ●体を動かして遊べる場所や時間を十分に確保する。 ●生活や遊びのルールを話し合う機会をもつ。 ●子ども同士で話し合いや作品づくりができる時間と場を設ける。 ●節分の行事に関する絵本や紙芝居を用意する。 ●冬ならではの遊びの機会を逃さないよう、自然事象の変化に留意する。 ●氷がつくれる容器を用意する。 ●文字をなぞって書けるよう、ノートに下書きをしておく。 ●いつでも製作遊びができるよう、いろいろな素材や用具、空き箱を用意する。 ●小学校との交流会を設け、期待がもてるようにする。

🍚 食育

〈ねらい〉お別れクッキングでおやつを手づくりし、お世話になった保育者と一緒に食べる。
〈環境構成〉つくる手順を絵にして掲示しておく。
〈予想される子どもの姿〉喜び、張り切ってつくり、保育者と楽しく会話しながら食べる。
〈保育者の援助〉みんながつくる経験ができるメニュー、手順がシンプルなメニューを選ぶ。

🔄 職員との連携

●冬に流行する感染症について話し合い、適切な対応ができるようにする。
●子どもの育ちを職員全体で話し合い、保育要録の作成にあたる。

🏫 小学校との連携

●小学校での交流会についての内容や、一人一人の姿を伝達し、共通理解を図る。

前月末の子どもの姿
- インフルエンザが流行し、数人の子が欠席する。元気な子は手洗い、うがいをしっかり行い、予防に努めている。
- 給食当番を楽しみにし、意欲的に取り組む。
- ドッジボールなど、ルールのある遊びを友達と楽しむ。

◆ねらい
- 冬に必要な生活習慣を身に付け、健康に過ごす。[健康]
- 就学への期待や不安を保育者に共感され、自信をもって生活する。[自立]
- 冬の自然事象に興味や関心をもち、友達と遊んだり、観察したりする。[協同][自然]
- 文字のなぞり書きを楽しむ。[数・字]

月間予定
- 個人面談
- 豆まき
- 造形展
- 造形遊び
- 小学校交流会
- おにぎりパーティー
- 避難訓練
- 身体測定

予想される子どもの姿	保育者の援助
●寒さを感じたらもう1枚着るなど、自ら考えて衣服の調節を行う。	●一人一人の体調の変化に留意し、健康に過ごせるようにする。
●手洗い、うがいが習慣となる。 ●ドッジボールや鬼ごっこなど、友達を誘いながら遊ぶ。 ●自分の思いを友達に伝えたり、友達の意見を聞いたりしながら会話をする。 ●5歳児が中心になり、意見を出し合いながら豆まきを進める。 ●節分の福の神役、鬼役になり、楽しく豆まきを行う。 ●雪や氷、霜柱に触れて感触を楽しむ。 ●疑問を感じたら、保育者に質問する。 ●文字を書くことに意欲的な子や、うまく書けずに困ってしまう子がいる。 ●つくりたい物のイメージが膨らみ、すぐに取りかかる子と、なかなか取りかかれない子がいる。 ●就学することが楽しみで、活動にも積極的に取り組む。	●自分で気付いて行う姿を認め、その大切さを伝える。 ●保育者も進んで遊び、戸外で遊ぶ楽しさを知らせる。 ●子ども同士で、生活や遊びを進める姿を大切にし、仲間と過ごす楽しさが味わえるようにする。 ●教え合う姿を見守り、楽しく進められるようにする。 ●節分についての話や、様々な鬼の話をして興味を引く。 ●疑問に思う気持ちを認め、一緒に考えながら解決へと導く。 ●一つ一つの文字から、様々な言葉を発想し、興味を深めていく。 ●イメージが広がるよう、仲立ちしながら楽しめるようにする。 ●期待や不安を受け止め、安心して過ごせるようにする。

🏠 家庭との連携
- 個人面談を通して、子どもの成長した姿を伝え、就学に向けての不安や期待する気持ちを受け止める。
- フェスティバルや造形展の内容を知らせ、参加を募る。

✏️ 評価・反省
- かまくらづくり、雪の山の斜面でのそり遊びなど、冬ならではの遊びを楽しんだ。
- インフルエンザが流行し、欠席が目立ったため、体調管理に留意した。引き続き、手洗い、うがいを丁寧に行い、感染予防に努めていきたい。
- 卒園に向けての準備も進み、さみしさもあるが、就学への期待が膨らむよう、残りの日々を楽しく過ごしたい。

[自然]：自然との関わり・生命尊重　[数・字]：数量や図形、標識や文字などへの関心・感覚　[言葉]：言葉による伝え合い　[表現]：豊かな感性と表現　を表しています。

3月 月案

保育園

なごり惜しさを大切にして

いよいよ園を巣立つときが近づいてきました。卒園は、嬉しいけれどもさみしいというのが、子どもの率直な思いでしょう。一日一日を大切にして、残り少ない園での日々を心豊かに過ごしたいものです。

卒園にまつわるイベントもいろいろあります。今までお世話になった人々へ感謝の気持ちを伝えながら、参加できるようにしましょう。

	★ 内容	環境構成
養護 生命の保持・情緒の安定	●就学への期待や不安を受け止められ、安心して自己の力を発揮する。 ●基本的な生活習慣を整え、自分でできることを喜び、認め合う。	●就学への不安をもつ子が安心できる雰囲気をつくる。 ●手洗い、うがい、衣服の調整などを自ら行えるように環境をつくる。
教育 健康・人間関係・環境・言葉・表現	●友達と積極的に体を動かして遊ぶことを楽しむ。 ●異年齢児と遊ぶ中で、思いやる心や年上としての自覚をもつ。 ●就学への期待と自覚をもち、見通しをもって生活する。 ●成長した喜びを感じ、お世話になった人へ感謝の気持ちをもつ。 ●心を込めて卒園記念品を製作する。 ●動植物の変化に気が付き、観察することを楽しむ。	●遊びに必要な道具を用意し、周りに不要な物がないか安全を確認する。 ●異年齢児と歩く道を下見し、一緒に楽しめる触れ合い遊びを調べる。 ●今月の予定を伝え、一緒にカレンダーを見ながら確認する。 ●お世話になった人に、感謝の気持ちを伝えられる場を設ける。 ●製作に必要な道具を準備する。 ●植物の水やりは、日中の暖かい時間に行うように伝える。

食育

〈ねらい〉空腹、満腹という感覚を味わう。
〈環境構成〉「おなかがすいた」という感覚がもてるよう、体を動かす遊びを充実させる。
〈予想される子どもの姿〉十分な遊びを通して、空腹感と食欲を感じ、意欲的に食べる。
〈保育者の援助〉「おいしいことは嬉しい」と感じられるように声をかける。

職員との連携

●就学に対する一人一人の期待や不安な気持ちを職員間で伝え合い、丁寧に関わり合いながら情緒の安定を図る。

小学校との連携

●保育要録を送付し、円滑に接続できるように努める。
●一年間の交流会の内容や一人一人の姿を小学校教職員と振り返り、共通理解を図る。

前月末の子どもの姿
- 雪や氷に触れ、冬の自然事象に気付きながら遊ぶ。
- 小学校を訪問し、就学することを楽しみにする。
- 苗から育てた米でおにぎりパーティーを楽しみ、食べ物の大切さに気付く。

◆ねらい
- 寒暖の差に気を付け、快適に過ごす。[健康]
- 就学への期待や不安を保育者に受け止められ、充実した生活を送る。[自立]
- 身近な春の訪れを感じ、動植物の変化や自然の様子に気付く。[自然]
- 年下の子どもと関わり、行動の仕方を考える。[規範]

月間予定
- お別れ遠足
- ドッジボール大会
- 卒園式
- 身体測定
- お楽しみ会
- 大掃除
- 避難訓練
- 安全管理訓練

予想される子どもの姿	保育者の援助
●就学することが楽しみで、友達と小学校について話す。 ●手洗い、うがいをする意図をしっかりと理解し、積極的に行う。	●期待や不安を受け止め、就学への希望がもてるようにする。 ●自ら進んで行動する姿を認め、自信をもてるようにする。
●友達とルールを確認しながら、思いきり体を動かして遊ぶ。 ●年下の子に優しく声をかけたり、交通ルールを伝えたりしながら、一緒に過ごす時間を楽しむ。 ●カレンダーを見て予定を聞いて、先の見通しをもつ。 ●照れた表情を見せながら、自分の気持ちを表現する。 ●自分が植えたチューリップの世話をし、生長の様子を友達や保育者に嬉しそうに伝える。	●保育者も遊びに加わり、ルールを伝えて、楽しさを共有する。 ●異年齢児と触れ合う機会を設け、優しく関わる姿を認める。 ●一人一人の思いを受け止め、ほめたり励ましたりして、自信や安心感をもって就学できるように促す。 ●園生活を振り返り、お世話になった人へ感謝の気持ちが伝えられるようにする。 ●共に考え、話し合いながら自由に製作をする。 ●チューリップの生長を観察し、花が咲いた嬉しさに共感する。

家庭との連携
- 子どもの成長した姿を具体的に伝え、喜びを共有する。
- 修了、就学を家族や周りの人たちに祝福してもらい、子どもの喜びや期待につながるような対応をお願いする。

評価・反省
- 少しずつ春の訪れを感じ、ポカポカと気持ちのよい日が増えてきた。以前に植えたチューリップを観察して、「私のチューリップが咲いたよ」と嬉しそうに教える姿も見られた。
- 卒園式では、大きな声で自分の夢を発表したり、感謝の気持ちをきちんと伝えたりすることができ、大きな成長を感じた。

[自然]：自然との関わり・生命尊重　[数字]：数量や図形、標識や文字などへの関心・感覚　[言葉]：言葉による伝え合い　[表現]：豊かな感性と表現　を表しています。

年間指導計画

幼稚園 認定こども園

keikaku P224-225

♣ 年間目標
- 友達と一緒に体を動かしたり、考えたりして様々な表現を楽しむ。
- 自分の考えや思いを言葉で相手に伝え、相手の話も聞こうとする。
- 季節ごとの園内外の自然に親しみ、生活に取り入れる楽しさや大切さを知る。
- 友達や保育者と関わり合いながら、協同的な経験や活動に取り組む。

	1期（4〜6月）	2期（7〜9月）
子どもの姿	●進級したことを喜んでいるが、新しいクラス担任や友達と過ごすことに、戸惑いを感じている。 ●5歳児になったことを自覚して、積極的に新入園児の世話をしようとする。	●数人で遊ぶが、思い違いやルール認識の違いにより、トラブルが増える。 ●3、4歳児に優しく声をかけて、世話をしようとする。 ●簡単なルールのある遊びやゲームを楽しむ。
◆ねらい	●5歳児クラスになったことを自覚し、新しいクラス担任や友達に親しむ。[自立] ●身近な植物や小動物、春の自然に興味や関心をもつ。[自然] ●様々な体験を通して、安全な園生活について考える。[健康][思考]	●自分の思いや考えを友達と伝え合いながら遊ぶ。[言葉] ●身近な自然に積極的に興味をもって関わり、生活に取り入れる。[自然] ●してよいことか悪いことかを考えながら生活する。[規範]
★内容	●5歳児クラスの生活の流れを理解し、新しい友達や保育者に親しみ、自分から進んで関わろうとする。 ●身近な草花や虫を見たり、触れたりして、不思議さや楽しさを感じる。 ●友達や保育者と体を動かす活動に取り組む。	●苗を植えたり、種をまいたりした野菜、イネなどの生長や変化に気付く。 ●花や木の実などに、五感で関わる。 ●お泊まり保育で、家庭から離れて園に1泊することで自信をもつ。
環境構成	●子ども同士で当番活動やグループを決める話し合いの場を設ける。 ●新しい友達との関わりが広がるように、様々な集団ゲームや体を動かす活動を取り入れる。 ●緊急時でも安心して行動できるような指示の出し方や、決まりを工夫する。	●一人一人の意見や考えを十分に受け止め、互いのよさを認め合えるような雰囲気をつくる。 ●自然に関する図鑑、絵本などを準備し、興味をもったことを積極的に調べられるようにする。 ●お泊まり保育や水遊びを実施する前に、園で作成したスライド教材を視聴して、イメージがもてるようにする。
保育者の援助	●一人一人の子どもと十分に触れ合い、温かく受け止めながら、信頼関係を築く。 ●友達との関わりが少ない子には、保育者が一緒に活動に加わって関係づくりを援助する。	●畑やたんぼに農作物の観察に行ったり、世話をしたりして、収穫までの期待が膨らむようにする。 ●自然と接する際に子どもが感じた驚きや不思議に感じる気持ちを受け止め、興味や関心が広がるようにする。 ●クズの花、ミョウガ、シソ、クリなど、五感を刺激するような自然と触れ合い、感想を伝え合う。

「幼児期の終わりまでに育ってほしい姿」の [健康]：健康な心と体　[自立]：自立心　[協同]：協同性　[規範]：道徳性・規範意識の芽生え　[社会]：社会生活との関わり　[思考]：思考力の芽生え

小学校との連携

- 小学校教職員と情報交換を行い、円滑な接続ができるようにする。
- 小学校との交流会を通して、就学に期待をもてるようにする。
- 指導要録を送付し、一人一人の育ちや配慮点など引き継ぐ機会をもつ。

3期（10〜12月）	4期（1〜3月）
●様々な場面で、友達と話し合ったり譲り合ったりする気持ちがもてるようになる。 ●目標をもち、自分の力を発揮しながら友達と協力して、活動に取り組もうとする。	●就学を意識し、自分の力で様々なことに取り組もうとする。 ●複雑なルールのある遊びに取り組み、保育者と共に楽しむ。
●友達と目的をもった活動に取り組む楽しさや、体を十分に動かすことを味わう。[協同] ●秋から冬にかけての自然の変化に気付き、生活に取り入れる。[自然] ●友達と共通のイメージをもち、楽しく表現する。[表現]	●自立した行動で、充実した園生活を送る。[自立] ●一人一人の力を出し合い、友達と相談しながら、目的に向かってやり遂げる達成感を味わう。[自立][協同] ●生活の中の文字に興味をもつ。[数・字]
●様々な行事や活動に参加する中で、友達と目標に向かって取り組む。 ●友達と競い合ったり協力したりする中で、体を思いきり動かす楽しさを味わう。 ●作物の世話や収穫、調理に携わることで、食べ物ができるまでの過程を知り、大切にする気持ちをもつ。	●園生活の楽しかったことを振り返り、更に友達と様々な遊びや活動に、進んで取り組む。 ●相手の気持ちを考えながら、協力し合う楽しさを味わう。 ●小学校を訪問し、小学校生活に期待をもつ。
●様々なイメージをもった表現を友達と共有し、大切にできるようにする。 ●接着剤やビニール袋などを用意し、様々な自然物を使って遊べる環境を設定する。 ●公共の交通機関や施設を利用することで、社会的なルールや公共の場でのマナーに意識を向けられるようにする。	●卒園に向けて、一人一人が成長したことに気付けるよう話し合いの場をもつ。 ●5歳児クラスとしての自覚がもてるような緊張感のある場面をつくる。 ●園生活を振り返り、様々な人に感謝の気持ちがもてる場を設ける。
●子どもが互いに認め合えるような雰囲気をつくり、自信がもてるようにする。 ●一人一人が達成感、充実感、自信をもてるよう、様々な経験や活動に取り組めるようにする。	●小学校での様子を伝え、椅子に座って生活することや時間を見て行動することなど、小学校での生活の仕方を知らせる。 ●小学校との連携がスムーズにできるように、就学先の小学校の教師と話し合う。 ●友達のよいところに気付いたり、一人一人が意識して、けじめのある行動をしたりできるよう言葉をかける。

[自然]：自然との関わり・生命尊重　[数・字]：数量や図形、標識や文字などへの関心・感覚　[言葉]：言葉による伝え合い　[表現]：豊かな感性と表現　を表しています。

4月 月案

幼稚園 認定こども園

5歳児としての自覚と喜びを

あこがれの5歳児になり、嬉しさでいっぱいでしょう。これから、どのような活動ができるかを示すことが重要です。3歳児の保育室でお世話をしたり、動植物にえさや水をやったり。また、春ならではの自然に親しみ、興味や関心がもてるように導きましょう。図鑑で調べたり、人に伝えたりすることで、追究したい気持ちが高まります。知的好奇心が刺激されるような活動を取り入れましょう。

	第1週	第2週
◆週のねらい	●始業式、入園式に参加する。 ●自己紹介をし、新しい保育者や友達を知る。	●新しい保育者や友達に親しむ。 ●5歳児に進級したことを自覚して行動する。 ●園庭の春の自然の様子に気付く。
★内容	●新しい園生活に期待をもち、楽しみにしながら登園する。 ●新しい保育室、靴箱、ロッカーの場所を知る。	●気の合う友達と、集団遊びや触れ合い遊びを楽しむ。 ●新入園児と関わって遊ぶ。
環境構成	●子どもが安心して遊びはじめられるように、昨年度まで使っていた親しみのある遊具を用意する。 ●靴箱やロッカーに、名前やマークをはっておく。 ●春らしい壁面装飾を施し、お祝いの気持ちを表す。	●自分の好きな遊びが見付けられるよう、体を動かして遊ぶ物、つくって遊ぶ物、ごっこ遊びをする物など、様々な遊具を準備する。 ●3歳児が早く園に慣れるためにはどうすればよいかを考えられるよう、話し合いの場を設ける。
保育者の援助	●自己紹介では、一人一人を援助し、安心して自分の名前が言えるように言葉を添える。 ●保育者に親しみを感じられるよう、一人一人の名前を呼びながら一緒に触れ合い遊びをしたり、歌を歌ったりし、緊張感がほぐれるようにする。	●保育者が仲介し、新しい友達関係が広がるように配慮する。 ●好きな遊びや、自分の居場所を見付けて楽しめるように声をかける。 ●春の自然に気付いたり触れたりしたときの子どもの驚き、発見などを受け止めて共感し、興味や関心が広がるようにする。

食育
●ヨモギつみに出かけ、ヨモギの葉の特徴を話して、子どもがつめるようにする。
●タケノコ掘りに出かけ、タケノコがある場所が分かるように声をかける。
●ヨモギ団子、タケノコの煮物をつくることを伝え、期待がもてるようにする。

職員との連携
●バスの運転職員など園全体に、タケノコの収穫や調理の補助を依頼する。
●昨年度の担任から聞き取りをして発達段階などを把握する。

小学校との連携
●地域の小学校に連絡をしてあいさつに行く。情報交換や交流会などについて話し合う。

今月初めの子どもの姿

- 5歳児クラスになったことを喜び、嬉しそうに登園してくる。
- 新しいクラスへ進級する期待があるが、新しい友達との出会いに不安を感じている子もいる。

◆月のねらい

- 進級を自覚して、新しい友達や保育者に親しむ。 自立 協同
- 園内の春の自然に親しみ、観察したり調理して食べたりすることを楽しむ。 自然

月間予定

- 始業式
- 入園式
- 新入園児歓迎会
- 個人面談
- 親子レクリエーション
- ヨモギ団子づくり
- 誕生会(以後、毎月)

第3週	第4週
●いろいろな経験、活動を通して新入園児を歓迎する気持ちをもつ。 ●友達と一緒に一つの作品をつくる楽しさを知る。	●母の日のプレゼントづくりをして、母親に感謝の気持ちをもつ。 ●簡単なルールのある遊びを楽しむ。
●新入園児歓迎会に参加して、言葉や歌をプレゼントする。 ●友達と相談しながら、こいのぼりづくりや当番表づくりを楽しむ。	●母親へ感謝の気持ちをもちながら「スクラッチのしおり」をつくる。 ●戸外で体を動かして、集団遊びをする。
●新入園児が分かる言葉、親しみのもてる歌を選ぶ。 ●こいのぼり用の模造紙、手形を押すための用具を出す。	●スクラッチのしおりをつくるための用紙、画材、リボンなどを用意する。 ●園庭に円をかいてボールを置いておき、子どもが自発的に円形ドッジボールに取り組めるようにする。
●新入園児には優しく声をかけることを伝える。 ●こいのぼりには全員が手形を押し、「みんなでつくったこいのぼり」という意識がもてるように言葉をかける。	●スクラッチで模様が出てくる不思議さや驚きを受け止めて共感する。 ●ルールのあるボール遊びや鬼ごっこなどを紹介して、ルールを守ると楽しく遊べることを伝える。

家庭との連携

- 調理用エプロンを持参してもらう。
- クラスだより、食育だよりを配布して、園の保育や食育活動について知らせる。
- 親子レクリエーションへの参加を呼びかける。
- 個人面談で園や家庭の様子を伝え合い、今後の保育を進めるうえでの参考にする。

評価・反省

- 子ども同士は全員の名前を覚えているわけではないが、新しい友達と一緒に遊ぶ楽しさを感じている。仲よくなれるように、様々な遊びを通して友達との関係を広げていきたい。

自然:自然との関わり・生命尊重　数字:数量や図形、標識や文字などへの関心・感覚　言葉:言葉による伝え合い　表現:豊かな感性と表現　を表しています。

5月 月案

幼稚園 認定こども園

keikaku P228-229

小動物や昆虫と共に暮らす

園では、ウサギ、ニワトリ、カメ、金魚など、いろいろな生き物を飼いますが、保育室内にも生き物がいるとよいでしょう。中でもおすすめはカイコです。バリバリとクワの葉を食べ、マユをつくる様子は、子どもにとっては驚きの体験となるでしょう。生き物は、えさをやったり掃除をしたりしなければ生きられません。共に暮らす中で、継続して行わなければならないことを通して、責任感が育まれます。

	第1週	第2週
◆週のねらい	●5月の祝日の意味を知る。 ●春の自然や草花の生長に気付く。	●木工作品について知り、保護者と一緒につくることに期待をもつ。 ●いろいろな野菜の苗、生き物に触れ、生長や収穫を期待する。
★内容	●憲法記念日、みどりの日、こどもの日などの祝日の意味を保育者と共に考えて知る。 ●園内の草花を観察し、飼育しているウサギやウコッケイに与えてもよい草を知る。	●保護者と一緒につくる木工作品について話し合い、イメージを膨らませる。 ●泥や土の感触を楽しみながら野菜の苗や種を植え、収穫に期待をもつ。
環境構成	●祝日についての分かりやすい絵本や紙芝居を準備する。 ●保育室に野草や植物の絵本を並べておき、子どもが自由に見られるようにする。	●金づちやのこぎり、くぎなどを準備する。 ●昨年植えたジャガイモと、今回植えるサツマイモの色や形、植え方の違いを説明するための絵カードを準備する。 ●たんぼに水を張り、畑には畝をつくる。 ●カイコの飼育箱を用意する。
保育者の援助	●祝日の意味を子どもにも分かる言葉で説明し、理解できるようにする。 ●タンポポ、ヨモギ、シロツメクサなどをつみ取って、ウサギやウコッケイに与えてもよいことを伝え、一緒にえさをやる。	●木工作品づくりをする際の注意事項を伝える。 ●昨年植えたジャガイモと、今回植えるサツマイモの違いを説明する。 ●稲作を始めること、野菜を育てること、カイコの飼育を始めることについて分かりやすく話す。

食育
●田植え、ナス、キュウリ、サツマイモの苗植え、インゲンマメの種まきを、子どもと共に楽しんで行う。
●園内にはキイチゴ、ヤマモモ、グミ、キウイ、ウメなどの果樹があることを知らせ、収穫して食べることに期待がもてるようにする。
●ソラマメの皮むきをして、さやや豆の様子に気付けるようにする。

職員との連携
●懇談会では子どもの食事についての話題を取り上げ、各家庭と情報を交換する。
●バスの運転職員に、木工作品づくりの事前指導として園児に道具の使い方の手本を見せ、補助することを依頼する。

小学校との連携
●小学校の参観日を保育者が見学した後、教師と情報交換を行う。

「幼児期の終わりまでに育ってほしい姿」の 健康：健康な心と体　自立：自立心　協同：協同性　規範：道徳性・規範意識の芽生え　社会：社会生活との関わり　思考：思考力の芽生え

前月末の子どもの姿
- 進級したことを自覚し、積極的に新入園児の世話をしている。
- 新しい友達との遊び方や、関わり方に戸惑っていたが、しだいに一緒に遊ぶようになった。

◆月のねらい
- 友達や保育者、保護者と関わりながらアイデアを出し合って、様々な経験や活動に取り組む楽しさを知る。 規範 思考
- 様々な作物を育てる方法を知り、生長の様子を観察して収穫に期待する。 自然
- 歯の大切さを知り、きれいに保とうとする。 健康

月間予定
- 田植え、野菜の苗植え、種まき
- 地震避難訓練
- 懇談会
- 保育参観(参加)日
- 市民の森への散歩
- 身体測定、歯科検診

	第3週	第4週
	●保護者と一緒に、木工作品をつくる楽しさを味わう。 ●カイコと関わり、世話をする楽しさを知る。	●園内外の自然の様子や変化に気付く。 ●健康な体のために必要な、歯科検診の大切さを知る。
	●保護者と一緒にイメージを共有し、木工遊びの楽しさを味わう。 ●カイコのクワの葉を食べる様子や成長に、興味や関心をもつ。	●イネ、サツマイモ、ウメなどが生長して様子が変化したことに気付く。 ●歯科検診の仕方、意味について知る。
	●木工作品づくりの際、けがには十分に注意し、薬などを用意する。 ●カイコの生態や育て方に興味がもてるように、保育室にカイコの絵本を並べる。	●市民の森へ行くまでの道のりを説明するための地図を用意し、安全な歩き方、横断歩道の渡り方を話し合う機会をもつ。 ●歯磨きの大切さを伝える絵本や紙芝居を用意する。
	●子どもの発想を大切にし、木工作品づくりでは手を出しすぎないように保護者にお願いする。 ●でき上がった木工作品について発表し、自分や友達の作品のよさに気付けるようにする。 ●熟したクワの実を試食し、クワに親しみがもてるようにする。	●昨年、市民の森を散歩したときの様子や、森の中の生き物や植物について話し、春の自然の変化に気付けるようにする。 ●歯科検診を行う理由を説明し、健康のために、ふだんから心がけたいこと(手洗い、うがい、歯磨き)の大切さを考えられるようにする。

家庭との連携
- 連休明けの健康状態に注意してもらう。
- 保育参観日では木工作品づくりを行うので、親子で何をつくりたいか、相談しておいてもらう。
- 代かき、田植えをすることを伝え、汚れてもよい着替えを用意してもらう。

評価・反省
- 市民の森では、新緑の美しさや色とりどりの花を見たり、虫を発見したりするなど、子どもの生き物や植物への興味や関心を広げるきっかけとなった。更に経験の幅を広げていきたい。
- カイコの飼育では、カイコにおっかなびっくりな子も多かったが、クワの葉をよく食べる姿を見ているうちに、愛着がわいてきたようだ。

自然 :自然との関わり・生命尊重　数・字 :数量や図形、標識や文字などへの関心・感覚　言葉 :言葉による伝え合い　表現 :豊かな感性と表現　を表しています。

6月 月案

幼稚園
認定こども園

keikaku → P230-231

力を合わせて取り組む活動を

そろそろクラス全員で取り組むことに力を入れます。相談して、どうしたらより楽しくなるかアイデアを出し合うのです。友達の考えを聞き、自分の意見も言いながら、みんなで相談すると、よりよいものが生まれるという経験を重ねましょう。時にはトラブルもありますが、どうすることがみんなにとってよいことなのかを考える機会となります。自分たちで解決できるようになるのも、このころからです。

	第1週	第2週
◆週のねらい	●園や家庭で、安全に生活する方法を知る。 ●父親に感謝の気持ちをもつ。 ●園内の樹木や野菜の生長と変化に気づく。	●園内の様々な生き物の様子を知る。 ●お店屋さんごっこの準備を楽しむ。
★内容	●不審者が園に侵入した場合や、園外で危険なことがあった際の行動を知る。 ●父親へのプレゼントづくりをする。 ●園庭のウメの実を観察する。	●飼育しているカイコや、畑に生息するミミズやテントウムシなどを見付け、興味や関心をもつ。 ●カイコの絵をかき、細部に気付く。
環境構成	●防犯のための教材DVDの映写の準備をする。また、誘拐や不審者対策の劇を演じる準備をする。 ●父の日のプレゼントづくりの材料や道具を準備する。 ●ウメジュースのつくり方をかいた絵を用意する。	●カイコの体の模様や目、細かい毛にも気付けるように虫めがねを用意する。 ●お店屋さんごっこ（ゲームコーナー）では、素材、看板、内容、役割分担など、クラス全体で話し合う場を設ける。
保育者の援助	●防犯や誘拐防止のための劇を演じ、子どもが「すぐ逃げる、大声を出す」などの行動ができるように指導する。 ●プレゼントがきれいにでき上がった際の喜びと父親への思いを受け止め、共感する。 ●園庭や畑を歩き、ウメやイネの生長に気付けるように声をかける。	●カイコの体がどのようになっているか気付けるような言葉をかける。 ●お店屋さんごっこでは、自分たちで遊ぶための場をつくることを伝える。 ●遊びや生活であがった子どもの様々なアイデアを取り上げて実現できるよう援助し、主体的に取り組めるようにする。

食育
●ウメの実を収穫して、ウメジュースの仕込みを伝える。
●キュウリを収穫し、とれたてのキュウリを味わって食べる機会をもつ。
●カレーをつくり、お泊まり保育を楽しみにできるようにする。

職員との連携
●教務の保育者は糸車をつくり、カイコのマユから生糸を巻き取る様子を子どもに見せる準備をする。

小学校との連携
●近隣の小学校まで散歩をしながら、就学を意識した話をして小学校への期待を高められるようにする。

「幼児期の終わりまでに育ってほしい姿」の 健康：健康な心と体　自立：自立心　協同：協同性　規範：道徳性・規範意識の芽生え　社会：社会生活との関わり　思考：思考力の芽生え

前月末の子どもの姿
- カイコの飼育では、興味をもってクワの葉を与えたり、掃除したりして観察している。
- リレーや鬼ごっこなど、様々な体を動かす集団の遊びに熱が入っている。

◆月のねらい
- 様々な行事に向けて、友達や保育者と話し合って準備をすることで、期待感をもつ。 協同
- 園内で収穫した、野菜やウメを使った調理を楽しむ。 自然
- 危険なことが起きたときの適切な行動を知る。 規範

月間予定
- カレーづくり
- 防犯訓練
- 自由参観日
- お店屋さんごっこ
- 動物公園遠足

第3週	第4週
●3、4歳児との交流を楽しむ。 ●園内のウメやカイコに触れて、その性質や変化に興味や関心をもつ。	●ウメジュースづくりに取り組む。 ●お店屋さんごっこを楽しむ。 ●カイコがつくったマユに触れる。 ●安全な水遊びの方法を知る。
●3、4歳児と合同ランチに参加し異年齢児との交流を楽しむ。 ●父親への手紙をポストに投函する。 ●ウメの実やカイコの観察をする。	●砂糖とウメで仕込みをする。 ●お店屋さんごっこで、異年齢児と一緒に売り買いを楽しむ。 ●約束を守って、水遊びを楽しむ。
●カイコのマユから糸が取れることを話し、後日、マユを煮て糸を取り出す場を設ける。 ●ウメの実の色が変化したことが分かるように、以前の写真を掲示する。 ●お店屋さんごっこの取り組みは、全員が作業できるよう材料をそろえる。	●カイコのマユは保育者が煮て糸を取り出して展示し、巻き取った生糸は、子どもが触れて感触を体験できるようにする。 ●水遊びの約束をまとめたスライド教材を視聴する準備をする。
●夏休みに入ったら、お泊まり保育をすることを話し期待がもてるようにする。 ●投函する際に郵便物の収集の時刻、ポストや切手の役割について話題にする。 ●ウメの実の色の変化やにおいに気付けるよう声をかけ、青いウメは絶対に食べてはいけないことを知らせる。	●お店屋さんごっこは当日だけでなく、終了した後も各クラスで遊びが継続するように指導する。 ●カイコからマユ、マユから糸が取れることの不思議さや、糸を何に使うかなどについて、考えられる言葉をかける。

🏠 家庭との連携
- 防犯訓練の内容について保護者に伝え、家庭でも話し合ってもらう。
- カレーづくりのためにエプロンを持ってきてもらう。
- プールでの水遊びの準備や、健康管理カードについて知らせる。

✎ 評価・反省
- カイコに積極的に触れ、世話をする子どもが増えた。カイコから最後は糸になる過程を見て、「カイコってすごいね」と驚く声があがっていた。
- お店屋さんごっこのゲームコーナーでは、自分たちでつくったゲームで楽しく遊ぶ様子が見られた。自分たちで考えを出し合って遊びをつくることも大切だと思った。

自然：自然との関わり・生命尊重　数字：数量や図形、標識や文字などへの関心・感覚　言葉：言葉による伝え合い　表現：豊かな感性と表現　を表しています。

7月 月案

幼稚園 認定こども園

keikaku → P232-233

お泊まり保育への期待を軸に

　5歳児にとって、お泊まり保育は一大イベントです。その期間だけでなく、それまでの生活の中に、お泊まり保育に向けての準備や活動もたくさんあることでしょう。その一つ一つを楽しみながら、責任をもってやり遂げ、発達に必要な経験を重ねていきます。
　また、夏野菜が収穫の時期を迎えます。これまで世話をしてきたからこそ得られる喜びを十分に感じ、みんなで調理して味わいましょう。

	第1週	第2週
◆週のねらい	●水遊びで水の感触を楽しむ。 ●畑の野菜を収穫し、喜びを感じながら味わう。 ●夏に必要な生活習慣を身に付ける。	●お泊まり保育前の様々な経験や活動に取り組んで、期待をもつ。 ●七夕の由来について知る。
★内容	●水遊びを楽しみながら、水の感触や虹ができることなど、水の性質や不思議さに気付く。 ●ナス、キュウリなどの野菜を収穫する。	●ネイチャーゲームのカードづくりや歌、盆踊りを楽しむ。 ●七夕集会に参加し、短冊に書いた願い事について話す。
環境構成	●プール遊びの日は、気温と水温を確認する。 ●安全や衛生に気を付けて調理ができるよう、保育室の環境を整える。 ●遮光ネットやパラソルで日陰をつくり、いつでも水分補給ができるよう用意する。	●ネイチャーゲーム用の台紙は保育者がつくって用意する。 ●園内の植物や生き物に関心がもてるよう植物の名前を表示しておき、保育室に昆虫図鑑を並べる。 ●七夕のスライド上映の準備をする。
保育者の援助	●プールに入る前や活動中は、子どもが寒さや疲れを感じていないか把握する。また、熱中症に注意する。 ●音楽フェスティバルでは、小、中学生の発表や小学校の建物にも関心がもてるようにし、就学への期待感が高まるようにする。	●植物や昆虫に興味や関心がもてるように言葉をかける。 ●短冊の願い事について、子どもと楽しく話をする。

食育
●ナス、キュウリを収穫し、とれたての野菜を味わえるようにする。
●6月に仕込んでおいたウメジュースを味わい、時間が経つとおいしいジュースができることを感じられるように言葉をかける。
●収穫したジャガイモを使ったポテトサラダづくりを見学し、調理への意欲を促す。

職員との連携
●お泊まり保育や音楽フェスティバルでは全職員が協力して取り組めるように共通理解を深める。

小学校との連携
●夏休み明けの交流活動について、小学校教職員と保育者とで打ち合わせを行う。

前月末の子どもの姿
- 自然物に興味をもち、観察したり、においを感じたりするなど、五感を使って関わっている。特にウメの実の変化に気付き、触れたり拾ったりすることを楽しんでいる。

◆月のねらい
- 様々な素材や技法を使って、行事のための製作を楽しむ。 表現
- 水遊びやネイチャーゲームなど、外で大きく体を動かすことを楽しむ。 自然
- 七夕の行事に親しむ。 社会

月間予定
- 七夕
- 音楽フェスティバル
- 個人面談

第3週	第4週
●園内の様々な自然に興味をもつ。 ●1学期を振り返り、自分の行動や健康について考える。	〈夏休み〉
●ネイチャーゲームを楽しむ。 ●お店屋さんごっこを友達と楽しむ。 ●自分の歯について知る。	
●お店屋さんごっこでは、前回は経験できなかったゲームにも、積極的に参加できるよう順番や動線を整える。 ●「よい歯の表彰」をするための表彰状を準備する。	●飼育当番を希望する保護者に、子どもと一緒にウコッケイのえさやりと小屋の掃除をしてもらう。
●「ほめる言葉、励ます言葉」を渡す際には、自分や友達のよいところに気付くことができるように配慮する。 ●「よい歯の表彰」では、一人一人が歯の大切さを考えられるようにする。	

家庭との連携
- 個人面談では、子どもの育ちや園での様子について情報を交換する。
- お泊まり保育のおたよりを配布し、諸注意や持参する物などを知らせる。
- 夏休み中の生活の記録用紙を渡し、記入してもらう。

評価・反省
- 音楽フェスティバルで地域の人や小学生の前で発表し、見てもらうことへの意識や自信をもつことができた。これからも発表を通して、これらの気持ちを育ててほしい。
- ネイチャーゲームをしたことでお泊まり保育への期待が高まった。また、五感を使って自然物と関わることができてよかった。

自然:自然との関わり・生命尊重　数・字:数量や図形、標識や文字などへの関心・感覚　言葉:言葉による伝え合い　表現:豊かな感性と表現　を表しています。

8月 月案

久しぶりに会える喜びを

夏休みに入り、すべての子どもが毎日、登園するわけではありません。夏期保育が行われる際に久しぶりに顔を合わせ、嬉しい気持ちになるでしょう。「しばらく会わないうちに大きくなったなあ」と感じることもあります。せっかく登園した夏の一日、楽しい経験ができるように、精いっぱい準備しましょう。「来てよかったな」「また来たいな」と、どの子も思えるようにしたいものです。

幼稚園・認定こども園　CD ROM keikaku → P234-235

	第1週	第2週
◆週のねらい	●保育者や友達とお泊まり保育を楽しく過ごす。 ●家庭を離れて1泊することで自信や自立心をもつ。	〈夏休み〉
★内容	●友達とカレーをつくり、食べることを楽しむ。 ●キャンプファイヤー、盆踊り、花火鑑賞をして夏の夜を楽しみ、友達と寝る。 ●ネイチャーゲームを楽しむ。	
環境構成	●子どもが調理しやすいよう道具類を整える。 ●キャンプファイヤーでは火の扱いに十分に注意し、防火用品も準備する。 ●就寝用の保育室に、布団を用意する。 ●二日目の朝食やネイチャーゲームの準備をする。	
保育者の援助	●カレーづくりでは子どもが張り切って何でもやろうとするので、混乱しないように、手順どおりに落ち着いて行えるように援助する。 ●夜、寝るときに保護者がいないことで泣いたり気持ちが沈んだりしている子には、優しく語りかけ、不安な気持ちに寄り添い、友達や保育者がそばに付いていることを話す。	

食育
●カレーづくりでは、準備や調理、片付けがスムーズに行えるよう、そのつど声をかけて援助する。
●自分たちでつくったこと、カレーの味などを話題にしながら、楽しく食べられるようにする。

職員との連携
●お盆休みで保育者の人数がいつもと違うので、夏期保育の内容について全員が把握し、連絡事項は確実に伝わるようにする。

小学校との連携
●夏休み前までの交流活動を振り返り、今後の保育に少しずつ取り入れる計画を立てる。

「幼児期の終わりまでに育ってほしい姿」の　健：健康な心と体　自立：自立心　協同：協同性　規範：道徳性・規範意識の芽生え　社会：社会生活との関わり　思考：思考力の芽生え

前月末の子どもの姿
- プール遊びで、自分の目標に向かって自ら取り組む。
- お泊まり保育を楽しみにし、友達や保育者と話題にする。
- キュウリの収穫を喜び、「おいしい」と言って食べる。
- 自分の夏の予定を、保育者や友達に嬉しそうに話す。

◆月のねらい
- 保育者や友達と一緒に、お泊まり保育の一晩を楽しく過ごす。[協同]
- 保護者のもとを離れて1泊し、自信をもつ。[自立]
- 夏ならではの遊びを、思いきり楽しむ。[自然]
- 自分の思いや考えを、相手に言葉で伝えながら活動を進める。[言葉]

月間予定
- お泊まり保育
- 夏期保育

第3週	第4週
●夏ならではの活動や遊びに、意欲的に取り組む。 ●他のクラスや異年齢児との交流を楽しむ。	〈夏休み〉
●プール遊びを楽しむ。 ●プラ板、ウッドビーズ、陶芸、廃材工作などを楽しむ。 ●運動会ごっこをして、運動会に期待をもつ。	
●プール遊びでは、気温や水温を確認し、水遊び用の遊具を準備する。 ●各工作遊びでは、やりたい工作が十分にできるよう量をそろえる。 ●パラバルーンや大玉など、運動会で実際に使う用具を出しておく。	
●工作の方法を理解し、見本を見せたり、やり方を伝えたりして、楽しくつくれるように援助する。 ●異年齢児や他のクラスの友達と交流することが多いので、状況をよく見て対応する。	

家庭との連携
- お泊まり保育で子どもなりにやり遂げたこと、楽しかったことなどを子どもから聞いてもらう。
- 地域の行事、夏休みの家庭の予定などを、子どもが楽しみにしていることを伝える。
- 生活リズムが崩れやすいので、夏休みに規則正しい生活を心がけることの大切さを伝える。

評価・反省
- 様々な準備を経て当日を迎えたので、期待をもってお泊まり保育に参加することができた。夜の非日常的な雰囲気の中で、キャンプファイヤーや花火などを楽しむことができた。
- 夏期保育の工作では、好きな工作に熱心に取り組んだ。じっくりとつくることができ、いろいろな工夫を凝らしていた。

[自然]:自然との関わり・生命尊重 [数・字]:数量や図形、標識や文字などへの関心・感覚 [言葉]:言葉による伝え合い [表現]:豊かな感性と表現　を表しています。

9月 月案

幼稚園
認定こども園

CD-ROM keikaku → P236-237

運動会にみんなで取り組む

運動遊びを十分にした後、いよいよ運動会に向けての取り組みが始まります。どのような運動会にしたいか、どんな種目をやりたいかをみんなで相談し、させられる運動会ではなく、自分たちでつくる運動会にしたいものです。応援はどうするのか、運動用具はだれが運ぶのか、みんなで必要な係をあげて、やりたい係ができるようにします。種目だけでなく、係で活躍する姿も保護者に見てもらいましょう。

	第1週	第2週
◆週のねらい	●友達や保育者との再会を喜び、関わりを楽しむ。 ●園生活の生活リズムを取り戻す。	●これまで育ててきた様々な栽培物を、収穫する楽しさを味わう。 ●友達や保育者と、体を動かす楽しさを感じる。
★内容	●始業式に参加する。 ●友達や保育者と、夏休みについて話したり聞いたりし、楽しさを共有する。 ●運動遊びに取り組み、運動会を楽しみにする。	●イネ刈りや、ポップコーン用トウモロコシを収穫する喜びを味わう。 ●リレーや組体操などに取り組み、協力して行うよさを知る。
環境構成	●運動会のポスターをかくにあたり、画用紙や絵の具を準備し、イメージや期待がもてるように昨年の運動会の写真をはる。	●イネ刈り用の鎌を準備する。 ●収穫後の稲穂やポップコーン用トウモロコシは保育室前のテラスに干し、触れたり観察したりできるようにする。 ●リレーのバトンを出しておき、いつでもリレーができるようにする。
保育者の援助	●夏休み中の様々な経験を取り上げて、クラスのみんなに分かりやすく伝わるようにする。また、夏休みにつくった作品は、本人の努力や工夫を十分に認める。 ●熱中症にならないように、子どもたちの体調を把握し、水分補給したり、休息をしっかり取るように声をかける。	●鎌を使ってイネ刈りをする際は、けがをしないように使い方を伝え、保育者が手を添えて補助をする。 ●刈り取ったワラで、なわや、わらじがつくれることを話す。 ●友達と力を合わせて取り組む大切さ、楽しさを感じられるような言葉をかける。

食育
●イネやポップコーン用トウモロコシの観察により、夏休み前との変化や生長に気付くよう声をかける。
●イネ刈りやポップコーン用トウモロコシの収穫の準備をし、方法を伝える。
●ダイコンの種まきができるよう、畑の準備をする。

職員との連携
●食育担当の保育者は、ポップコーン用トウモロコシの収穫、ダイコンの種まきの援助や指導をする。

小学校との連携
●運動会の予行演習で小学校に行く際、当日のトイレやその他の設備の利用などについて確認する。

「幼児期の終わりまでに育ってほしい姿」の 健康：健康な心と体 自立：自立心 協同：協同性 規範：道徳性・規範意識の芽生え 社会：社会生活との関わり 思考：思考力の芽生え

前月末の子どもの姿
- 友達と夏休み中の経験を伝え合っている。
- 夏期保育の期間中につくった作品を友達に紹介したり、その作品を見て、次の日に取り組む内容を決めたりする。
- 他のクラスの友達と遊ぶことを喜び、積極的に関わる。

◆月のねらい
- 友達や保育者と、様々な協同的な活動に意欲的に取り組む。 [協同]
- 収穫、種まき、観察などの体験を通して、自然との関わりを深める。 [自然]
- 祖父母を大切にしようとする気持ちをもつ。 [社会]

月間予定
- 始業式
- 夏休み作品展
- 運動会予行演習
- イネ刈り
- トウモロコシの収穫
- ダイコンの種まき

第3週	第4週
●友達と一つの目的に向かって、協力しながら取り組む大切さを知る。 ●敬老の日、秋分の日の意味を知る。	●夏から秋への変化に気付き、季節に合った生活の仕方について考える。 ●様々な野菜の生長の様子に気付く。
●ダイコンの種まきをし、収穫に期待をもつ。 ●友達と力を合わせ運動会に向けて取り組み、充実感を味わう。	●台風や大雨の日の、安全な過ごし方について考える。 ●祖父母へ感謝の気持ちを表す。
●ダイコンの種を出しておき、直接手に触れて感触や形などの特徴に気付けるようにする。 ●小学校の校庭で運動会を行うため、校舎や様々な施設、設備についても話し、就学に期待がもてるようにする。	●ルールのある室内ゲームや積み木など、共同で取り組める遊びを用意する。 ●ダイコンが発芽した後の生長に気付けるよう、畑やその周辺に連れて行く。 ●祖父母へのプレゼントづくりの材料を準備する。
●他のクラスや異年齢児のクラスの運動会の取り組みを見て、種目の楽しさやよいところに気付くような言葉をかける。 ●小学校の校庭は広いので、子どもの気持ちが散漫にならないよう、自分たちのことに集中できるように援助する。	●悪天候の日はどんなことに気を付けたらよいかを話し合えるようにする。 ●各自の祖父母について発表し、祖父母参観日にはどのようなことで喜んでもらうかを話し合えるようにする。

家庭との連携
- 2学期以降の行事予定や運動会のおたよりを渡し、園生活の流れについて理解してもらう。
- 10月に行う祖父母参観日について知らせ、各家庭で祖父母に参加を呼びかけてもらう。

評価・反省
- 鎌を使ってイネを刈ったり、ダイコンの種を植えたりしたことで、食べ物への興味が増したようだ。今後も様々な体験を取り入れたい。
- 祖父母との交流会を楽しみにしている。当日は一緒に遊ぶ時間も設けるが、子どもの希望を聞き、職員とも打ち合わせをして有意義な参観日となるようにしたい。

[自然]:自然との関わり・生命尊重　[数字]:数量や図形、標識や文字などへの関心・感覚　[言葉]:言葉による伝え合い　[表現]:豊かな感性と表現　を表しています。

10月月案

秋の自然を生活に取り入れる

実りの秋を迎え、イネを刈り取って脱穀やモミすりを体験したり、クリ拾いをしたり。私たちは自然から多くの贈り物をもらっています。食に直結する活動だけでも、たくさんあります。あるだけの自然、眺めるだけの自然ではなく、その恵みを食や生活に取り入れて暮らしているのです。生活がより心豊かになるように、感性を高めたいものです。子どもに経験させたいことを、興味がもてるように計画しましょう。

幼稚園・認定こども園

CD-ROM keikaku → P238-239

	第1週	第2週
◆週のねらい	●友達と運動会に参加し、充実感や達成感を味わう。 ●小学校の校庭で運動会を行うことで、小学校への期待を膨らませる。 ●園庭の植物に触れ、感触、色や形などの特徴に気付く。	●友達や保育者と指人形劇について話し合い、自分の考えを伝え合う楽しさを味わう。 ●自分の祖父母や友達の祖父母との交流を楽しむ。
★内容	●友達と力を合わせ組体操やリレーなどに取り組む楽しさを味わう。 ●運動会を小学校の校庭を借りて行う。 ●木に実っているクリや昆虫などを観察し、その様子に気付く。	●指人形劇の配役や、祖父母と一緒に遊びたい内容を話し合う。 ●イネのモミの感触や変化する様子を感じながら、脱穀を楽しむ。
環境構成	●運動会後も、様々な種目に自由に取り組んで楽しめるよう、用具を出しやすくする。 ●トイレや水道場など、小学校の様々な施設の使い方について事前に伝える。 ●クリ拾いでは、様々な虫に気付いて観察したり捕まえたりできるよう、ビニール袋を準備する。	●指人形づくりの材料を準備し、自分の役のイメージに合った人形づくりができるようにする。 ●モミすり用のすり鉢と、軟球ボールを用意する。
保育者の援助	●小学校の校庭で運動会を行うことに喜びと緊張を感じながら、練習してきた成果が発揮できるよう言葉をかけていく。 ●各家庭でどのように祖父母と過ごしているか、関わっているかを発表し合ったり、室内を装飾したりして、祖父母参観日を楽しみにできるようにする。	●指人形劇の内容についてイメージがわくように話し合いを深める。 ●祖父母参観日は参観だけを目的とせずに、子どもがお年寄りと楽しい時間を過ごせるように配慮する。

食育
- イネの脱穀やモミすりができるように準備をする。
- ポップコーン用トウモロコシやコンニャクイモは畑で収穫したことを話し、調理することにより材料の形状が変化する様子に興味がもてるようにする。
- 昨年つくった味噌を、持ち帰れるように準備する。
- 収穫祭りの豚汁、クリごはんづくりの準備をし、みんなで食べることに期待をもてるようにする。

職員との連携
- 収穫祭りでは、全職員が協力して取り組めるように、共通理解を深める。

小学校との連携
- 小学校校長に園の運動会を参観していただく。プログラムに卒園児も参加できる競技を取り入れる。

「幼児期の終わりまでに育ってほしい姿」の 健康:健康な心と体 自立:自立心 協同:協同性 規範:道徳性・規範意識の芽生え 社会:社会生活との関わり 思考:思考力の芽生え

前月末の子どもの姿
- 運動会に期待をもち、様々な種目に積極的に取り組んでいる。
- 園内の自然の様子や変化を見て、季節の移り変わる様子を友達に伝え、発見を喜んでいる。

◆月のねらい
- 調理、染色、見学など様々な活動を通して、自然と関わる楽しさや大切さを知る。 自然
- 祖父母や高齢者と関わる楽しさを知る。 社会

月間予定
- 運動会
- クリ拾い
- 祖父母参観日
- 体力測定
- マリーゴールドの染色
- 収穫祭り

	第3週	第4週
	●様々な材料を使い、工夫して指人形をつくることを楽しむ。 ●園内の植物や作物に触れ、染色や調理する楽しさを味わう。	●自分たちで収穫、調理した物を喜んで食べる。 ●友達とルールのある遊びを楽しむ。
	●指人形の色塗りや細部の仕上げをして完成させ、発表会に期待する。 ●収穫祭りで「わっしょいまつりっこ」の踊りを楽しむ。	●野菜の収穫や調理、昨年に仕込んだ味噌を持ち帰ることで、自然の恵みに感謝する。 ●ドッジボールやサッカーなど、ルールを守って遊ぶ楽しさを味わう。
	●人形劇をイメージしやすいように台本となる絵本を用意する。 ●収穫祭りを楽しみにしながら、リズミカルに踊れるよう、保育者が手本を見せる。 ●マリーゴールドだけでなく、タマネギの皮も集めておき、一緒に煮出すようにする。	●収穫祭りの前日には収穫物やおみこしを展示しておき、当日に期待感がもてるようにする。 ●昨年つくった味噌のでき上がりを見て、その変化に気付ける場を設ける。 ●自発的にドッジボールなどが楽しめるよう、園庭に線を引く。
	●指人形づくりに使う、小麦粉のりや絵の具の感触を楽しめるようにする。 ●マリーゴールドやタマネギの皮で染める方法を伝える。また、自然物を利用する楽しさに気付けるようにする。	●安全や衛生に注意して調理ができるよう、包丁を使う際には保育者が個別に援助する。作業前には、手を消毒スプレーで消毒する。

家庭との連携
- 祖父母参観日の案内状を配布し、参加を希望する祖父母に渡してもらう。
- マリーゴールドで染色するためのハンカチ、収穫祭りのエプロン、手ぬぐいを持参してもらう。
- 昨年、園で仕込んだ味噌を持ち帰り、家庭で使ってもらい、園の食育活動への理解を得る。

評価・反省
- 話し合いや相談をしながら運動会を迎え、子どもは自分の目標をもって取り組むことができた。終了後は、当日経験しなかった綱引き、玉入れを取り入れていきたい。
- マリーゴールド染めの発色は子どもにとって新鮮な驚きだった。これからも様々な場面の驚きや感動を受け止めたい。

自然:自然との関わり・生命尊重　数字:数量や図形、標識や文字などへの関心・感覚　言葉:言葉による伝え合い　表現:豊かな感性と表現　を表しています。

11月 月案

幼稚園 認定こども園

keikaku → P240-241

協同的な学びを友達と

自分の指人形で遊ぶのは楽しいけれど、友達の指人形とやり取りすると、もっと楽しくなることを経験します。そして、お話の中で役割を演じることで、更におもしろくなることも知ります。

また、ドッジボールなどの運動遊びをしながら、勝つことだけでなく、みんなが楽しんでいるかにも配慮できる気持ちを育てましょう。「みんなの中で生きている自分」を感じられる園生活にしたいものです。

	第1週	第2週
◆週のねらい	●友達と意見を出し合い、指人形劇づくりを進め、友達との関係を深める。 ●友達と誘い合って、体を動かす活動に取り組む。	●様々な粘土について知り、触れたりつくったりすることを楽しむ。 ●マナーを守ってプラネタリウムを見学し、その役割を知る。
★内容	●友達と考えを出し合って指人形のせりふや動きを考え、台本づくりを楽しむ。 ●戸外で体を動かして遊ぶことを楽しむ。 ●手洗い、うがいの大切さを理解する。	●陶芸用粘土をこねる、丸める、のばすなどして、皿をつくることを楽しむ。 ●プラネタリウムを見学し、星や星座、科学などに興味や関心をもつ。
環境構成	●子どもの発想や意見はホワイトボードに書き、生かせるように残す。 ●外で体を動かすことの大切さを伝え、サッカーやドッジボール、一輪車などの遊びが更に発展するよう、道具を用意する。 ●収穫祭で踊った曲を今後も披露できるよう、機会や場を設ける。	●皿づくりに興味がもてるよう、試作用の陶芸用粘土も準備する。 ●過去につくった陶芸作品を、見やすいように並べる。 ●宇宙や星の絵本、図鑑などを並べる。
保育者の援助	●子どもの発想や意見を尊重して、台本づくりを進めることができるよう配慮する。また、大道具、小道具が必要なことを伝え、つくることに期待がもてるようにする。 ●書けない文字は、書ける子に頼むなど、人との関わりが増えるようにする。	●陶芸用粘土で皿を試作する際、いろいろな皿の形を見せ参考にできるようにする。 ●プラネタリウム見学の前に、宇宙や星に興味がもてるよう、絵本や図鑑をみんなで見る。また、館内での過ごし方やマナーも伝える。

食育
●園庭のカキの木やカリンの木のそばへ連れて行き、収穫を見せる。
●干しガキ、カリンシロップのつくり方を話しながら見学し、興味がもてるようにする。

職員との連携
●教務の保育者、食育担当の保育者は干しガキづくりや、カリンシロップづくりの補助をする。

小学校との連携
●学校だよりや園だよりを交換し、互いの情報交換を行う。

「幼児期の終わりまでに育ってほしい姿」の 健康：健康な心と体　自立：自立心　協同：協同性　規範：道徳性・規範意識の芽生え　社会：社会生活との関わり　思考：思考力の芽生え

前月末の子どもの姿
- 運動会が終わった後も、友達と誘い合ってリレーや組体操などに取り組んでいる。
- 園庭のドングリや木の葉、虫などを拾ったり捕まえたりして、様々な経験の中で秋の訪れを感じている。

◆月のねらい
- 友達と相談し、指人形劇の発表内容や方法について考える。[思考]
- 身近な植物や園外の施設を見学し、自然への興味や関心を深める。[自然]
- 考えは文字にして残せることを知る。[数・字]
- 粘土から皿ができることを知り、製作を楽しむ。[表現]

月間予定
- プラネタリウム見学
- 保育参観(参加)日
- 地震避難訓練
- 個人面談

第3週	第4週
●カキやカリンの収穫を観察し、加工や調理に興味や関心をもつ。 ●保護者と一緒に陶芸を体験し、楽しく過ごす。	●指人形劇発表会の流れを知り、見通しをもって準備を進める。 ●災害時の注意点について考えながら、慎重に行動する。
●干しガキやカリンシロップづくりを見学し、できるのを楽しみにする。 ●保護者とイメージを共有しながら陶芸の皿づくりを楽しむ。	●友達と相談し、指人形劇や歌の発表の仕方を考える。 ●災害時の行動を思い出し、安全に避難する方法を知る。
●カキの皮をむき、子どもから見える場所に干し観察できるようにする。カリンは子どもの前で切り、ハチミツに漬けるところも見せる。 ●陶芸用粘土は扱いやすいように、あらかじめ土練機でやわらかくし、人数分を切り分けて用意する。	●指人形劇や歌の発表の取り組みでは、子どもが工夫した点や個々のよい点について、友達同士で認め合える雰囲気をつくる。 ●災害時の行動を再確認できるよう、絵を見せたり、保育者が実演したりする。
●皿は数日間乾燥させるので、その間に硬さや色の変化、油粘土との違いにも気付けるようにする。 ●乾燥後、皿に釉薬をかけて本焼きをする際、電気炉に入れるところを見せて、焼成後の変化にも気付けるようにする。	●防火扉や防火シャッターの役割について話し、開閉の際は手や指をはさまないように呼びかける。

家庭との連携
- 製作した指人形の頭と手は持ち帰り、家庭で衣装をつくってもらう。
- 地震が起こった際の行動や、避難場所について家庭でも考えてもらう。
- 保育参観日では皿づくり(陶芸)に参加してもらうことを伝える。その際、子どもの発想を大切にしながら製作に関わってもらう。

評価・反省
- 陶芸用粘土を使って皿づくりをしたことで、粘土の乾燥や焼成による変化の様子を知ることができた。また、保護者にも園での経験を理解してもらうきっかけとなった。
- 干しガキやカリンシロップをつくる過程を見て、果物をいろいろな方法で加工して食べることについて話し合うことができた。

[自然]:自然との関わり・生命尊重 [数・字]:数量や図形、標識や文字などへの関心・感覚 [言葉]:言葉による伝え合い [表現]:豊かな感性と表現 を表しています。

12月月案

幼稚園 認定こども園

keikaku → P242-243

生活の中で文字や数を楽しむ

お店屋さんの看板やメニューを書いたり、値段を付けたりと、遊びの中でも文字や数を使ってきました。そこでは、書いておくと他者に伝わるという経験もしています。また、かるたやすごろく遊びで、文字の付いた絵札を取ったり、さいころの目の数や升目に書かれた指令を読んだりして、文字や数を使う楽しさを味わっています。読めると便利、書けると便利な文字や数を、書いてみる機会を増やしましょう。

	第1週	第2週
◆週のねらい	●寒さに負けず、戸外で体を動かすことを楽しむ。 ●もちつきの方法や由来について知り、もちつきを楽しむ。 ●指人形劇の準備を進める。	●指人形劇を発表し、表現する楽しさを味わう。 ●他のクラスの発表を見学し、自分たちの発表にも期待をもつ。
★内容	●ドッジボールなどの運動遊びを楽しむ。 ●もち米を研いだり、蒸したり、ついたりして、もちができる様子に興味や関心をもつ。 ●指人形劇の背景画の完成を喜ぶ。	●指人形劇や歌をおおぜいの前で発表する楽しさや、充実感を味わう。 ●他のクラスの演目(オペレッタ、鼓笛)を見て楽しむ。
環境構成	●ドッジボールやサッカーのルールが分かりやすいよう、図を用意する。 ●もちつきの由来、意味についても話し合う場をもつ。園で収穫した米と、もち米の色や感触の違いが分かるように皿に出す。 ●発表会のプログラムを分かりやすく掲示するための方法を提案し、グループごとに作成できるよう、材料をそろえる。	●発表会の会場づくりをする。指人形劇の舞台、オペレッタの舞台など、それぞれが演じやすく、観客からも見やすい設定にする。 ●うがい用のコップを置く場所を確保する。
保育者の援助	●ルールを守ると楽しく遊べることを伝えながら、一緒に遊ぶ。 ●発表会のリハーサルでは、自分の努力したことや友達の発表のよさについて考えることができるようにする。	●発表の前や終了後は、これまで工夫した点、努力した点について十分にほめて、達成感をもてるようにする。 ●インフルエンザが流行すると行事が予定どおりに行えないことを知らせ、予防について考えられるようにする。 ●3学期も様々な発表の場があることを伝え、期待がもてるようにする。

食育
- 保育者と一緒に、もちをつけるように準備する。
- でき上がったカリンシロップを飲み、のどによいことを伝える。
- ダイコンを収穫し、冬においしい野菜について話題にする。
- 園庭のユズを収穫し、様々な用途を話す。

職員との連携
- 教務の保育者、食育担当の保育者、バスの運転職員は、もちつきの補助をする。

小学校との連携
- 就学先の小学校に向けて、一人一人の育ちや配慮する点などを指導要録にまとめる。

「幼児期の終わりまでに育ってほしい姿」 健康:健康な心と体 自立:自立心 協同:協同性 規範:道徳性・規範意識の芽生え 社会:社会生活との関わり 思考:思考力の芽生え

	前月末の子どもの姿	◆月のねらい	月間予定
	●発表会に期待し、指人形劇の小道具づくりに取り組んでいる。 ●ドッジボールやリレーなど、大きく体を動かして遊ぶことが増えた。トラブルになることもあるが、自分たちで解決しようとしている。	●自分たちでつくった指人形劇の発表をし、達成感をもつ。 協同 ●冬の健康管理や生活の仕方について知る。 自立 ●収穫物の数や量に関心を向ける。 数・字	●もちつき ●指人形劇発表会 ●終業式

第3週	第4週
●園内の野菜やくだものの収穫を楽しむ。 ●学期末の活動に取り組み、2学期の終わりを意識する。	〈冬休み〉
●ユズやダイコンの収穫を楽しみ、数などに興味をもつ。 ●11月につくったカリンシロップを飲んで味わう。	
●ユズは感触や、においなどが分かるように、手に取れる場所に置く。 ●ユズは箱に入れ、希望者が持ち帰れるよう、昇降口に置く。 ●ダイコンは、みんなが1本ずつ持ち帰れるように準備する。	●「冬休みのお約束表」を配布し、約束が守れたら印を付けられるようにする。 ●お正月の雰囲気が感じられるような保育室の装飾を考え、3学期に備える。
●ダイコンは自分たちで種から育てたことを振り返り、今後も野菜を育てることに意欲をもてるようにする。 ●収穫物の数、長さ、重さ、量に着目させ、言葉で表現できるようにする。 ●よい行いはしっかり認めて、一人一人が自己肯定感をもてるようにする。	

家庭との連携
●もちつきの日には、みんなでもちを食べるので、弁当の量は少なめにしてもらう。
●風邪やインフルエンザの予防のための手洗い、うがいを呼びかける。
●指人形劇発表会を参観してもらう。
●園で収穫したダイコンやユズは家庭に持ち帰って食べてもらう。

評価・反省
●子どもと保護者が協力して作成した指人形を使い、ストーリーを話し合って演じた指人形劇は、みんなで一つの目標に向かって取り組む気持ちにつながったようである。就学に向けて、このような協同的な経験や活動を深めていきたい。

自然 :自然との関わり・生命尊重　数・字 :数量や図形、標識や文字などへの関心・感覚　言葉 :言葉による伝え合い　表現 :豊かな感性と表現　を表しています。

1月 月案

幼稚園
認定こども園

keikaku → P244-245

新年に、日本の文化を味わう

新しい年がやってきて、子どもたちは気分も新たに張り切っていることでしょう。お正月らしい保育室の雰囲気をつくり、共に新しい年を祝います。また、こま回しや凧あげなど、挑戦する遊びにも誘いたいものです。初めからうまくはいきませんが、上手な人のやる様子を見ながらまねをしているうちに、コツがつかめてくるでしょう。何度もやってみて、うまくいったときの喜びはひとしおです。

	第1週	第2週
◆週のねらい	●冬休みに経験した遊びや正月遊びを楽しみ、友達と進んで関わる。 ●3学期が始まったことを意識する。	●友達と話し合いを進めたり、伝え合ったりする大切さを知る。 ●人形劇を観劇し、内容を理解する。
★内容	●冬休み中の出来事を、保育者や友達に話す。 ●凧あげ、すごろくなど、正月遊びを楽しむ。 ●3学期の生活に期待し、グループ表づくりに取り組む。	●オペレッタの進め方を友達や保育者と相談し、配役を決める。 ●人形劇「ともだちや」を観劇し、感じたことを保育者に話す。
環境構成	●子どもがつくった福笑い、すごろくは、自由に遊べるように並べる。 ●冬休み中に完成した陶芸作品を展示し、自分の作品や友達の作品のよさにも気付けるようにする。	●オペレッタのストーリーを読み、話の流れが分かるようにする。 ●人形劇の内容から、友達を思いやることや、優しく接することの大切さについて考える場をもつ。
保育者の援助	●凧あげ、こま回しは、周りの状況を見てから始めるよう声をかける。また、凧をあげはじめる際、こまのひもを巻くときは、難しそうな場合は手助けし、できた喜びを感じられるようにする。	●オペレッタの配役を決める際、2学期に指人形劇の配役を決めたときのことや、友達に譲ったり譲られたりしたことを伝えて、話し合いで決められるようにする。

食育
●うどんづくりでは、これまで経験したヨモギ団子や味噌などの調理について話して、つくり方や必要な物を自分で考えられるようにする。

職員との連携
●教務の保育者、食育担当の保育者、バスの運転職員に、うどんづくりの補助を依頼する。

小学校との連携
●来月の給食体験に向けて、情報の共有や役割分担、配慮する点などについて話し合う。

👧 前月末の子どもの姿	◆月のねらい	📋 月間予定
●他のクラスの音楽発表会や指人形劇発表会の様子を見て、保育者や友達によいところを進んで伝えようとしている。 ●鬼ごっこ、ドッジボール、サッカーなど、体を動かす遊びに取り組む。	●友達と話し合ったり、協力し合ったりして、音楽発表会の準備を進める。協同 規範 ●伝統的な日本の遊びや行事に、親しみをもつ。社会	●始業式 ●人形劇の観劇 ●うどんづくり ●防犯訓練 　（抜き打ち）

第3週	第4週
●寒さに負けず、外で体を動かすことを楽しむ。 ●これまで経験した様々な材料や方法で大道具を製作する。	●小麦粉を使って、うどんづくりを楽しむ。 ●節分について知り、準備に取り組む。
●ドッジボール、なわとび、色鬼など、体を動かす遊びを楽しむ。 ●手遊び歌や鼓笛で、歌ったり演奏したりすることを楽しむ。	●小麦粉の感触を楽しみ、うどんづくりに取り組む。 ●鬼を想像し、鬼のお面づくりや福豆を入れる升づくりに取り組む。
●オペレッタの大道具づくりは、絵の具、クレヨン、鉛筆、ビニールテープ、筆、スポンジなど、これまで使用したことのある様々な画材や道具、技法を使えるようにする。	●うどんの汁に入れる味噌やダイコンを見えるところに置き、昨年自分たちでつくったこと、ダイコンは種をまいて育てたことに気付けるようにする。 ●節分には、ヒイラギの枝とイワシの頭が必要な意味を伝えながら飾る。また、ヒイラギとイワシは触れたり、においをかいだりできるようにする。
●ルールが分からない場合は、子ども同士で伝え合えるようにする。また、トラブルの際は自分たちで話し合って解決するよう声をかける。 ●インフルエンザや胃腸炎の怖さを話し、うがい、手洗いを徹底するようにする。	●うどんづくりは全員が体験できるように、また、衛生的に作業できるようにする。 ●節分の由来が分かるような絵本を読む。

🏠 家庭との連携

- 陶芸作品を持ち帰った際、子どものつくり上げた達成感を十分に認めてもらう。
- 感染症が疑われる場合は、登園を見合わせるように伝える。
- うどんづくり用のエプロンを持参することを伝える。

✏️ 評価・反省

- 氷が張ったり、地面に霜柱が立ったりしていることに気付き、冬の自然の不思議さを感じることができた。子どもの驚きや感動、発見を更に受け止めていきたい。
- 音楽発表会への取り組みに時間をかけたため、外で体を動かすことが少なくなっている。来月は、様々な運動ができるように配慮したい。

自然 ：自然との関わり・生命尊重　　数字 ：数量や図形、標識や文字などへの関心・感覚　　言葉 ：言葉による伝え合い　　表現 ：豊かな感性と表現　を表しています。

2月 月案

幼稚園
認定こども園

keikaku → P246-247

音楽を楽しみ、力を合わせる

一人で楽しむ音楽もあれば、数人でリズムを取って合奏を楽しむこともあります。それに歌が入ることもあれば、踊りが加わることも。いろいろな要素が入るごとに、音楽は豊かになります。そして、更に息を合わせて一つの音楽をつくり上げる喜びを感じることができます。発表会で披露する場合は、緊張することもあるでしょう。それを乗り越えて、達成感や充実感を味わえるようにしたいものです。

	第1週	第2週
◆週のねらい	●戸外で体を動かし、ルールのある遊びをみんなで楽しむ。 ●節分について知り、様々な活動を楽しむ。 ●小学校での給食体験を楽しむ。	●冬の自然の様子や、いろいろな現象に気付く。 ●音楽発表会に期待をもつ。
★内容	●色鬼や氷鬼など、いろいろな鬼ごっこやゲームを楽しむ。 ●節分の由来について知り、豆まきを楽しむ。 ●小学校の給食体験を通して、小学生の生活を知り、就学への期待がもてるようにする。	●雪や氷、霜、霜柱、ウメの花など、寒い季節の自然事象に興味や関心をもつ。 ●他のクラスの指人形劇を見て、よさや楽しさに気付く。
環境構成	●園庭では、集団で遊べる様々な体を動かす活動だけでなく、短なわとびにも取り組めるように用意する。 ●小学校生活を知り、一年生との交流を育むことで小学校への憧れを高める。	●園庭や畑に行き、霜柱や氷を踏んだり触れたりして、凍っている様子や感触に気付けるようにする。 ●雪が降ったら、様々な雪遊びを楽しめるように提案する。
保育者の援助	●ルールのある遊びが楽しくできるよう、一緒に遊ぶ。 ●節分について理解できるよう、絵本などを用意する。他のクラスや4歳児がつくった様々な鬼のよい点、工夫したところを伝え合えるようにする。 ●交流会で芽生えた気持ちを言葉や絵に描いて表現し、クラスで伝え合うことで、小学校への憧れや期待が膨らむようにする。	●ウメの花の色やにおい、飛んでくる鳥にも気付けるようにする。 ●他のクラスの発表を見て、自分の感想やよかった点を伝えることができるようにする。

食育
●豆まき後に豆を食べ、食べる数や、豆を食べる意味について話す。
●園の畑で収穫したダイコンでつくった漬け物を食べる機会を設ける。

職員との連携
●他のクラスの子どもも、音楽発表会の練習や、リハーサルの様子を見られるように調整する。

小学校との連携
●小学校の給食体験において、園児や児童が関わり合う姿や体験内容など、小学校側と共通理解を図る。

「幼児期の終わりまでに育ってほしい姿」の 健康:健康な心と体 自立:自立心 協同:協同性 規範:道徳性・規範意識の芽生え 社会:社会生活との関わり 思考:思考力の芽生え

前月末の子どもの姿
- 音楽発表会に期待をもち、自由遊びの中で自発的に取り組んでいる。
- かるたや福笑い、すごろくなどの日本の伝統的な遊びに触れたり、干支の動物に興味をもったりしている。

◆月のねらい
- 目的に向かって自分の力を出しきり、達成感や充実感を味わう。 自立
- 冬の自然や、その変化する様子に気付く。 自然
- 様々な技法を使い、自分の思い出を表現することを楽しむ。 表現

月間予定
- 視力検査
- 交通安全指導
- 節分・豆まき
- 音楽発表会
- 小学校給食体験

	第3週	第4週
	●様々な素材や手法を使って、アルバムの表紙づくりを楽しむ。 ●音楽発表会に意欲的に取り組む。	●戸外やホールで、体を動かす様々な活動を楽しむ。 ●園生活の楽しかったことを振り返る。
	●スポンジ、絵の具、油性ペンなどを使い、アルバムの表紙を工夫する。 ●友達と協力して、鼓笛や手遊び、オペレッタの発表に自信をもって取り組む。	●相撲、バルーン、リレー、なわとびなどを楽しむ。 ●園庭で食事し、春を感じる。
	●スポンジ、絵の具、油性ペンなどを用意し、素材や技法の特性、組み合わせを楽しみながらつくれるようにする。 ●発表会の会場づくりをする。	●バルーン、バトン、なわとびなどを出しておき、いつでも遊べるようにする。 ●ウメの咲いている様子を観察し、香りを感じながら昼食を食べられるよう、園内の梅林の下にシートを敷く。
	●園生活での最後の発表会であることを伝え、自覚をもって参加できるようにする。 ●修了式では、各自が園生活の楽しかったことを発表するのだと伝え、園生活の思い出を語れるようにする。	●園生活を振り返りながら、体を動かして遊べるようにする。小学校へ行っても、体を動かして遊んだり運動したりするように言葉をかける。 ●就学後は、保護者の付き添いなしで登校することを伝え、自分で道路の歩き方や横断歩道の渡り方などを意識できるようにする。

家庭との連携
- 音楽発表会のプログラムを配布し、当日の流れや観覧中のお願いを伝える。
- 音楽発表会の後は、子どもの努力や成長の様子を伝え、家庭でも認めて受け止めてもらう。
- 感染症が流行する時期なので、家庭での健康管理をお願いする。

評価・反省
- ルールのある遊びをする際、自分本位にルールを変えることがある。それがもとでけんかになる場合もあるので、保育者が仲介して、ルールがあるからこそ楽しく遊べることを伝えた。
- 感染症がはやっているので、手洗い、うがいの仕方を再確認した。感染症予防の意識を高めることができてよかった。

自然：自然との関わり・生命尊重　数字：数量や図形、標識や文字などへの関心・感覚　言葉：言葉による伝え合い　表現：豊かな感性と表現　を表しています。

3月 月案

自信をもって、胸を張って

いよいよ修了の日が近づいてきます。様々なお別れ会を経験するうちに、「園を巣立つんだ」という気持ちが押し寄せてくるでしょう。お世話になった人々へ感謝の気持ちを伝えることも、活動の中に入ってきます。形式的にならないように、自分の言葉で思いを伝えられるように支えましょう。子どもたちとの時間を大切にしながら、自信をもって新しい生活に歩み出していけるように見守ります。

幼稚園 認定こども園

keikaku → P248-249

	第1週	第2週
週のねらい	●マナーを守って博物館の見学を楽しむ。 ●園内外の季節の変化に気付く。 ●修了式に向けての準備をする。	●園生活を振り返り、修了に向けての様々な活動に意欲的に取り組む。 ●園生活の終わりを感じ、お世話になった人と楽しいひとときを過ごす。
内容	●お別れ遠足で博物館へ行き、展示物を見たり触れたりして楽しむ。 ●園庭や畑を歩いて、春の自然を探す。 ●修了式の言葉を言ったり、歌ったりする。	●修了式リハーサルに参加し、修了すること、就学することに期待をもつ。 ●お別れお楽しみ会に参加し、保育者や保護者とゲームや歌を楽しむ。
環境構成	●博物館での態度、マナー、他の見学者への配慮などを伝える場を設ける。 ●園庭を散歩する際、ウメ、アジサイ、コブシなどの樹木の芽吹きや、ヨモギ、ノビルなどの野草の生長の様子に気付けるようにする。	●修了式リハーサルは長時間にならないように配慮する。 ●身の回りの物の整理をし、これまで使ってきた保育室をきれいに掃除する機会を設ける。 ●保護者が毎日お弁当をつくってくれたことに感謝を伝える手紙を書く提案をし、その用意をする。
保育者の援助	●博物館では一緒に展示物を見て、子どもの興味や関心に共感する。 ●様々な自然を観察して、春の訪れが感じられるような言葉をかけ、子どもの発見に共感する。 ●最後の身体測定では、入園からこれまでの体の成長に気付けるようにする。	●持ち物を整理する際、園での経験を振り返って話し合う。 ●就学してからも、いろいろなことに意欲的に取り組むように声をかける。

食育
●ひな祭りの由来を伝える。
●園庭になっているミカンを収穫し、自然の恵みについて考えられるようにする。
●ヨモギ、ノビルなどの食べられる野草の観察をするために、園庭散歩に誘う。

職員との連携
●修了式では、3、4歳児の教職員がピアノの伴奏、会場の設営などを行う。

小学校との連携
●5歳児それぞれの就学先に出向いて、支援会議や引き継ぎなどを行う。
●卒園式に小学校校長を招待し、参列していただく。

「幼児期の終わりまでに育ってほしい姿」の **健康**：健康な心と体　**自立**：自立心　**協同**：協同性　**規範**：道徳性・規範意識の芽生え　**社会**：社会生活との関わり　**思考**：思考力の芽生え

前月末の子どもの姿
- 友達と空き容器に水を入れて氷づくりをしたり、ウメの花の咲いている様子に興味をもったりしている。
- 発表会で演じたオペレッタや鼓笛などに、自由に取り組んでいる。

◆月のねらい
- 修了を意識し、自律ある行動で園生活を送る。[自立]
- 様々な活動を通して、たくさんの人に感謝の気持ちをもつ。[社会]
- 展示物の歴史や性質を感じ取り、ここにある意味に気付く。[思考]
- 友達のよいところを見付け、言葉にする。[言葉][表現]

月間予定
- お別れ遠足
- お別れお楽しみ会
- 園内お別れ会
- 身体測定
- 修了式

第3週	第4週
●園内お別れ会や修了式に参加し、園生活を修了する充実感や達成感を味わう。	〈春休み〉
●園内お別れ会で、自信をもって修了の歌や言葉を発表する。 ●最後の「ほめる言葉」を受け取り、自分の成長や友達のよさに気付く。	
●サインつづりの内容がイメージできるよう、友達と話し合える場をつくる。 ●修了式の会場は、厳粛な雰囲気と春らしさが感じられるようにする。	●新5歳児が保育室を気持ちよく使えるように清掃し、整える。
●「ほめる言葉」は最後であることを伝え、自分や友達の成長やよい点に気付けるようにする。就学しても自分のよさを伸ばすように話す。 ●夏休みに予定している「ミニ同窓会」のことを伝え、再会に期待がもてるようにする。	

家庭との連携
- お別れお楽しみ会、修了式について知らせ、保護者に参加してもらうことを伝える。
- サインつづりに、「将来なりたい自分」を書いてきてもらう。

評価・反省
- 園内のヨモギやウメなど、様々な食べられる植物についての話をして、3年間の食育活動を振り返ることができた。
- 3、4歳児とのお別れ会や修了式に参加して、就学する自覚をもてたようである。

事故防止チェックリスト

チェックした日　月　日

1	子どもの遊んでいる遊具や周りの安全を確認している。	☐
2	すべり台やブランコなど、固定遊具の遊び方のきまりを守るよう話している。	☐
3	玩具を持ったり、カバンをかけたりしたまま、固定遊具で遊ぶことがないように注意している。	☐
4	すべり台の上でふざけるなど、危険な遊びをしないように話している。	☐
5	揺れているブランコには近づかないように注意している。また、交代は止まってからにするよう教えている。	☐
6	シーソーは反対側に人がのると、急に上にあがることを教えている。	☐
7	登り棒の登り方、降り方を指導し、下にマットを敷いたうえで必ず付き添うようにしている。	☐
8	砂場では砂の汚染や量、周りの枠について注意・点検している。	☐
9	砂場周辺は砂で滑りやすいことを注意し、指導している。	☐
10	鉄棒で遊ぶときは下にマットを敷き、必ずそばに付き添うようにしている。	☐
11	自転車やスクーターはスピードがつくと転倒、衝突しやすいことを知らせている。	☐
12	園庭の状況にあった遊び方を選び、保育者は子どもの行動を常に確認できる状況である。	☐
13	子どもの足にあった靴か、体にあったサイズの衣類かを確認している。また、靴を正しくはいているか確認している。	☐
14	なわとびの安全な遊び方やロープの正しい使い方を指導している。	☐
15	フェンスや門など高くて危険なところに登らないように指導している。	☐
16	室内では衝突を起こしやすいので、人数やルールを考えて遊ばせている。	☐
17	肘内障を起こしやすい子ども、アレルギーや家庭事情など配慮を要する子どもを全職員が把握している。	☐
18	椅子を後ろに揺すったり、後ろ向きに座ったりしないよう、正しい使用法を教えている。また、椅子の運び方を指導している。	☐
19	ロッカーや棚は倒れないよう転倒防止策を講じている。	☐
20	室内は整理整頓を行い、使用した物はすぐに収納場所に片付けている。	☐
21	はさみなどは正しい使い方を伝え、使用したら必ず片付けている。	☐
22	給食の魚を食べるときは骨に注意し、食べ方を指導している。	☐
23	調理活動中に包丁・ピーラーを使用するときは、常に付き添い指導している。	☐
24	子どもが暖房器具のそばに行かないよう気をつけている。	☐
25	床が濡れていたらすぐにふきとるようにしている。	☐
26	トイレや手洗い場、室内、廊下、テラスでは走らせない。	☐
27	トイレ用の洗剤や消毒液は子どもの手の届かないところに置いている。	☐
28	水遊びをするときは、必ず保育者が付き添っている。	☐
29	飼育動物と触れ合うときは、そばについて注意している。	☐
30	火は熱いことを教え、気を付けるように指導している。	☐
31	散歩のときは人数確認している。	☐
32	道路では飛び出しに注意している。また、交通ルールなどの安全指導をしている。	☐
33	散歩のときは、動物、危険物（自動車、バイク、自転車、看板など）に触らないよう気を付けている。	☐
34	信号を渡るときは列を短くし、安全に迅速に渡るようにしている。	☐
35	手をつないで走ったり、階段の上り下りをしたりすると、転んだときに手がつきにくいことを保育者は理解し、指導している。	☐
36	散歩のとき、園が近づくと早く帰園しようとして、走ったり足早になったりすることが危険であることを、保育者が理解している。	☐
37	前を見て歩かせ、列全体のスピードを考え誘導している。	☐
38	坂道は勢いがつくことを保育者は理解し、指導している。	☐
39	年齢にあった固定遊具であるか、雨などで滑りやすくなっていないかなど点検している。	☐
40	石や砂を投げてはいけないことを指導している。	☐
41	犬などの動物は咬むことがあると子どもに教えている。	☐
42	蜂の巣がないか点検し、蜂の嫌がることをすると刺されると教えている。	☐

Part 3

クラス運営の ヒント

ことばかけ　　保護者対応　　おたより

すぐに役立つ！なるほど ことばかけ

子どもにわかりやすい伝え方、話し方を心がければ、子どもはもっと動きやすくなります。子どもの心に届く、ことばかけの工夫を紹介します。

ベテラン保育者直伝！ ことばかけのコツ

大人では当たり前の言い回しで子どもに伝えても、理解できないこともあります。子どもに伝わることばかけのコツを見てみましょう。

できた→ほめる！認める言葉を

幼児期はできることがどんどん増えていきます。できたことを認められ、ほめてもらえるとうれしくて、行動に自信がつき、やる気も出てくるでしょう。

みんなで助け合う、集団の力をうまく引き出す

園生活は、集団で助け合って生活することで成り立ち、その中で子どもは成長します。保育者はクラス全体を認め、みんなでやり遂げる経験を重ねましょう。

どうすればよいか、具体的に話をする

「ダメ」「ちゃんとして」など否定やあいまいな言葉ではなく、どんな風にしてほしいかを、子どもにもわかりやすい言葉で伝えます。

イスの上には靴であがらないで…

声にメリハリをつけてアクションも時には効果的

ゆっくり落ち着いた声、短く大きめの声など、声の出し方を使い分けたり、頭の上に大きな丸を作ったりなど、伝わりやすい方法を取り入れましょう。

子どもが主体となる言い方を心がける

「今は〜だから〜○○しよう」と子どもの主体的な行動につながる言い方が、子どもには伝わりやすいもの。「〜しなさい」や「○○しないと××だよ」などの命令口調やおどしは厳禁です。

当番活動に進んで取り組んでほしいとき

➡ みんなからの感謝で満足感を

- **STEP 1** 当番の子を発表する
- **STEP 2** 1日の終わりに感謝の言葉を言う
- **STEP 3** 保育者からの感謝の言葉を伝える

お当番さん、ありがとう！

お当番さん、今日1日、ありがとう

 子どもの思い 「お当番さんって、かっこいいな」

NGワード 「今日もしっかりがんばってね！」

暗に「間違えないでやってね」と言われているようで、当番活動をプレッシャーに感じてしまう子もいます。

うまくいくことばかけのコツ
当番活動のかっこよさを伝える

生き生きと当番活動に取り組むためには、みんなの前でその日の当番を紹介したり、当番の子にみんなが感謝の言葉を言ったりなどが効果的です。「当番はクラスのヒーロー」と思えれば、当番活動が楽しみになります。

2人で手をつないで、並んで歩くとき

➡ ペアを決めて意識し合える言葉をかける

- **STEP 1** 決まったペアを作る
- **STEP 2** 上手に歩く子の手本を見せる
- **STEP 3** 子どもたち同士で注意し合う

お互いに注意し合おうね！
ペアだね！
こっちだよ！

お互いに注意し合おうね

 子どもの思い 「ぼくは〇〇ちゃんと手をつないで歩くんだ」

NGワード 「ちゃんと歩いて！」

ただ注意するのではなく、危険なことや悪い例を示し、子どもが無理なく歩けるよう配慮することが大切です。

うまくいくことばかけのコツ
子どもたち同士で注意し合う

手をつなぐ子は、常に固定します。その上で上手に歩く子を見たり、列が乱れたら後ろの子が教えるなどを具体的に示します。ようすを見ながら保育者が言葉をかけ、状況に合わせて歩く速度を変えるなどの配慮をします。

年下の子と楽しく関わってほしいとき

➡ いっしょに達成感を味わう機会を

- **STEP 1** 決まった相手とグループになる
- **STEP 2** 定期的にいっしょにあそぶ機会をもつ
- **STEP 3** 慣れたらゲームに挑戦する

「スタンプラリーであそぼう!」と誘う

 子どもの思い → 「〇〇ちゃんのこと、助けてあげなくちゃ」

NGワード　「面倒見なさい!」

頭ごなしの命令は厳禁。また、どのように面倒を見たらよいのかわからない子は、とまどうばかりです。

うまくいくことばかけのコツ

いっしょにあそんで関わり方を知る

3歳児、4歳児、5歳児でグループを作り、同じ相手と定期的にふれあう機会をもちます。何度か機会を重ねたら、スタンプラリーなどに挑戦しましょう。あそびながらふれあうことで、自然と関わり方を身につけることができます。

配慮が必要な子と関わってほしいとき

➡ 助け合う喜びを伝える

- **STEP 1** 助けてもらった経験を話す
- **STEP 2** 誰にでもある得手不得手を伝える
- **STEP 3** 手伝った子の優しさを認める

みんなで助け合えたらいいね

 子どもの思い → 「〇〇ちゃん、何か困ってないかな」

NGワード　「〇〇ちゃんは大変だから…」

自分たちとは違うから…という印象を与えてしまう言葉です。決めつけてしまう言葉はふさわしくありません。

うまくいくことばかけのコツ

相手の立場になって考えてみる

「先生も朝の準備をみんなに助けてもらえるとうれしい」などと、助けてもらう喜びを話します。さらに「〇〇ちゃんが困っているとき、みんなが手伝ったらうれしいと思う」と話し、その子が困っている場面に気づけるようにします。

共同製作をもっと楽しんでほしいとき

➡ 一人一人の得意分野を探す

- **STEP 1** それぞれができることに取り組む
- **STEP 2** 保育者が援助する
- **STEP 3** 自信をもてる言葉をかける

先生といっしょに、これ貼ってくれる?

 子どもの思い 「これならできそう！ なんだか楽しい!」

NGワード 「上手に作ってね」

子どもたちの意欲を高めようとしているつもりでも、製作活動が苦手な子が参加しづらい状況になってしまうことも…。

先生といっしょにこれ貼ってくれる?

うまくいくことばかけのコツ
援助次第で製作ものびのびと!

ときには保育者が援助し、自信がなさそうにしている子は保育者といっしょに簡単な部分を作りましょう。意欲のある子に、苦手な子をサポートするように促すと、共同製作のよさを感じることができるでしょう。

発表会の役をスムーズに決めたいとき

➡ すべての役の大切さを知らせる

- **STEP 1** 配役すべてのよさを伝える
- **STEP 2** 人気のない役は、保育者が実演する
- **STEP 3** 劇への取り組みへの期待を引き出す

先生がやってみるから見てて!

 子どもの思い 「先生がやったら、おもしろそう。わたし、やろうかな…」

NGワード 「嫌がらずにやりましょう」

「誰かがやらなくちゃいけないんだから…」「みんなのために…」と我慢させるのは、楽しい劇につながりません。

先生やってみるね / ガオーッ

うまくいくことばかけのコツ
劇への取り組みを盛り上げることが大切

劇で取り上げる絵本を読み聞かせ、感想を話し合い、親しみがもてるようにします。どんな役でも重要であると話し、配役に優劣がないことを強調しましょう。それでも敬遠されるなら、保育者が実演して、楽しさを伝えます。

友達の発表を聞いてほしいとき

➡ **発表する側の気持ちを知らせる**

- STEP 1 　手あそびで、集中力を高める
- STEP 2 　発表する子の練習のようすを話す
- STEP 3 　発表する子の気持ちを話す

一生懸命お話ししてくれているよ

 子どもの思い 「ドキドキしてるかな。ちゃんと聞こう」

NGワード　子どものペースで発表する

話し始めるタイミング、話を聞く体勢など、子ども任せにしていては、話を聞く環境が整いません。

これから〇〇ちゃんが…

うまくいくことばかけのコツ

保育者が子どもの発表に参加する

まず、手あそびで子どもたちの集中力を高め、次に発表する子の練習のようすや今の気持ちなどを話します。発表が始まったら途中で保育者が質問や感嘆の言葉を入れ、他の子どもが興味をもって聞けるようにします。

読み聞かせを静かに聞いてほしいとき

➡ **物語に関連した会話をする**

- STEP 1 　前もって話の内容を把握しておく
- STEP 2 　要所要所で子どもに問いかける
- STEP 3 　集中が途切れたら次の日へ

〇〇ちゃんなら、どうする？

 子どもの思い 「わぁ、おもしろい。わたしならこうする！」

NGワード　「お話、つまらない？」

読み聞かせを、興味をもって聞いている子もいます。お話の世界にひたっている子の気持ちにも配慮が必要です。

うまくいくことばかけのコツ

子どものようすを見ながら読む

読み聞かせは、子どもたちのペースで行うことが大切です。時間が決まっていても、急いで読み進めることはせず、「続きは、また明日」としてもよいでしょう。次の日読むときには、前日のあらすじを話してから読み始めます。

飼育当番の大切さを教えたいとき

➡ 生き物の話題を毎日取り上げる

- **STEP 1** 生き物すべてに命があることを知らせる
- **STEP 2** 飼育当番が発表する機会をつくる
- **STEP 3** 保育者が命を大切にしている姿を見せる

飼育当番さん、教えてください

「飼育当番さん、教えてください!」

 子どもの思い 「早くお当番こないかな」

NGワード 子どもに任せきりにする

相手は命ある大切な生き物。当番活動とはいえ、子どもに任せきりは禁物です。

うまくいくことばかけのコツ

動物に関する話題を取り上げる

飼っている生き物をみんなで観察し、興味を高めてから飼育当番をスタートします。飼育当番は1日の終わりにどのようなお世話ができたのか、生き物はどんなようすだったのかを発表すると愛着が深まります。

ガラガラうがいを促したいとき

➡ 保育者が率先して手本を示す

- **STEP 1** まず保育者が手本を見せる
- **STEP 2** 手順を説明する
- **STEP 3** 子どもといっしょに実践する

先生も上を向いて、ガラガラうがい!

 子どもの思い 「先生もやるならわたしもやる!」

NGワード 「しっかりとうがいしてね」

言葉だけでうがいを促すと、ブクブクうがいで終わることも。それではのどの奥まできれいにゆすぐことができません。

うまくいくことばかけのコツ

成功例と失敗例を演じて意識を高める

保育者がうがいをして見せ、そのあとブクブクとゆすいでいるうちに飲み込んでしまい、おなかが痛くなった失敗例と、ブクブクとゆすいでから水を換えてガラガラうがいをする成功例を演じると、違いがわかって効果的です。

気になる！保護者対応 Q&A

子どもの育ちのために、保護者とはよい関係でありたいもの。よくある悩みを取り上げ、解決法を紹介します。

保護者のタイプ別 対応ポイント

さまざまな保護者の思いを知り、気持ちに寄り添った対応をしたいもの。4タイプの保護者を見てみましょう。

過保護タイプ

子どもを心配するあまり、先回りして何でもやってしまいがち。

過保護は愛情の証ですが、行き過ぎると子どもが育つ機会を奪ってしまいます。「ご心配ですよね」と保護者の気持ちを認めつつ、「ここでやってあげてしまうと、自分でやろうとする意欲をそいでしまうことがあるので、手助けは我慢し、できたときに認めて抱きしめてあげてください。それが自立につながりますよ」と話します。

せっかちタイプ

子どもを自分のペースで動かそうと急かしがちで、うまくいかないとイライラ。

子どもだって自分のペースでやりたいのに、「さっさとしなさい」と急かされるのは辛いもの。子どもは自分の行動に達成感や満足感を得て、その積み重ねでスムーズに動けるようになるのです。「〇〇ちゃんのこういうところがかわいいですよね!」と言葉をかけ、子どもの愛らしさ、見守る子育ての大切さを伝えましょう。

無関心タイプ

子どもよりも自分が大事。子どもはかわいいけれど、あまり手間をかけたくない。

愛らしい姿で保護者にまとわりついてきてくれる時期は短いもの。この時期の育児を楽しまないのはもったいないことです。「今日、こんなにおもしろいことを言ってましたよ」「小さい子に親切にしていたんです」などと小さなエピソードを伝え、この時期ならではの子育ての楽しさに気づいてもらいましょう。

園への期待が過剰なタイプ

「保育のプロなんだから」が口癖。自分でするのが面倒なことを園に押しつける。

保護者は大切な我が子のために少しでもよい環境を望んでおり、園への要望を言うのです。園をよりよくするヒントが隠されているかもしれません。できないことがあってもすぐに否定はせず、「ご意見ありがとうございます」といったん受け止め、「園長に相談してみます」とつなぎ、指示をあおぎましょう。

Q いつもお迎えに遅れる保護者がいます。30分遅れることもあり、子どもを見ていなければならないので、ほかの仕事に支障が…。

保護者の気持ち
なかなか会社を出られなくて。連絡するよりも走ったほうが、早く着くのよ。

A 「今日は昨日より少し早かったから、○○ちゃん、うれしいね」

　お迎えに遅れる人はどうしてもいるものですが、少しでも早く来てほしいと働きかけることは必要です。この場合、保護者も悪いと思っているようなので、「お忙しくて大変ですね。○○ちゃんはお迎えを心待ちにしているので、時間通りに来てくださいね。お願いします」と話をします。また、子どもが心細さや引け目を感じないよう、「先生のお手伝いしてくれる?」など、楽しんで待てる工夫をしましょう。

POINT
- 遅れることを注意するのではなく、励ます方向で伝える。
- 子どもが引け目を感じないように、待ちながらできる活動を考える。

Q 自分の子をほかの子と比較したがる保護者がいます。もっと、その子自身を見てもらいたいと思うのですが…。

保護者の気持ち
ほかの子と比べると、うちの子はどうなのかしら? 遅れているところはないかしら?

A 「○○くんは日々成長していますよ」

　保護者は、自分の子をほかの子と比べて劣っているのではないかと不安になることがあります。その不安な気持ちを受け止めつつ、伝えなければならないのは「ほかの子と比較することは、その子にとってマイナスに働く」ということです。子ども一人一人の発達は違います。その子の成長を心から喜び見つめてくれる保護者がそばにいることが、子どもにとっては何より安心して育つことができる環境なのです。

POINT
- 保護者の不安な気持ちをていねいに受け止める。
- ほかの子との比較は、子どもの育ちにマイナスに働くことを伝える。

Q 子どもの帽子がなくなったことに気づきました。ほかの子がかぶっていったようなのですが、保護者にはどう言えばよいでしょうか？

保護者の気持ち
あら、困ったわ。ちゃんと確認してほしいわ。朝は間違いなくかぶっていたんだから。

A 「申し訳ありません。明朝、必ず確認をしてご連絡します」

「家にありました」という可能性もありますが、ていねいに対応するにこしたことはありません。まずは自分の落ち度をお詫びしましょう。そして、「明朝、みんなの帽子の名前を確認して探します。もし出てこなかった場合は、園で新しいものをご用意させていただきます」とこれからの方針を話します。このようなことを繰り返さないためにも、帰りの支度をしてから、もう一度忘れ物などがないかを、子どもといっしょに確認しましょう。

POINT
- 不手際があったことを心からお詫びする。
- 今後の園の対応について、ていねいに話す。

Q おもちゃをわざと壊したことを保護者に伝えたいと思います。前にも似たようなことがあったのですが、どう言えばよいでしょうか？

保護者の気持ち
子どもなんだから、それくらい当然よ。そこをうまく指導するのが保育者でしょう？

A 「○○くんは、心にモヤモヤがあるみたいなんです」

おもちゃを壊したことよりも、その背景にある子どもの気持ちの状態が気になる場合、いつもより念入りにその子のようすを観察しましょう。その上で保護者には「最近○○くんのことが、少し心配です」と切り出し、事実をありのまま伝えます。そして「わざと壊す、という行為には何か意味があると思います。おうちで何か気づかれたことはありませんか」と尋ね、思い当たる節があれば、いっしょに解決していく手立てを話し合います。

POINT
- 伝えるというより、相談する姿勢で臨む。
- これからの保育の方針について、誠実に語る。

Q 生活習慣が乱れている子がいます。遅刻が多く、朝食を食べてこないことが多いのですが、保護者にどのように言えばよいでしょうか？

保護者の気持ち
仕事で遅くにしか帰れないんだから、仕方ないわよ。子どものために働いてるんだから。

A 「いつも眠そうで、活動も楽しめていないので、とても心配しています」

子どもの睡眠不足のリスクとして、免疫力の低下、生命維持や成長に必要なホルモンが正常に分泌されなくなる、集中力の低下などがあります。保護者もこのままでよいとは思っていないでしょう。しかし突然理想をすすめても「無理」と言われてしまいます。まずは「朝、7時半にはカーテンを開ける」「朝食はバナナと牛乳だけでもいいので必ず食べさせる」などできそうなところから改善してもらえるようにしましょう。

POINT
- 子どもの健全な発達が阻害されていることに、危機感をもってもらう。
- できそうな目標を少なめに伝え、段階を踏んで進める。

Q 育児について不安を抱えている保護者がいます。すぐに子どもに手をあげてしまうがどうしたらよいかと相談を受けました。

保護者の気持ち
もう、どうしていいかわからない。子どもは言うことを聞かないし、つい手が…。

A 「叩きそうになったら、ぎゅっと抱きしめてみてください」

まずは「ご相談いただき、ありがとうございます。ともによい方法を考えていきましょう」と話してくれたことに感謝します。しかし、叩くという行為は子どもに恐怖心を与えるだけで、しつけにはなりません。ほかの行為に代えることを提案しましょう。「叩きそうになってしまったときは、深呼吸してぎゅっと抱きしめてみてください」と伝え、子どもに笑顔を向けることができたら自分をほめてくださいと勇気づけましょう。

POINT
- 保護者の不安な気持ちを受け止める。
- 叩きそうになったら、深呼吸して抱きしめるよう話す。

かわいいイラスト&
活用しやすい文例をたっぷり掲載！
テンプレートを活用して作ろう！

おたより

テンプレート

● **クラスだより／A4サイズ** 5-P262

にじぐみだより
○○園
4月のクラスだより

「年長さんのお顔で来たんだ！」と、元気いっぱいの子どもたち。みんな去年に比べて、ずっとたくましいお兄さん・お姉さんになりました。みんなでいろいろなことにチャレンジしたり、元気にあそんだりし、園生活最後の一年を、より充実したものにしたいと思っています。一年間よろしくお願いいたします。

よろしく
おねがい
します

POINT

子どものセリフを盛り込むと、園での子どものようすがいきいきと伝わります。

懇談会のお知らせ

園生活では、お友達とけんかになることもあります。これは人との関わりの第一歩。見守りながら解決していきたいと思います。懇談会では、園でのようす、ご家庭でのようすなどを話し合いたいと思います。ぜひ、ご参加ください。出欠表を後日お配りします。

4月の予定

○月○日（△）入園式
○月○日（△）始業式
○月○日（△）交通安全教室
○月○日（△）懇談会
○月○日（△）お誕生日会
○月○日（△）避難訓練

お誕生日
おめでとう

4月生まれのお友達
10日　ばんどう　まいちゃん
11日　よしだ　みゆうちゃん
23日　たかはし　しゅんくん

POINT

予定や誕生日の日付、子どもの名前は、必ず念入りに確認をしましょう。

毎月のクラスだよりや行事のおたよりなど、保育者にとっておたより作りは欠かせない仕事のひとつです。テンプレートを参考に、保護者が読みやすく、情報がきちんと伝わるおたよりを作りましょう。

● 行事のおたより／A4サイズ　5-P263

保護者の皆様へ　　　　　　　　　　　　　　　〇年〇月〇日　〇〇〇〇園

 夏祭りのお知らせ

　〇月〇日は毎年恒例の夏祭りです。今年のハイライトは、クラス別「子どもみこし」。子どもたち手作りの趣向をこらした、ユニークなおみこしを担いでパレードします。ぜひいっしょに「ワッショイ、ワッショイ」とかけ声をかけてください。金魚すくいやスイカ割りなど、楽しい企画もいっぱいですので、ご家族そろってご参加ください。

日時：〇月〇日（△）　〇時〜〇時
場所：〇〇園　園庭
※雨天の場合は、ホールで行います。

◇模擬店◇
綿あめ（父母の会）、フランクフルト（〇〇商店街）、焼きそば（〇〇商店街）、ヨーヨー釣り（〇〇商店街）、輪投げ（職員）、金魚すくい（職員）　など

プログラム

- 16:30　みこし披露（子どもたち）
- 17:00　盆踊り（自由参加）
- 18:00　スイカ割り（自由参加）
- 18:30　太鼓演奏（園児保護者）
- 19:30　ビンゴゲーム（自由参加）

※当日は、ホールにて子どもたちの製作活動の絵や工作などの展示も行っております。
　どうぞご覧ください。

（ふきだし）夏祭りには楽しい企画がいっぱい。屋台だけでなく、ご参加いただいた皆様にすてきなプレゼントもご用意しています。ぜひ、ご家族でご参加ください。

POINT　タイトルの左右に小さなイラストをあしらって目立たせます。

POINT　イラストとふきだしを組み合わせると、親しみやすい雰囲気になります。

● **クラスだより／B4サイズ** 5-P264

はらぐみだより

○○○○園7月のクラスだより

時折吹く風に、ササがさやさやと揺れています。子どもたちが短冊に書いた願い事の一部をご紹介します。「泳げるようになりますように」「ピアノが上手になりますように」「牛乳が飲めるようになりますように」「宇宙飛行士になれますように」…。みんなの願いがお星様に届くことを願っています。

7月の予定

- ○月○日（△）七夕会
- ○月○日（△）地域交流会
- ○月○日（△）避難訓練
- ○月○日（△）夏祭り
- ○月○日（△）お誕生日会
- ○月○日（△）終業式

7月生まれのお友達

2日　たけだ　ほなみちゃん
10日　いいだ　まりんちゃん
28日　きだ　りゅうせいくん

お誕生日
おめでとう！

POINT
横長のかざり枠は、おたよりのタイトルにぴったりです。園名や発行月も明記しましょう。

POINT
かざり罫は、横長のものと縦長のものがあります。スペースに合わせて活用しましょう。

POINT
項目を囲んだり下に引いたりする線は、点線や破線にするとメリハリがつきます。

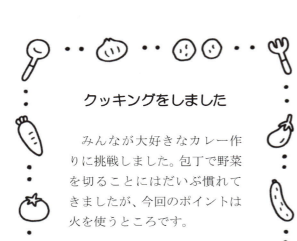

クッキングをしました

みんなが大好きなカレー作りに挑戦しました。包丁で野菜を切ることにはだいぶ慣れてきましたが、今回のポイントは火を使うところです。

7月のうた

♪たなばたさま
♪南の島の
　ハメハメハ大王
♪くじらのとけい

POINT
ワンポイントに小さなイラストを配置すると、にぎやかになります。

衣服に記名をお願いします

汗をかいたり、プールに入ったりと着替えが多くなりますが、時々、名無しの衣類があります。下着にも名前をご記入ください。

夏休みに向けてのお願い

○終業式よりも前に、夏休みに入られる場合は、連絡帳にて、いつから休みに入られるかをご連絡ください。

○1学期最終日には、作品などを持ち帰りますので、紙袋をご持参ください。

POINT
項目の上下にかざり罫を配置するのも、区切りがはっきりして、おすすめです。

4月

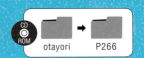
otayori → P266

5-P266-01

5-P266-02

5-P266-03

5-P266-05

5-P266-06

5-P266-04

5-P266-07

5-P266-08

5-P266-12

5-P266-09

5-P266-10

5-P266-11

5-P266-13

5-P266-14

5-P266-15

文例

5-P266-16　新年度スタート
「年長さんのお顔で来たんだ!」と、元気いっぱいの子どもたち。みんな去年に比べて、ずっとたくましいお兄さん・お姉さんになりました。みんなでいろいろなことにチャレンジしたり、元気にあそんだりし、園生活最後の一年を、より充実したものにしたいと思っています。一年間よろしくお願いいたします。

5-P266-17　園生活最後の一年
園生活最後の一年がスタートしました。新入園児に、おもちゃの使い方や道具の置き場所などを優しく教えている姿に成長を感じます。

5-P266-18　年上らしい行動も
進級した子どもたちは、新入園児に優しく声をかけたり、手をつないだり…。やりとりにも、年上になった自信が感じられます。

5-P266-19　友達との関わり
園生活では、お友達とけんかになることもあります。これは人との関わりの第一歩。見守りながら解決していきたいと思います。

5-P266-20　子どもの話に耳を傾けて
園生活の中で、子どもたちの心にはさまざまな思いが広がっています。子どもたちの言葉にゆっくり耳を傾けてみてください。

5月

otayori → P267

5-P267-01

5-P267-02

5-P267-03

5-P267-05

5-P267-06

5-P267-07

5-P267-08

5-P267-04

5-P267-11 / 5-P267-12 / 5-P267-13

5-P267-09

5-P267-10

5-P267-15

5-P267-14

文例

5-P267-16　こいのぼりを作りました
子どもたちは今、こいのぼり作りに大忙しです。「ぼくは黄色と緑色のうろこをつけるんだ！」「わたしはニッコリお目めにしたいな」と、個性豊かなこいのぼりがズラリと並びます。どれも「表現したい！」という子どもの気持ちがあふれている、すばらしい力作です。ホールに全員の作品をかざりますので、ぜひ見にいらしてください。

5-P267-17　連休が終わりました
ゴールデンウイークも終わり、再び園生活が始まりました。生活習慣を再度チェックして、普段のペースに戻しましょう。

5-P267-18　朝のあいさつ
毎朝、園の入り口で園長が子どもたちを出迎えています。「おはようございます」の子どもたちの声は、元気のバロメーターです。

5-P267-19　サツマイモを植えました
サツマイモの苗を植えました。事前に苗の植え方を勉強していたので、みんな上手に植えることができました。秋が楽しみです。

5-P267-20　動物のお世話
子どもたちは係活動で、ウサギや小鳥など動物のお世話をしながら「かわいいね」「葉っぱを食べるんだ」など発見の多い毎日です。

Part 3 クラス運営のヒント おたより

6月

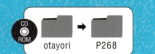

5-P268-01

5-P268-02

5-P268-03

5-P268-05

5-P268-06

5-P268-04

5-P268-07

5-P268-08

5-P268-12

5-P268-09

5-P268-10

5-P268-11

5-P268-13

5-P268-14

5-P268-15

文例

5-P268-16　雨の季節を楽しんで
雨降り続きの毎日で室内あそびが中心になると、みんなイライラして、ついけんかも多くなりがちです。室内あそびにも体をたっぷり動かすものを取り入れていきたいと考えています。また、水たまりで泥んこあそびをしたり、カエルを見つけに出かけたりと、雨の季節を楽しむ工夫をしていきたいと思います。

5-P268-17　雨上がりの外あそび
雨雲からほんの少し太陽が顔を出すたびに、「待ってました!」と外へ飛び出す子どもたち。その姿に、てるてるぼうずもニッコリです。

5-P268-18　歯と口の健康週間
6月4〜10日は「歯と口の健康週間」です。歯磨きだけでなく、食生活にも気をつけて健康な歯を育てたいですね。

5-P268-19　時の記念日
6月10日は時の記念日。生活の中で時計の見方を少しずつ理解できるようにしながら時間の大切さも伝えていきたいと思います。

5-P268-20　意思表示が積極的に
子どもたちは園生活に慣れ「お当番になりたい」「お手伝いしたい」と言葉や行動で積極的に自分の意思を伝えるようになりました。

7月

5-P269-01　5-P269-02　5-P269-03

5-P269-05

5-P269-06

5-P269-04

5-P269-07

5-P269-08

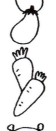

5-P269-12

5-P269-09　5-P269-10

5-P269-11

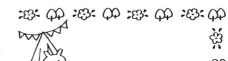
5-P269-13

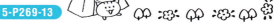
5-P269-14

5-P269-15

文例

5-P269-16　七夕の願い事
時折吹く風に、ササがさやさやと揺れています。子どもたちが短冊に書いた願い事の一部をご紹介します。「泳げるようになりますように」「ピアノが上手になりますように」「牛乳が飲めるようになりますように」「宇宙飛行士になれますように」…。みんなの願いがお星様に届くことを願っています。

5-P269-17　クッキング
みんなが大好きなカレー作りに挑戦しました。包丁で野菜を切ることにはだいぶ慣れてきましたが、今回のポイントは火を使うところです。

5-P269-18　熱中症予防
梅雨明けと同時に真夏日が続いています。園では熱中症予防のため、炎天下での外あそびは避け、水分補給を心がけています。

5-P269-19　衣類に記名を
汗をかいたり、プールに入ったりと着替えが多くなりますが、時々、名無しの衣類があります。下着にも名前をご記入ください。

5-P269-20　夏休みのお手伝い
もうすぐ夏休み。家族の役に立つ喜びを感じられるためにも、親子で相談し、休み中に何かお手伝いを習慣づけてみませんか。

8月

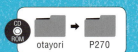

 5-P270-01
 5-P270-02
 5-P270-03

 5-P270-05
 5-P270-06

 5-P270-04

 5-P270-07
 5-P270-08

 5-P270-12
5-P270-11

 5-P270-09
 5-P270-10

5-P270-13

 5-P270-14

 5-P270-15

文例

5-P270-16　心の成長をサポート
夏の太陽のもと、元気にあそぶ子どもたちには、「○○くんがたたいた」「仲間に入れてくれない」などのトラブルが起こることも…。お互いに自分の気持ちを主張したり、ときには我慢したりしながら、認め合う気持ちが生まれるよう、サポートしていきたいと思います。

5-P270-17　水あそび
「ぼく、イルカになる」「わたしはクラゲ！」と、園のプールはまるで水族館のようです。顔を思いきりふくらませフグになっている子も！

5-P270-18　交通ルールの再確認を
飛び出しによる交通事故が増えています。曲がり角は一旦停止して左右をよく見るなど、親子で交通ルールを再確認しましょう。

5-P270-19　お泊まり保育の前に
お泊まり保育を前に緊張しているお子さんもいらっしゃることでしょう。ご心配なことがありましたら、ご相談ください。

5-P270-20　お泊まり保育を終えて
お泊まり保育の夜は、ホームシックで泣いてしまった子もいましたが、その後はみんなぐっすり。かわいい寝顔に安心しました。

9月

文例

5-P271-16 服や靴のサイズの確認を
成長著しい子どもたちですが、服や靴が子どもたちの体に合っているか今一度見直してみましょう。小さすぎる服は動きをさまたげますし、大きすぎる服は遊具にはさまる、引っかかるなど、思いがけない事故のもとになります。足にぴったり合っていないと靴ずれになったり転びやすくなったりしますので、靴のサイズも確認しましょう。

5-P271-17 夏休みの思い出
夏休み中に体験したことなど、思い出を発表し合いました。話し方も表情も、ますますたくましくなってきた子どもたちです。

5-P271-18 新学期スタート
休み明けの子どもたちは、久しぶりに顔を合わせた友達と元気におしゃべり。新学期のクラスは張り切りムードいっぱいです。

5-P271-19 防災の日
防災は日頃の訓練と備えが大切です。水や食料の備えだけでなく、万一の場合は、どこに避難するかなど話し合っておきたいですね。

5-P271-20 爪のチェックを
周りのお友達を傷つけてしまうこともあるので、子どもの伸びた爪はとても危険です。短く切って、清潔にしましょう。

10月

5-P272-01　5-P272-02　5-P272-03

5-P272-05　5-P272-06　5-P272-04

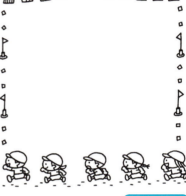

5-P272-07　5-P272-08　5-P272-11　5-P272-12

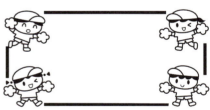

5-P272-09　5-P272-10　5-P272-13　5-P272-14

文例

5-P272-16　スポーツの秋
スポーツの秋を迎えて、園庭ではドッジボールやサッカーが盛んに行われています。春頃に比べて持久力もついてきて、だいぶ試合らしくなってきました。以前はボールを持ったら離さない子もいましたが、今ではルールもよく理解し、「〇〇ちゃん、パスだよ」など、声をかけ合っています。青空のもと、思いきり体を動かす喜びを満喫しているようです。

5-P272-17　実りの秋
さわやかな秋風とともに、実りの季節がやってきました。夏の暑さに疲れた体に栄養を補給し、食欲の秋を楽しみましょう。

5-P272-18　運動会に向けて
運動会に向けて、外あそびの時間にも、バトンを渡す練習をしたりダンスのふりつけを見せ合ったりと、熱心に取り組んでいます。

5-P272-19　秋の自然
公園のケヤキの葉が茶色に変わってきました。気づかないうちに、秋は深まっているようです。モミジが紅葉するのももうすぐです。

5-P272-20　ハロウィン
手作りの帽子とマントでおばけに変装した子どもたち。「トリック・オア・トリート！」とほかのクラスへ驚かせに行きました。

5-P273-01　5-P273-02　5-P273-03

5-P273-05　5-P273-06　5-P273-04

5-P273-07　5-P273-08　5-P273-12

5-P273-09　5-P273-10　5-P273-11

5-P273-13

5-P273-14

5-P273-15

Part 3 クラス運営のヒント おたより

文例

5-P273-16　もうすぐ立冬
北風に落ち葉が舞い上がるのを見つけた子どもたちが、そのうずの中に立って、思いきり両手を天に伸ばしています。空を飛んでいるような気分でいるのかもしれませんね。さて、11月〇日は、暦のうえでは冬が始まる「立冬」です。次第に北風も冷たくなって、冬がやってきます。季節の変わり目、風邪など引かないように過ごしたいものですね。

5-P273-17　就学時健診
入学準備として、就学時健康診断が始まります。日程や健診場所は小学校ごとに異なりますので、ご確認のうえ、ご準備ください。

5-P273-18　落ち葉の種類
拾ってきた落ち葉を片手に子どもたちは図鑑とにらめっこ。「この形が同じかな?」「こっちかも」と真剣に話し合っています。

5-P273-19　団結力が強まりました
運動会や遠足などのさまざまな活動を経験したことで、子ども同士が助け合ったり励まし合ったりして団結力が強まってきました。

5-P273-20　朝ごはんを欠かさずに
「早寝早起き朝ごはん」という言葉があるように、一日の始まりのエネルギー補給源である朝ごはんは、健康な生活に欠かせません。

12月

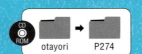

5-P274-05

5-P274-06

5-P274-01　5-P274-02　5-P274-03

5-P274-04

5-P274-12

5-P274-07

5-P274-08

5-P274-11

5-P274-09

5-P274-10

5-P274-13

5-P274-15

5-P274-14

文例

5-P274-16　発表会に向けて
発表会が近づき、練習にも熱が入っています。劇の中で、一人がセリフに詰まってしまうと、周りの子どもたちが教えています。練習を繰り返すうち、子どもたちは自分のセリフだけでなく、お友達のセリフも覚えているようです。困っているお友達にそっと教えるその優しさに、子どもたちの成長が感じられます。

5-P274-17　おもちゃの大掃除
積み木やままごと道具、ブロックなども、子どもたちといっしょにきれいにふいて今年の汚れを落とします。物を大切にする気持ちにつながればと思います。

5-P274-18　年賀状を作りました
サツマイモを使ったスタンプで年賀状を作りました。「誰に出そうかな?」と、子どもたちは楽しそうに相談しています。

5-P274-19　おしくらまんじゅう
子どもたちが「みんな集まれ!」とかけ声をかけて始まったのは、おしくらまんじゅう。体はポカポカ、寒さが吹き飛びました。

5-P274-20　一年の目標
一年の計は元旦にあり。お正月は、一年の目標について話すよい機会です。身近なことで長く続けられるものがおすすめです。

1月

otayori → P275

5-P275-01 5-P275-02 5-P275-03

5-P275-05

5-P275-06

5-P275-04

5-P275-07

5-P275-08

5-P275-12

5-P275-09

5-P275-10

5-P275-11

5-P275-13

5-P275-14

5-P275-15

 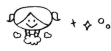 

文例

5-P275-16 残り少ない園生活
寒い中でのスタートですが、自然の営みはもう春の準備に入り、新しい季節に向かって力をたくわえているようです。そして、いよいよ小学一年生！ 残り少ない園生活を十分楽しんでほしいと願っています。また、締めくくりの時期を迎えるにあたり、もう一度園生活を見つめ直して、充実した日々にしたいと思います。

5-P275-17 もうすぐ小学生
今年は、いよいよ小学一年生になる子どもたち。積極的に活動に取り組んだり工夫を重ねたりする姿が見られるようになり「さすが年長さん」と感じる日々です。

5-P275-18 冬休みの体験
「かるたをしたよ」「そりにのった」「お年玉もらった」など冬休みの体験を話し合い、その楽しさをみんなで分かち合っています。

5-P275-19 十二支への興味
絵本をきっかけに「今年は何かな？」「ネコ年はないよね」と十二支に関心をもち始めた子どもたち。興味は次々と広がっています。

5-P275-20 姿勢に注意を
子どもが机に向かうとき、前かがみの姿勢になることがあります。いすを前に引くなど、よい姿勢になるように声をかけましょう。

2月

文例

5-P276-16　冬から春へと
登園の途中で見つけた氷を大事そうに持ってきた子どもたちは、「あったかいとすぐ溶けちゃうんだ」と言いながら、日陰に置いたり水に浮かべたりして、溶けにくいように工夫していました。でも、「この頃、氷が見つからない」と言うようになりました。少しずつ春が近づいているのですね。子どもたちも季節の変化を感じているようです。

5-P276-17　なわ跳び
苦手な子が多かったなわ跳びですが、みんな少しずつ跳べるようになってきました。投げ出さずに取り組む姿がまぶしく見えます。

5-P276-18　おにのお面を作りました
みんなでおにのお面を作りました。紙袋に絵の具を塗って、毛糸で髪の毛を、金色の紙でつのをつけ、個性的なおにが勢ぞろい！

5-P276-19　氷作りにチャレンジ
池の氷を発見した子どもたちは、空き缶やバケツに水を入れ、自分たちも氷作りにチャレンジ！　次の日の朝が楽しみです。

5-P276-20　マラソン大会
寒い季節は体を動かすことがいちばん！　毎日みんなで園庭を走り、持久力もついてきましたのでマラソン大会を開催予定です。

3月

5-P277-01

5-P277-02

5-P277-03

5-P277-05

5-P277-06

5-P277-04

5-P277-11

5-P277-12

5-P277-07

5-P277-08

5-P277-09

5-P277-10

5-P277-13

5-P277-14

5-P277-15

文例

5-P277-16　卒園にあたって
卒園を迎えた笑顔いっぱいの子どもたち。心は、もう小学校に向かって羽ばたいているのですね。園生活のさまざまな体験が子どもたちの力になって、これからの小学校生活の基礎となってくれることを信じています。卒園してからも時々園に顔を出してくださいね。みなさんの成長を、園の職員一同楽しみにしています。

5-P277-17　一年間のお礼
子どもたちと、毎日にぎやかに楽しく過ごしたこの一年。保護者の皆様には、ご理解とご協力をいただき、本当にありがとうございました。

5-P277-18　一年生に向けて
どの子の顔も明るく輝いて背筋もピンと伸びています。春の光の中、小学一年生に向かって大きく羽ばたいていってください。

5-P277-19　小学校への期待
「ランドセル何色?」など、子どもたちはランドセルの話題に夢中です。その笑顔は一年生になる自信にあふれています。

5-P277-20　卒園式がもうすぐ
卒園式まであと○日。「もうすぐさようならだね」「離れたくなーい」と子どもたちからも別れを惜しむ声が聞こえてくる毎日です。

コピー用型紙

30〜46ページに掲載している壁面かざりの型紙です。必要な大きさにコピーをして、ご活用ください。「hekimen00-00」は、CD-ROMに収録しているPDFのファイル名です。

P.30 シロツメクサの花かんむり

P.31 おいしそうなお菓子のおうち

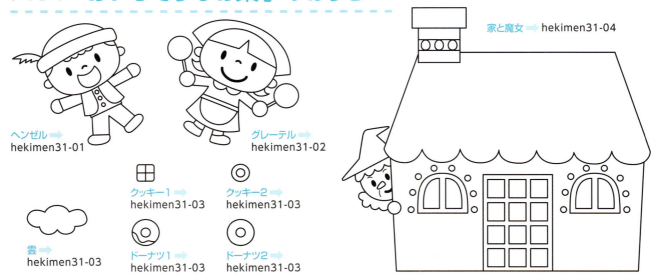

P.32 シャボン玉を飛ばそう！

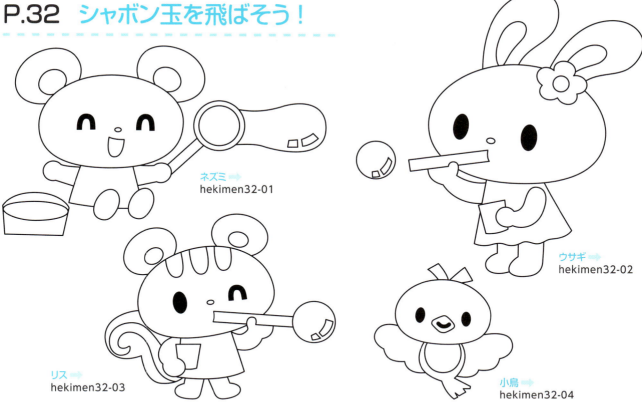

ネズミ→ hekimen32-01
ウサギ→ hekimen32-02
リス→ hekimen32-03
小鳥→ hekimen32-04

P.33 ツクシを見つけたよ

ネコ→ hekimen33-01
チョウチョウ→ hekimen33-02
ツクシ→ hekimen33-03
子どもの作品のツクシ→ hekimen33-04
ウサギ→ hekimen33-05

コピー用型紙

P.34 カエルたちのコーラス

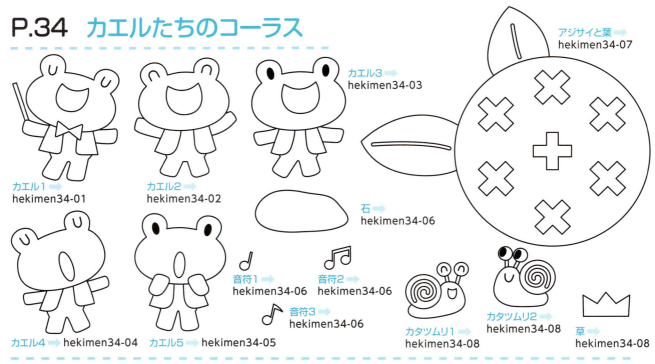

P.35 イルカといっしょに海であそぼう！

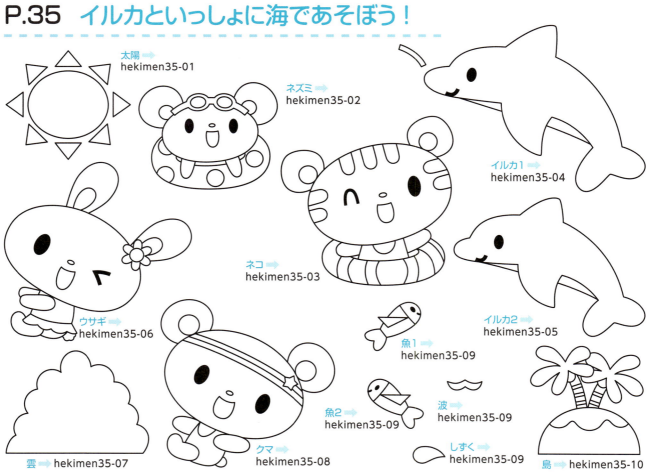

P.36 風にはためく洗濯物

P.37 アサガオ咲いたかな

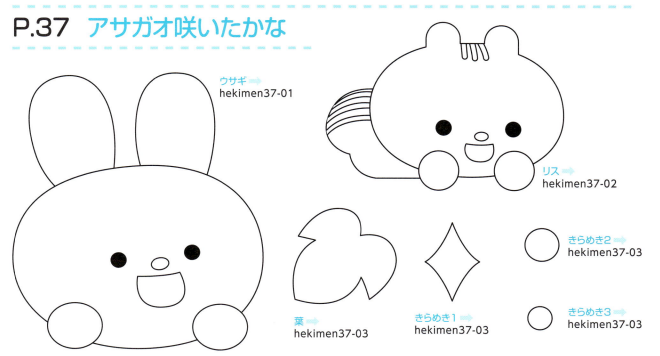

P.38 スズムシたちの演奏会

- 指揮者 → hekimen38-01
- スズムシ1 → hekimen38-02
- スズムシ2 → hekimen38-03
- スズムシ3 → hekimen38-04
- スズムシ4 → hekimen38-05
- 雲 → hekimen38-07
- 月と雲 → hekimen38-06
- 草 → hekimen38-07
- 星1 → hekimen38-07
- 星2 → hekimen38-07
- 音符1 → hekimen38-07
- 音符2 → hekimen38-07
- ススキ1 → hekimen38-08
- ススキ2 → hekimen38-09
- ススキ3 → hekimen38-10
- 切り株 → hekimen38-11

P.39 ハッピーハロウィン！

- ウサギ → hekimen39-01
- ネズミ → hekimen39-02
- クマ → hekimen39-03
- リス → hekimen39-04
- クッキー1 → hekimen39-07
- クッキー2 → hekimen39-07
- ※ カボチャはほかのパーツの200％に拡大するとバランスがとれます。
- おばけ1 → hekimen39-05
- カボチャ → hekimen39-06
- キャンディー → hekimen39-07
- おばけ2 → hekimen39-08

P.42 ケーキを囲んでメリークリスマス！

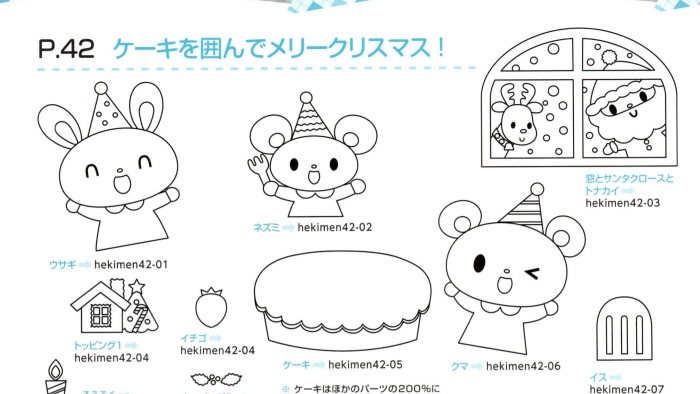

P.43 おにはそとー！元気に豆まき

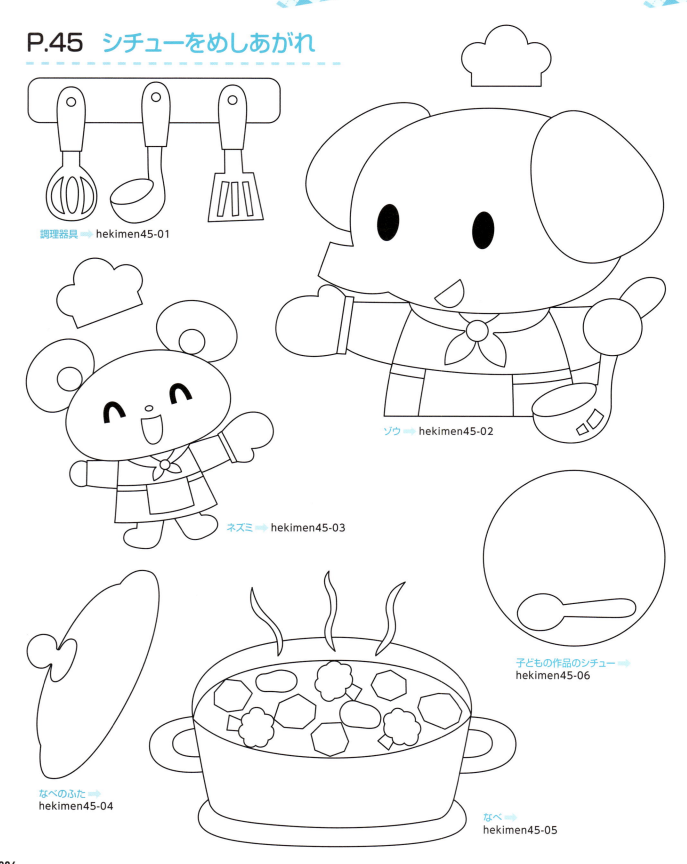

CD-ROMをご使用の前に

CD-ROMには、壁面かざりの型紙（PDF）、指導計画（Word）、おたより（テンプレート：Word、イラスト：jpg、文例：テキスト）が入っています。

使用許諾について

- 本書掲載およびCD-ROM収録の壁面かざりの型紙、指導計画、イラスト、文例の著作権・使用許諾権・商標権は、弊社および著作権者に所属します。
- 本書掲載およびCD-ROM収録の壁面かざりの型紙、指導計画、イラスト、文例は、営利目的では使用できません。ご購入された個人または法人が営利を目的としない場合のみ、ご利用できます。ただし、以下のことを順守してください。
  - 園児募集などのPRを目的としたポスター、園バスのデザイン、物品に印刷しての販促の利用や販売すること、私的利用を含めたホームページに使用することはできません。また、ほかの出版物、企業のPR広告、企業や店のマークなどへの使用もできません。
- 本書掲載およびCD-ROM収録の壁面かざりの型紙、指導計画、イラスト、文例を複製し、第三者に譲渡・販売・貸与・頒布（放送やインターネットを通じたものも含む）することは禁じられています。

CD-ROMの取り扱いについて

- 付属のCD-ROMをご使用いただくには、お使いのパソコンにCD-ROMドライブ、またはCD-ROMを読み込めるDVD-ROMドライブが装備されている必要があります。
- CD-ROMの裏面に傷をつけると、データが読み取れなくなる可能性がありますので、取り扱いには十分ご注意ください。

注意事項について

- 付属のCD-ROMに収録されているデータの使用方法についてのサポートは行っておりません。
- 付属のCD-ROMを使用したことにより生じた損害、障害、その他いかなる事態にも、弊社は一切責任を負いません。

※Windows、Microsoft Office Wordなどは、米国Microsoft Corporationの登録商標です。本書では、商標登録マークなどの表記は省略しています。

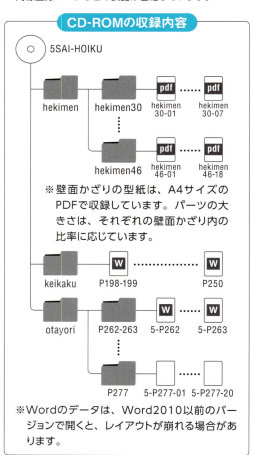

※壁面かざりの型紙は、A4サイズのPDFで収録しています。パーツの大きさは、それぞれの壁面かざり内の比率に応じています。

※Wordのデータは、Word2010以前のバージョンで開くと、レイアウトが崩れる場合があります。

CD-ROMの使い方

おたよりのテンプレートを例に、Windows10上でMicrosoft Office Word2016を使った操作手順を紹介しています。

1 CD-ROMを挿入する

CD-ROMをパソコンに挿入します。自動再生ダイアログの「フォルダーを開いてファイルを表示」をクリックします。

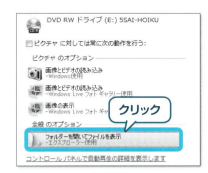

使用したいファイルが入っているフォルダをダブルクリックしていきます。

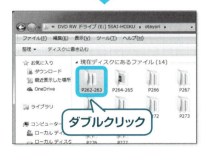

2 CD-ROMからパソコンにファイルをコピーする

使用したいファイルをクリックしたまま、ウィンドウの外に移動します。デスクトップ上で離すと、コピーできます。

3 ファイルを開く

Wordファイルをダブルクリックし、開きます。

POINT CD-ROMを挿入しても再生されない場合には

CD-ROMを挿入しても自動再生されない場合は、「スタートメニュー」→「コンピューター」の順にクリック。CD-ROMのアイコンをダブルクリックすると、同じようにCD-ROMの中身が表示されます。

POINT 「閲覧モード」で表示されている

ファイルを開いた際に、左のような状態で表示されて編集ができない場合には、「閲覧モード」で表示されています。

「表示」をクリックし、「文書の編集」を選びます。すると、編集ができる状態の「印刷レイアウト」になります。

文章を変更する

テキストボックス内の文章を変更したいとき

変更したい文章があるテキストボックスの中をクリックすると、カーソルが表示されて文章の編集ができるようになります。

不要な文字を削除したり、文字を入力したりします。

文例のテキストデータを使用したいとき

使用したいファイルが入っているフォルダをダブルクリックしていきます。テキストファイルをダブルクリックし、開きます。

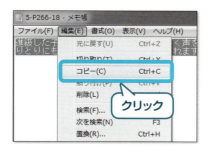

使用したいテキストを選択し、「編集」→「コピー」の順にクリックします。

文例のテキストに置きかえたい部分をドラッグし、選択された状態にします。

「ホーム」タブの「貼り付け」ボタンをクリックし、コピーしておいた文例のテキストを貼りつけます。

選択した文章が、コピーした文例に置きかわりました。

5 文字の大きさやレイアウト、行間を変更する

文字の大きさを変更したいとき

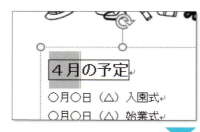

大きさを変更したい文字を選択します。

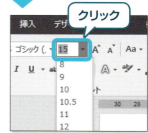

「ホーム」タブの「フォントサイズ」欄の右側にある「▼」をクリックすると、文字のサイズが選べます。直接、文字のサイズを入力しても変更できます。

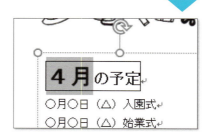

文字のサイズが変更されました。

文字の種類を変更したいとき

文字の種類（フォント）を変更したい文章を選択し、「ホーム」タブの「フォント」欄の右側にある「▼」をクリックし、フォントを選びます。

フォントが変更されました。

文字を左右や中央にそろえたいとき

文章を選択し、「ホーム」タブの「文字揃え」のボタンをクリックします。ここでは、左から2番目の「中央揃え」ボタンをクリックします。

選択した文章がテキストボックスの中央にそろえられました。

POINT そのほかの「文字揃え」の種類

 左揃え
文章をテキストボックスの左端でそろえます。

 右揃え
文章をテキストボックスの右端でそろえます。

 均等割り付け
文章をテキストボックスの左右幅に均等になるように配置します。

行間を広くしたいとき

文章を選択し、「ホーム」タブの「行と段落の間隔」ボタンメニューで1.0以上の行間を選びます。

行間が広くなりました。

行間を狭くしたいとき

行間を狭くする場合は、「行と段落の間隔」ボタンメニューから、「行間のオプション」をクリックします。

「間隔」欄の「行間」を「固定値」にし、「間隔」の数値を小さくすると、行間が狭くなります。

行間が狭くなりました。「間隔」の数値をフォントサイズ以下にすると文字が途切れてしまいますので注意しましょう。

6 テキストボックスの大きさや位置を変更する

テキストボックスの大きさを変更する

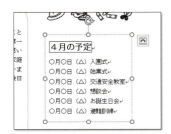

テキストボックスの中をクリックし、選択された状態にします。

テキストボックスの四隅に表示されている○や辺に表示されている□の上にカーソルを合わせると、拡大・縮小カーソルになります。

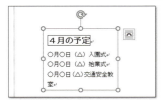

そのままドラッグすると、テキストボックスのサイズを変更できます。

テキストボックスの位置を変更する

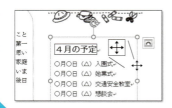

テキストボックスの辺の○や□以外の部分にカーソルを合わせると、十字カーソルになります。

そのままドラッグすると、テキストボックスを移動することができます。

7 テキストボックスやイラストを削除する

テキストボックスを削除する

削除したいテキストボックスの中ではなく、外枠部分を選んでクリックします。

外枠をクリック

「ホーム」タブの「切り取り」ボタンをクリックすると、テキストボックスが切り取られます。

クリック

イラストを削除する

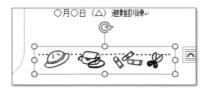

イラストを削除する場合も、クリックして選択された状態にします。

「ホーム」タブの「切り取り」ボタンをクリックします。

クリック

イラストが切り取られました。

8 イラストを配置する

画像ファイルを挿入する

「挿入」タブの「画像」をクリックします。

CD-ROMから配置したいイラストを選びます。フォルダを順にダブルクリックして開き、イラストを選んだら「挿入」をクリックします。

イラストが挿入されました。写真などの画像データも同じ手順で挿入することができます。

画像ファイルを移動する

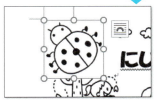

このままではイラストは移動できません。イラストをクリックして選択された状態にし、「書式」タブの「文字列の折り返し」をクリックします。

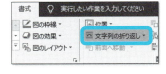

下部に表示されるメニューから「四角形」を選択します。これでイラストを動かせるようになります。

イラストの大きさや位置を変更する

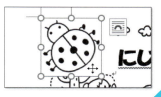

イラスト内にカーソルを合わせて十字カーソルにし、クリックします。

そのままドラッグして、イラストを移動します。

イラストが移動されました。

イラストの四隅の○にカーソルを合わせて斜めにドラッグすると、縮小・拡大できます。

イラストが縮小されました。

イラストの上部にある ⟳ にカーソルを合わせて回転させると、向きを変更できます。

イラストの向きが変更されました。

CD-ROMの使い方

新しくテキストを追加する

テキストボックスを作成する

「挿入」タブの「テキストボックス」ボタンをクリックします。

下部に表示されるメニューから「横書きテキストボックスの描画」または「縦書きテキストボックスの描画」をクリックします。

テキストボックスを挿入したい場所にカーソルを合わせてクリックします。

そのまま、テキストボックスを配置したい位置までドラッグすると、テキストボックスが作成されます。

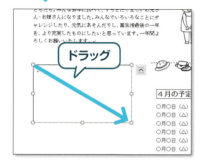

テキストを入力する

作成したテキストボックスに入力します。

縦書きの場合は、このようになります。

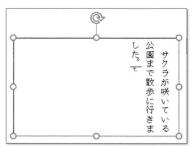

POINT あとから横書きと縦書きを変更するには

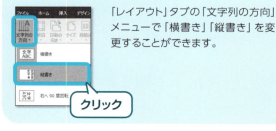

「レイアウト」タブの「文字列の方向」メニューで「横書き」「縦書き」を変更することができます。

テキストボックスの枠線を削除する

新しくテキストボックスを作成すると、枠線が表示されます。この枠線を消したい場合、「書式」タブの「図形の枠線」をクリックし、メニューから「枠線なし」を選びます。

10 テキストボックスや画像の重なり順を変更する

イラストをテキストの背面に移動する

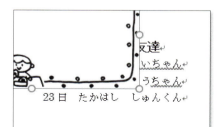

テキストボックスの上にイラストが重なって文字が読めない場合、重なり順を変更します。

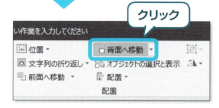

イラストを選択し、「書式」タブの「背面へ移動」をクリックします。

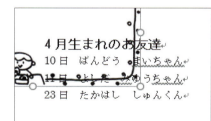

イラストがテキストボックスよりも後ろになり、文字が読めるようになります。

POINT 複数の画像を重ねる場合には

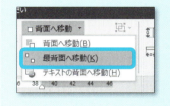

複数の図形を重ねた場合、あとから作成したものほど前面に配置されます。フレームなどは、「書式」タブから「最背面へ移動」を選ぶと、レイアウトしやすくなります。

11 作成したデータを保存し、印刷する

名前を付けて保存する

「ファイル」タブをクリックし、「名前を付けて保存する」をクリック。「参照」をクリックし、デスクトップなどの保存先を選びます。

「ファイル名」で新しい名前を入力し、「保存」をクリックするとデータが保存できます。

印刷する

「ファイル」タブをクリックし、「印刷」をクリックします。

右側に印刷プレビューが表示されるので、確認をしましょう。印刷部数を入力し、「印刷」をクリックします。

CD-ROMの使い方

監修

横山洋子（よこやま ようこ）

千葉経済大学短期大学部こども学科教授。国立大学附属幼稚園、公立小学校勤務ののち現職。著書に『保育の悩みを解決！ 子どもの心にとどく指導法ハンドブック』、『CD-ROM付き 子どもの育ちを伝える 幼稚園幼児指導要録の書き方&文例集 第2版』（ナツメ社）、『根拠がわかる！ 私の保育総点検』（中央法規出版）など多数。

カバー・レーベルデザイン　釣巻デザイン室
カバーイラスト　上原ユミ
本文デザイン　秋生浩二、野村友美（mom design）
本文DTP　有限会社ゼスト、株式会社明昌堂
データ作成　株式会社明昌堂
CD-ROM作成　株式会社ライラック
イラスト（50音順）　青山京子、秋野純子、浅羽ピピ、有栖サチコ、石川元子、石崎伸子、北村友紀、こしたかのりこ、ささきともえ、坂本直子、曽根奈菜子、つかさみほ、つじむらあゆこ、常永美弥、とみたみはる、中小路ムツヨ、みさきゆい、三角亜紀子、もり谷ゆみ、やまざきかおり、ヤマハチ
編集協力　株式会社スリーシーズン、植松まり、森田香子、株式会社鷗来堂
編集担当　原 智宏（ナツメ出版企画株式会社）

[壁面かざり]

プラン・制作／うえはらかずよ、田中なおこ、渡守武裕子、藤沢しのぶ、町田里美、宮地明子
撮影／林均、宮地岩根

[PART1 クラスづくり]

- **写真協力園**／愛隣幼稚園（千葉県）、杏保育園（千葉県）、くらき永田保育園（神奈川県）、慈紘保育園（千葉県）、ちはら台保育園（千葉県）、鳩の森愛の詩保育園、鳩の森愛の詩あすなろ保育園（神奈川県）、まどか幼稚園（東京都）、横浜隼人幼稚園（神奈川県）、林間のぞみ幼稚園（神奈川県）
- **園写真撮影**／清水紘子、布川航太、引田早香、矢部ひとみ
- **製作プラン・制作**／宮地明子
- **製作 撮影**／宮地岩根
- **お絵かきプラン・絵**／大月季巳江、オカダケイコ、meriko
- **絵本選書**／遠藤裕美
- **なぞなぞプラン**／アフタフ・バーバン
- **ちょこっとことばかけ 写真**／シャッターストック
- **あそびプラン**／浅野ななみ、小倉和人、須貝京子、柳澤秋孝、柳澤友希、山本省三、渡辺リカ

[PART2 指導計画]

- **年間指導計画 月案**／千葉県千葉市　みつわ台保育園　園長　御園愛子、千葉県千葉市　あやめ台幼稚園　園長・植草学園大学非常勤講師　神野茂美
- **協力**／東京都世田谷区　子ども・若者部保育課

[PART3 クラス運営のヒント]

- **なるほどことばかけ**／白井三根子（あざみ野白ゆり幼稚園・おおば白ゆり幼稚園　園長）
- **おたよりイラスト**／うえはらかずよ、北村友紀、たかしまよーこ、田中なおこ、どうまんかずのり、とみたみはる、町田里美、みさきゆい、Meriko、やまざきかおり、わたなべふみ
- **おたより文例執筆**／浅野ななみ

CD-ROM付き　子ども(こ)の力(ちから)が伸(の)びる
5歳児(さいじ)の保育(ほいく) 12か月(げつ)

2019年3月15日　初版発行
2022年4月 1 日　第２刷発行

監修者　横山洋子（よこやまようこ）　Yokoyama Yoko, 2019
発行者　田村正隆
発行所　株式会社ナツメ社
東京都千代田区神田神保町1-52　ナツメ社ビル1F（〒101-0051）
電話　03（3291）1257（代表）　FAX　03（3291）5761
振替　00130-1-58661
制　作　ナツメ出版企画株式会社
東京都千代田区神田神保町1-52　ナツメ社ビル3F（〒101-0051）
電話　03（3295）3921（代表）
印刷所　図書印刷株式会社

ISBN978-4-8163-6602-4
Printed in Japan

<価格はカバーに表示してあります><乱丁・落丁本はお取り替えします>
本書の一部または全部を著作権法で定められている範囲を超え、ナツメ出版企画株式会社に無断で複写、複製、転載、データファイル化することを禁じます。

本書に関するお問い合わせは、書名・発行日・該当ページを明記の上、下記のいずれかの方法にてお送りください。電話でのお問い合わせはお受けしておりません。
・ナツメ社webサイトの問い合わせフォーム
https://www.natsume.co.jp/contact
・FAX（03-3291-1305）
・郵送（左記、ナツメ出版企画株式会社宛て）
なお、回答までに日にちをいただく場合があります。正誤のお問い合わせ以外の書籍内容に関する解説・個別の相談は行っておりません。あらかじめご了承ください。

ナツメ社Webサイト
https://www.natsume.co.jp
書籍の最新情報（正誤情報を含む）はナツメ社Webサイトをご覧ください。